BLANK SLATE IN BLACK

BY CORDELIA CRAIGIE

gestalten

THANK YOU:

E. SEHMER

Eymelt Sehmer | Berlin-based photographer (rot-stich.net)
For going above and beyond, and shooting every single image in this collection. This book never would have been possible without her help.

DMCGROUP

dmcgroup | Agency for crossmedia branding
For all the much-needed and much-appreciated support during the entire process.

QUALITANER

Die Qualitaner | Print production and pre-press studio
For organizing all the "blank" book and brochure samples, and for the technical advice.

F. WOYCKE

Fabian Woycke | Marketing Specialist
For feeding the process with all the included promotional and giveaway samples.

S.BUEKER

Susanne Bueker | Designer
For contributing to *Blank Slate* with artwork, ideas, and moral support.

B.WITTEMEIER

Burkhard Wittemeier | Designer
For his generously dispensed design expertise and final artwork advice.

B.PFEIFFER

Bona Pfeiffer | Designer
For enriching *Blank Slate Life* with her inspiring illustrations.

Please turn the book for *Blank Slate* in white

CONTENT IN BLACK

Blank Slate is design in its primary state. An empty canvas ready to be imprinted.

Empty vessels make the most sound. *Blank Slate* is design in its primary state. This unique book presents a comprehensive catalog of empty templates: it showcases over 1,000 ready-to-use images, provided on DVD, that cover all fields of branding and graphic design, developed to help show your customer the full potential of your work. *Blank Slate* stems from the universal idea that, as long as you keep an open mind, much is likely to fall into it. Without external creative input, *Blank Slate* is nothing but a vague idea. It's an empty canvas, a white sheet of paper ready to be imprinted with ideas and creativity.

The book is divided into two main parts: by providing the images with both black and white backgrounds, it juggles the flexibility that is inherent in everyday design work. It delivers the visuals both straight and shot each time from the same angle, which makes it easy to try out numerous compatible combinations.

Through all that, *Blank Slate* covers both the first and the last step in the production process. With its lack of built-in direction and outside impressions, it makes for the perfect unbiased starting point of the creative process. Simultaneously, *Blank Slate* furnishes the finishing touch: when put to use, it embellishes your design with a vision of the final product. *Blank Slate* is emptiness conceptualized.

HOW DOES IT WORK?

01

BRAND

Convert an artwork of your choice into a high-quality PDF file. Open it in Photoshop.

→

02

Flip through Blank Slate and pick the template that matches your final product best. Open this template in Photoshop.

→

03

BRAND

Mount your artwork on the template using the transformation tools as provided by Photoshop.

→

04

BRAND

To create a realistic look: use the layer blending modes. Test the different options to figure out which mode is most suitable for your design.

Use these four easy steps to construct a tangible, 3D vision of your final product in no more than a few minutes. In order to create a perfect fit between the design and template, each template also includes an extra work path around the individual objects.

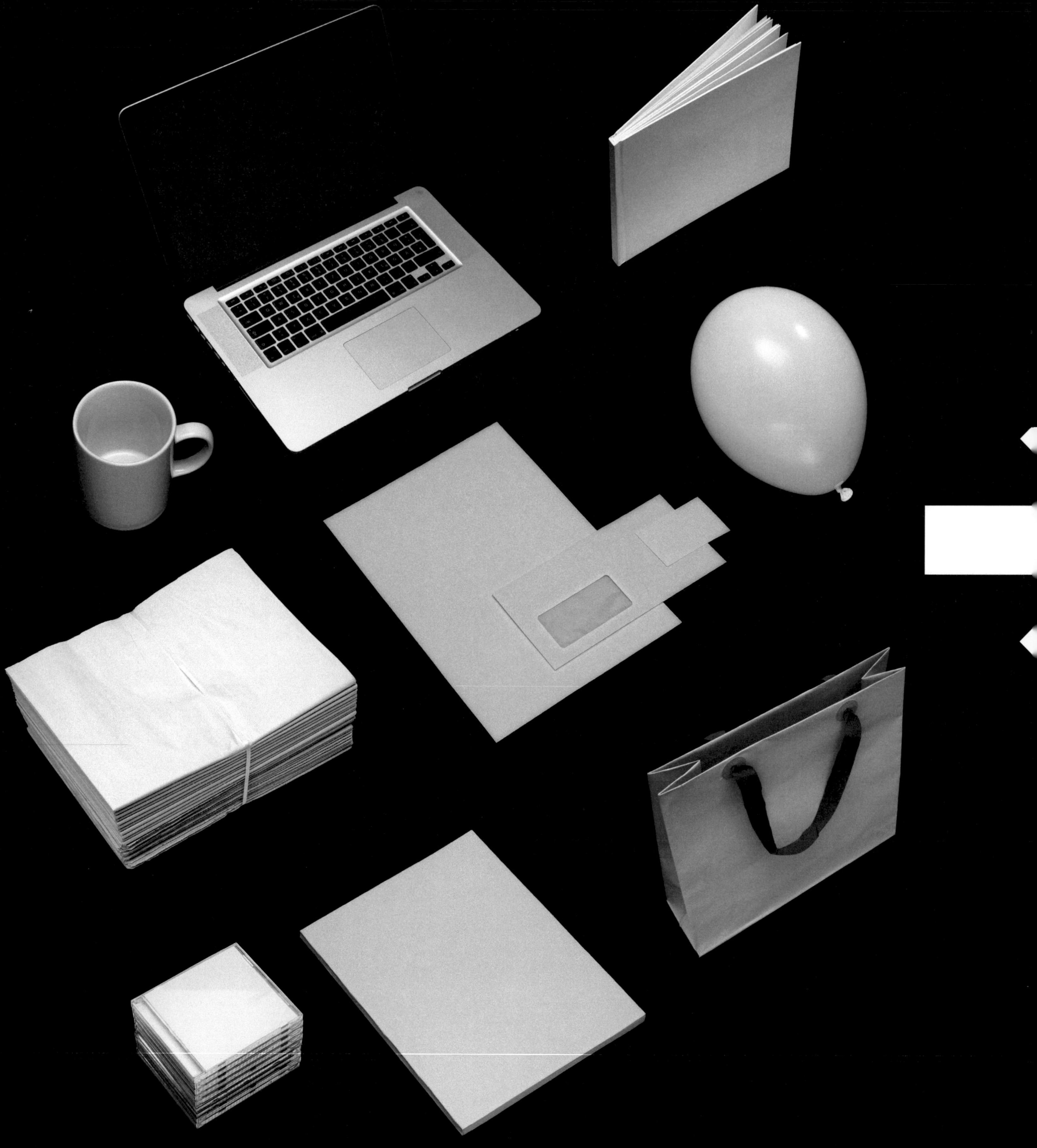

BRAND
QUIA
SOLOR
ARIBU
LOREM
DOLOR
BRAND
BRAND
BRAND
BRAND
BRAND
NEW
BRAND
Bus aut volorectem acepta quam dolupta
BRAND
LOREM IPS
CONSETUR
Bus aut volorectem acepta quam dolupta
BRAND
ESTATS
DOLORE
BRAND

A1

BROCHURES
BOOKS
NEWSPAPERS

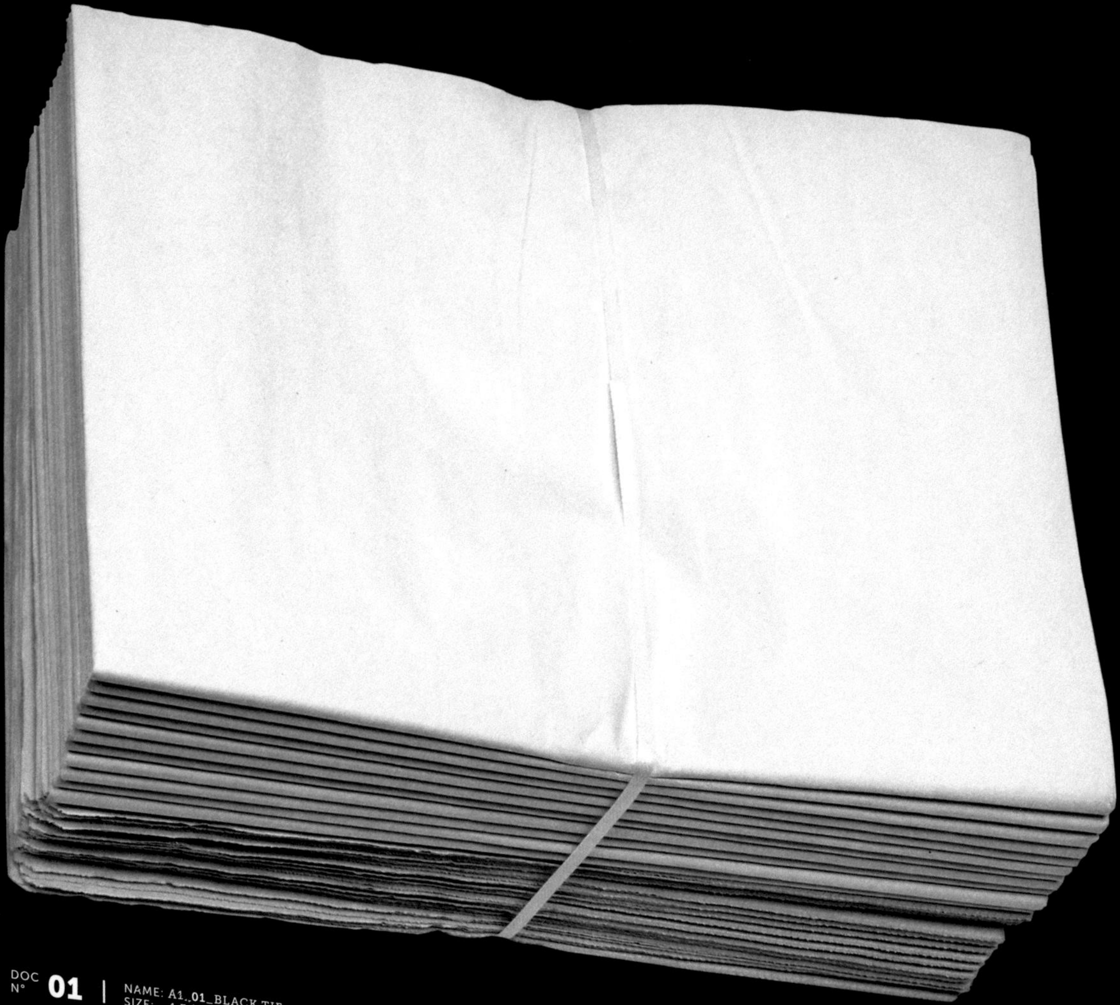

DOC N° **01** | NAME: A1_01_BLACK.TIF
SIZE: 4.3 MB

A1

BROCHURES
BOOKS
NEWSPAPERS

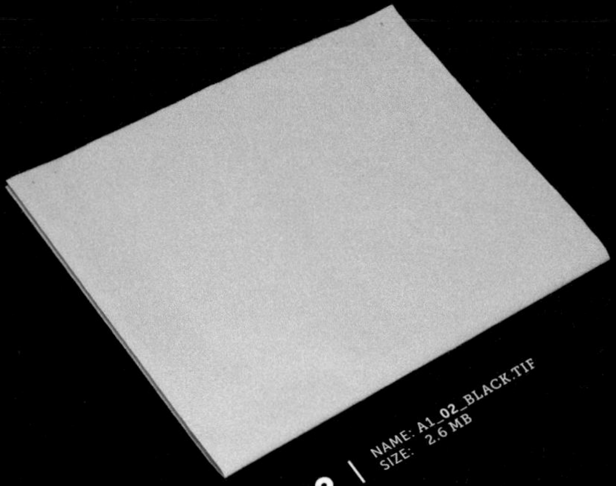

DOC N° **02** | NAME: A1_**02**_BLACK.TIF
SIZE: 2.6 MB

DOC N° **03** | NAME: A1_**03**_BLACK.TIF
SIZE: 4.1 MB

DOC N° **04** | NAME: A1_**04**_BLACK.TIF
SIZE: 3.7 MB

DOC N° **05** | NAME: A1_**05**_BLACK.TIF
SIZE: 4.7 MB

DOC N° **06** | NAME: A1_**06**_BLACK.TIF
SIZE: 3.7 MB

A1

BROCHURES
BOOKS
NEWSPAPERS

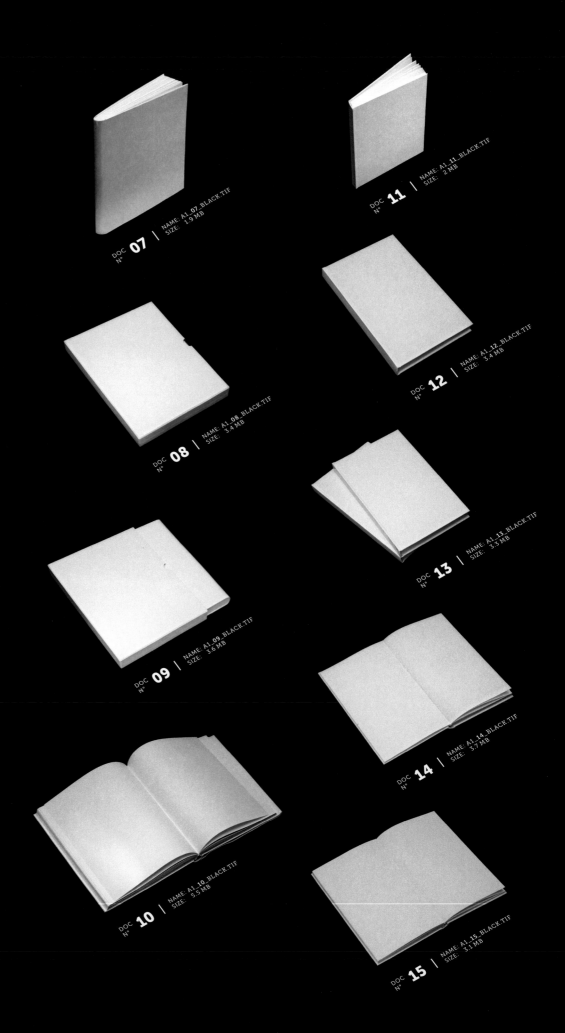

DOC N° **07** | NAME: A1_07_BLACK.TIF
SIZE: 1.9 MB

DOC N° **08** | NAME: A1_08_BLACK.TIF
SIZE: 3.4 MB

DOC N° **09** | NAME: A1_09_BLACK.TIF
SIZE: 3.6 MB

DOC N° **10** | NAME: A1_10_BLACK.TIF
SIZE: 5.5 MB

DOC N° **11** | NAME: A1_11_BLACK.TIF
SIZE: 2 MB

DOC N° **12** | NAME: A1_12_BLACK.TIF
SIZE: 3.4 MB

DOC N° **13** | NAME: A1_13_BLACK.TIF
SIZE: 3.3 MB

DOC N° **14** | NAME: A1_14_BLACK.TIF
SIZE: 3.7 MB

DOC N° **15** | NAME: A1_15_BLACK.TIF
SIZE: 3.1 MB

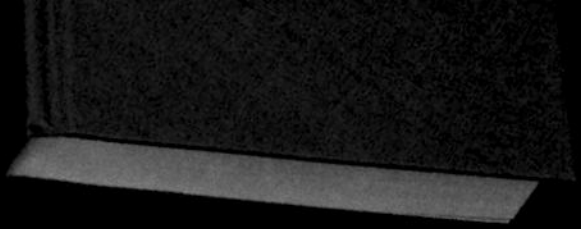

DOC N° **16** | NAME: A1_16_BLACK.TIF
SIZE: 2.5 MB

DOC N° **17** | NAME: A1_17_BLACK.TIF
SIZE: 3.8 MB

DOC N° **18** | NAME: A1_18_BLACK.TIF
SIZE: 4.1 MB

DOC N° **19** | NAME: A1_19_BLACK.TIF
SIZE: 2.6 MB

A1

BROCHURES
BOOKS
NEWSPAPERS

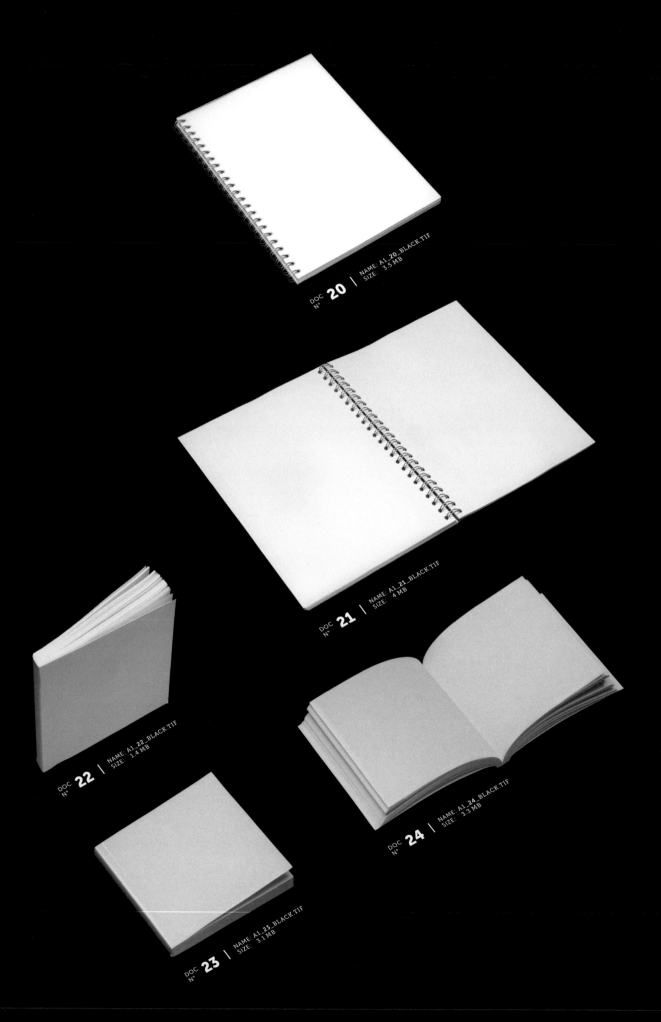

DOC N° **20** | NAME: A1_20_BLACK.TIF
SIZE: 3.5 MB

DOC N° **21** | NAME: A1_21_BLACK.TIF
SIZE: 4 MB

DOC N° **22** | NAME: A1_22_BLACK.TIF
SIZE: 1.4 MB

DOC N° **24** | NAME: A1_24_BLACK.TIF
SIZE: 3.3 MB

DOC N° **23** | NAME: A1_23_BLACK.TIF
SIZE: 3.1 MB

DOC N° 25 | NAME: A1_25_BLACK.TIF
SIZE: 3.3 MB

DOC N° 26 | NAME: A1_26_BLACK.TIF
SIZE: 3.5 MB

DOC N° 27 | NAME: A1_27_BLACK.TIF
SIZE: 4 MB

DOC N° 28 | NAME: A1_28_BLACK.TIF
SIZE: 3.2 MB

A1

BROCHURES
BOOKS
NEWSPAPERS

DOC N° 29 | NAME: A1_29_BLACK.TIF
SIZE: 2.4 MB

DOC N° 30 | NAME: A1_30_BLACK.TIF
SIZE: 3.5 MB

DOC N° 31 | NAME: A1_31_BLACK.TIF
SIZE: 1.5 MB

DOC N° 32 | NAME: A1_32_BLACK.TIF
SIZE: 1.7 MB

DOC N° 33 | NAME: A1_33_BLACK.TIF
SIZE: 4 MB

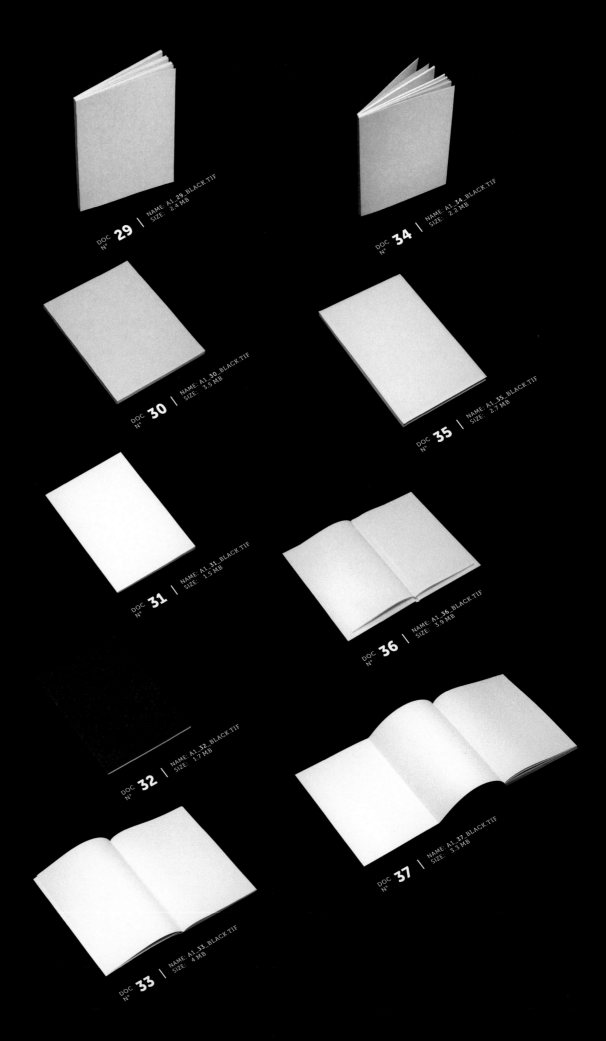

DOC N° 34 | NAME: A1_34_BLACK.TIF
SIZE: 2.2 MB

DOC N° 35 | NAME: A1_35_BLACK.TIF
SIZE: 2.7 MB

DOC N° 36 | NAME: A1_36_BLACK.TIF
SIZE: 3.9 MB

DOC N° 37 | NAME: A1_37_BLACK.TIF
SIZE: 3.3 MB

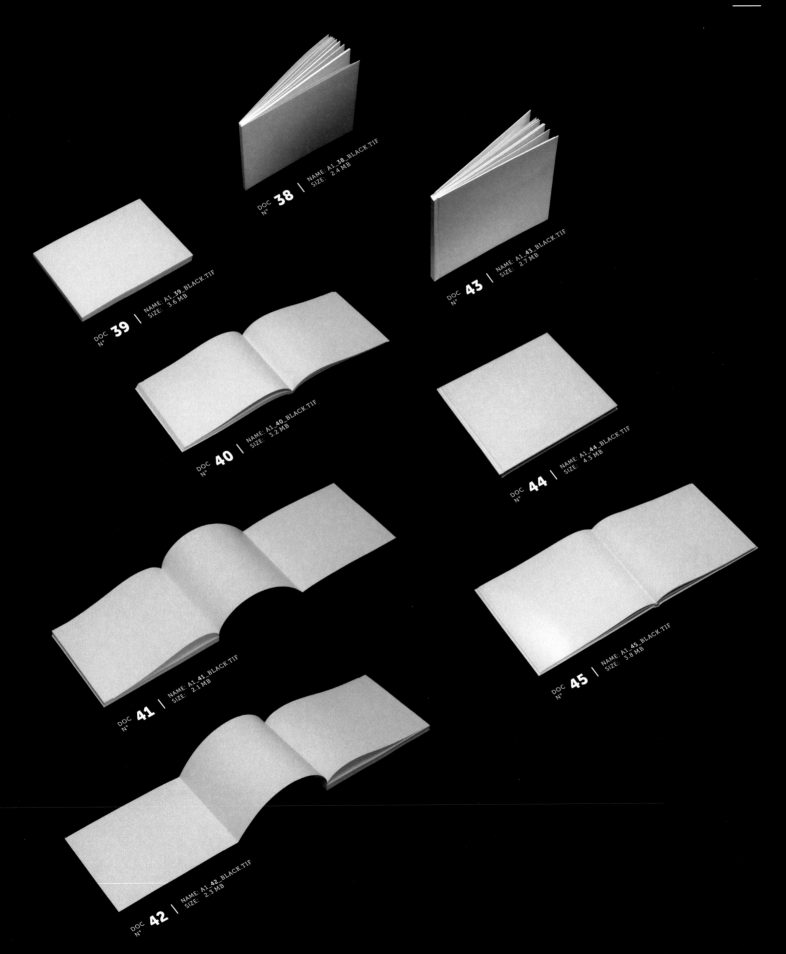

DOC N° 38 | NAME: A1_38_BLACK.TIF
SIZE: 2.4 MB

DOC N° 39 | NAME: A1_39_BLACK.TIF
SIZE: 3.6 MB

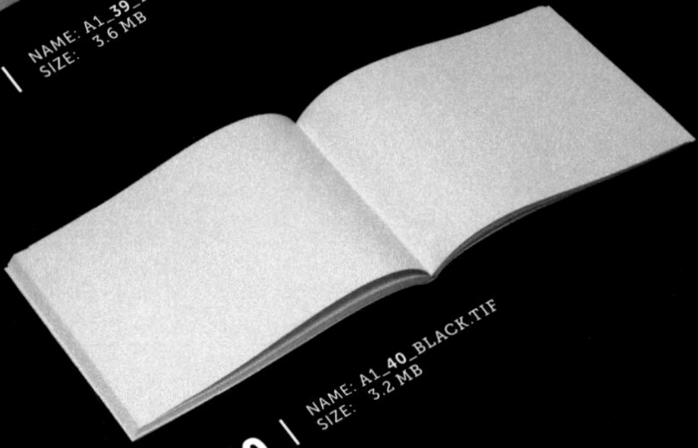

DOC N° 40 | NAME: A1_40_BLACK.TIF
SIZE: 3.2 MB

DOC N° 41 | NAME: A1_41_BLACK.TIF
SIZE: 2.1 MB

DOC N° 42 | NAME: A1_42_BLACK.TIF
SIZE: 2.3 MB

DOC N° 43 | NAME: A1_43_BLACK.TIF
SIZE: 2.7 MB

DOC N° 44 | NAME: A1_44_BLACK.TIF
SIZE: 4.3 MB

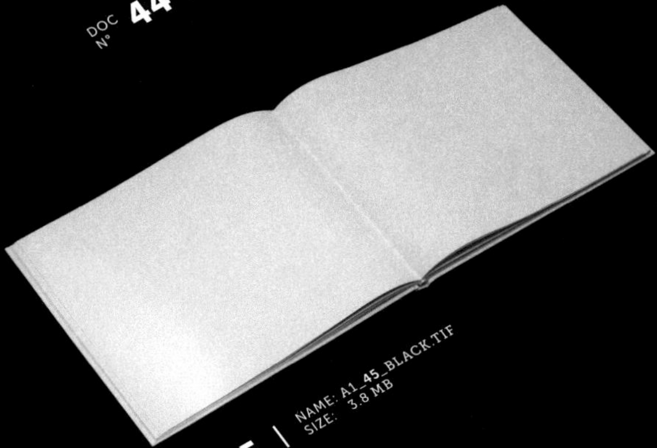

DOC N° 45 | NAME: A1_45_BLACK.TIF
SIZE: 3.8 MB

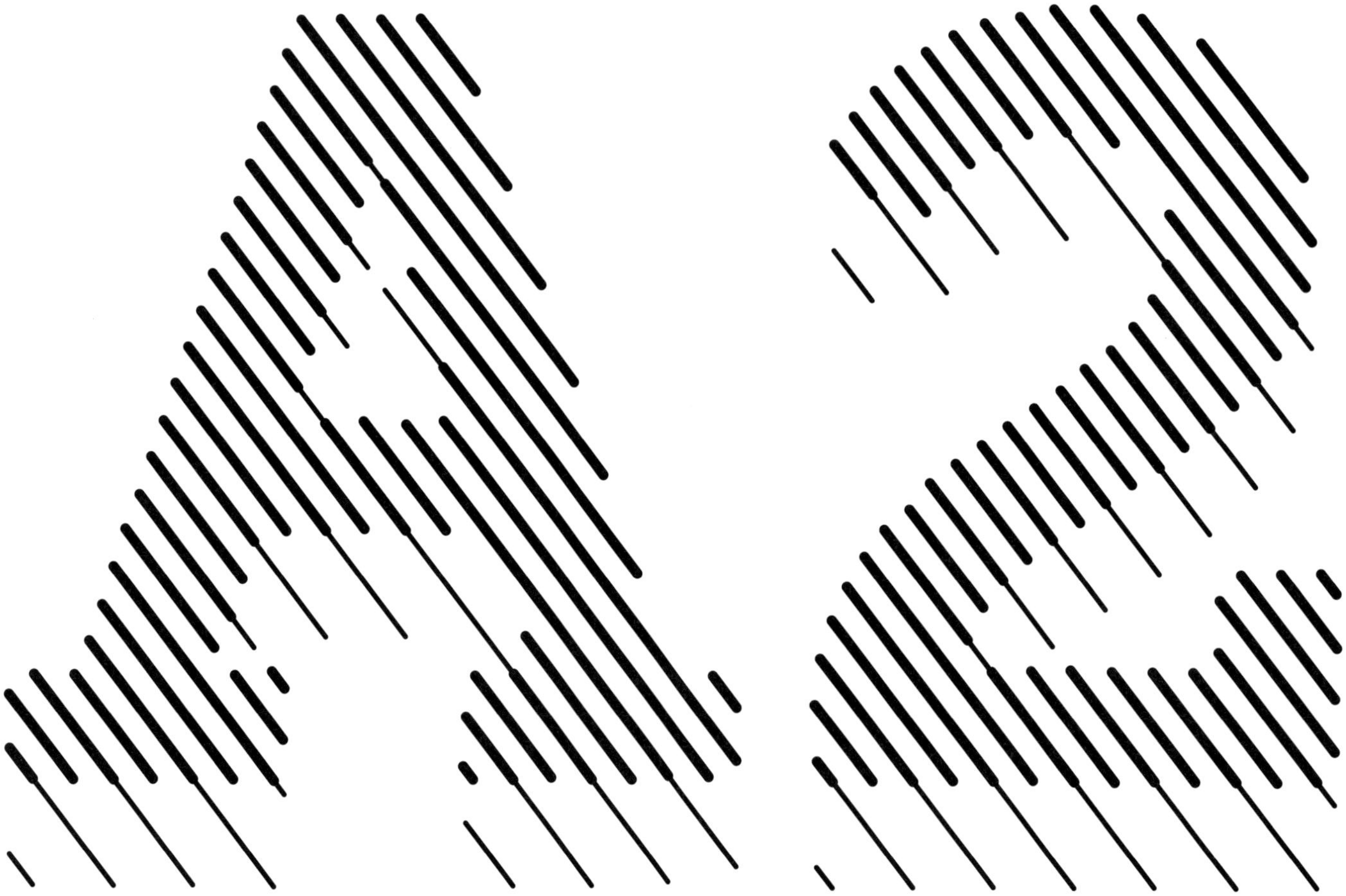

STATIONERY
AND
OFFICE MATERIALS

DOC N° **01** | NAME: A2_01_BLACK.TIF
SIZE: 2.5 MB

A2

STATIONERY
AND
OFFICE MATERIALS

DOC N° **02** | NAME: A2_**02**_BLACK.TIF
SIZE: 2.4 MB

DOC N° **03** | NAME: A2_**03**_BLACK.TIF
SIZE: 1.6 MB

DOC N° **04** | NAME: A2_**04**_BLACK.TIF
SIZE: 1.5 MB

DOC N° **05** | NAME: A2_**05**_BLACK.TIF
SIZE: 1.9 MB

DOC N° **06** | NAME: A2_**06**_BLACK.TIF
SIZE: 2.1 MB

DOC N° **07** | NAME: A2_**07**_BLACK.TIF
SIZE: 1.7 MB

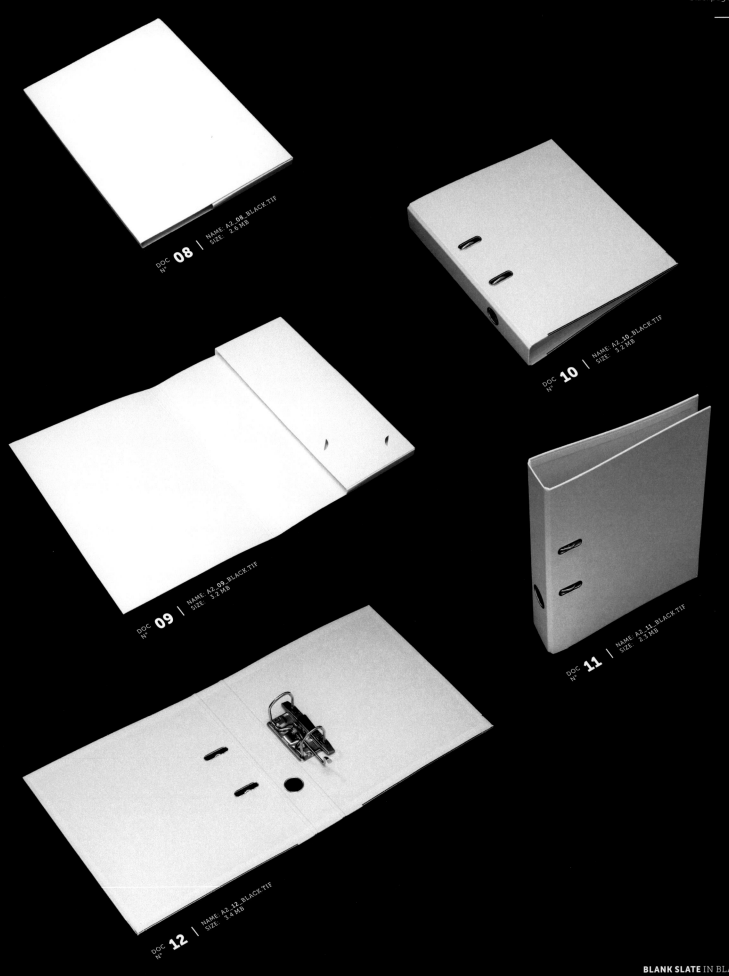

DOC N° **08** | NAME: A2_08_BLACK.TIF SIZE: 2.6 MB

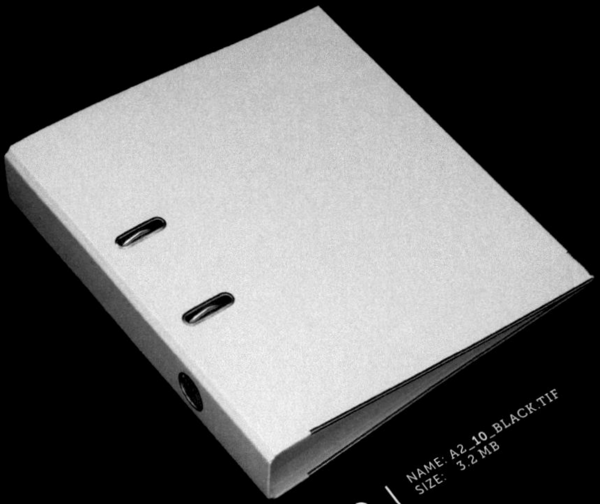

DOC N° **10** | NAME: A2_10_BLACK.TIF SIZE: 3.2 MB

DOC N° **09** | NAME: A2_09_BLACK.TIF SIZE: 3.2 MB

DOC N° **11** | NAME: A2_11_BLACK.TIF SIZE: 2.3 MB

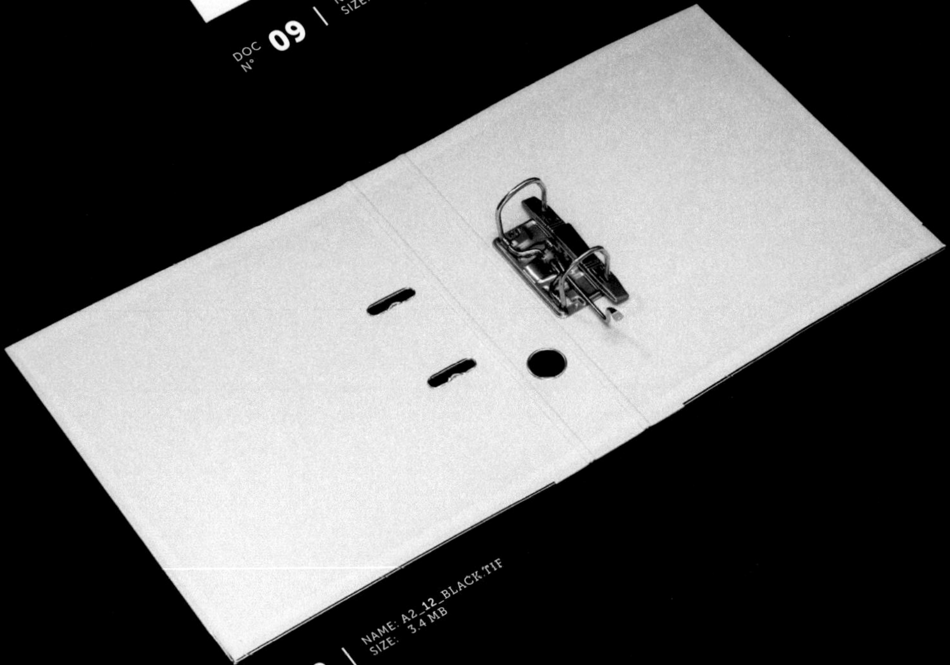

DOC N° **12** | NAME: A2_12_BLACK.TIF SIZE: 3.4 MB

A2

STATIONERY
AND
OFFICE MATERIALS

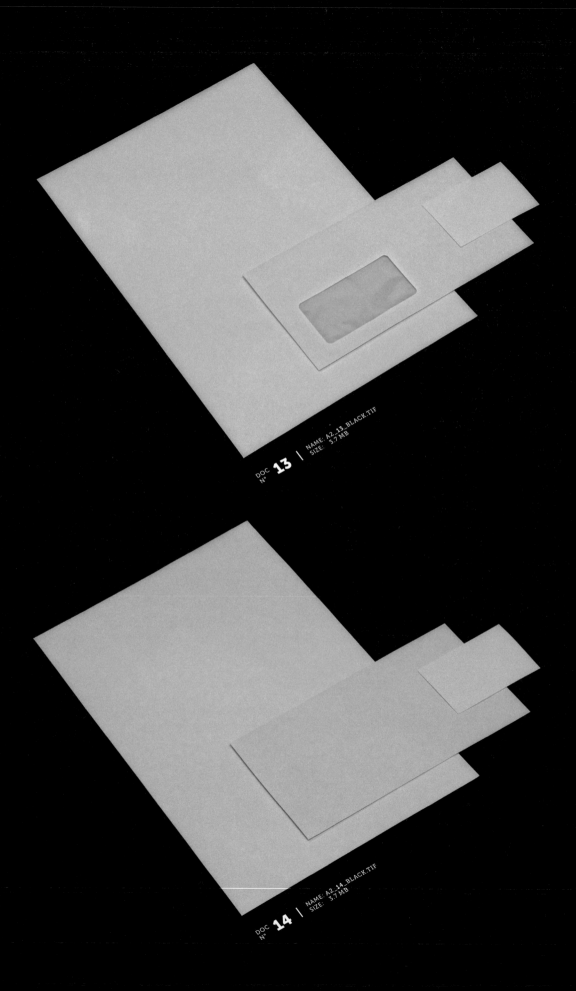

DOC N° 13 | NAME: A2_13_BLACK.TIF
SIZE: 3.7 MB

DOC N° 14 | NAME: A2_14_BLACK.TIF
SIZE: 3.7 MB

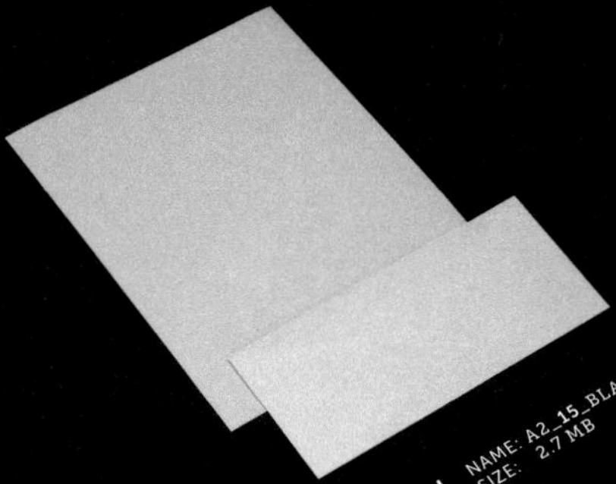

DOC N° 15 | NAME: A2_15_BLACK.TIF
SIZE: 2.7 MB

DOC N° 16 | NAME: A2_16_BLACK.TIF
SIZE: 2.8 MB

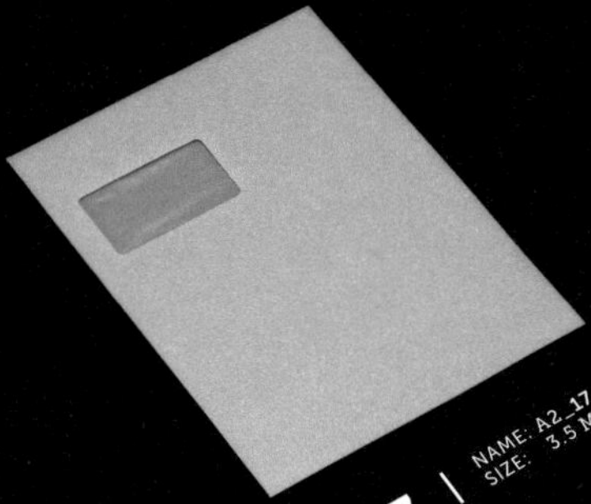

DOC N° 17 | NAME: A2_17_BLACK.TIF
SIZE: 3.5 MB

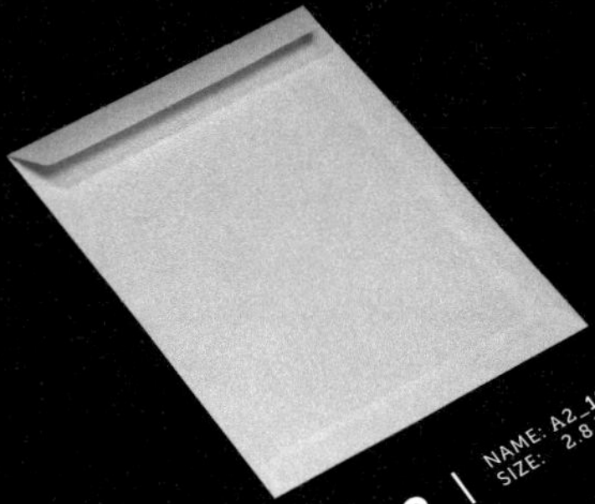

DOC N° 18 | NAME: A2_18_BLACK.TIF
SIZE: 2.8 MB

A2

STATIONERY
AND
OFFICE MATERIALS

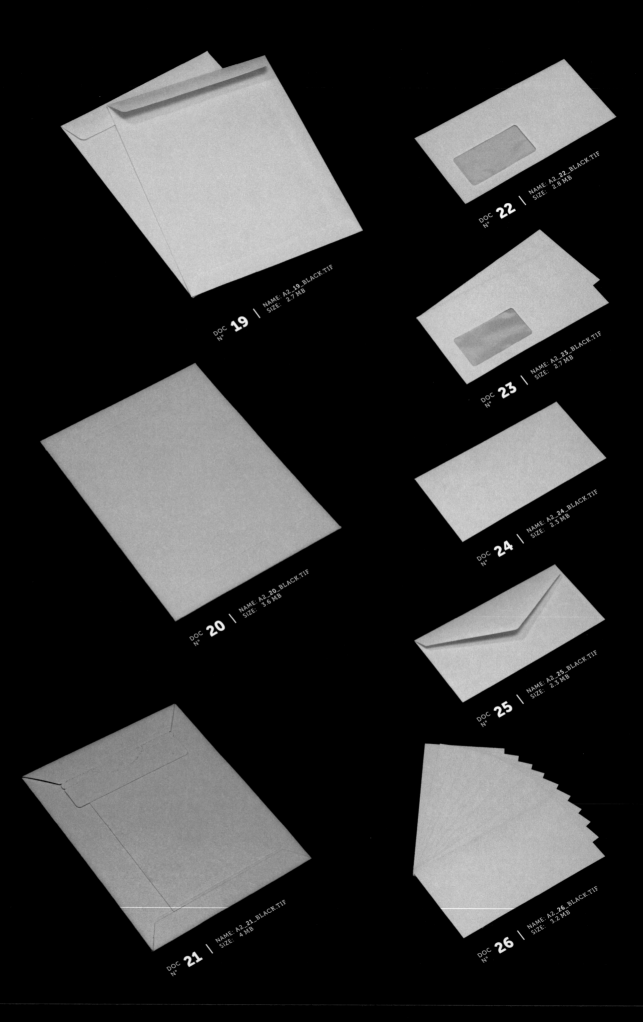

DOC N° 19 | NAME: A2_19_BLACK.TIF
SIZE: 2.7 MB

DOC N° 20 | NAME: A2_20_BLACK.TIF
SIZE: 3.6 MB

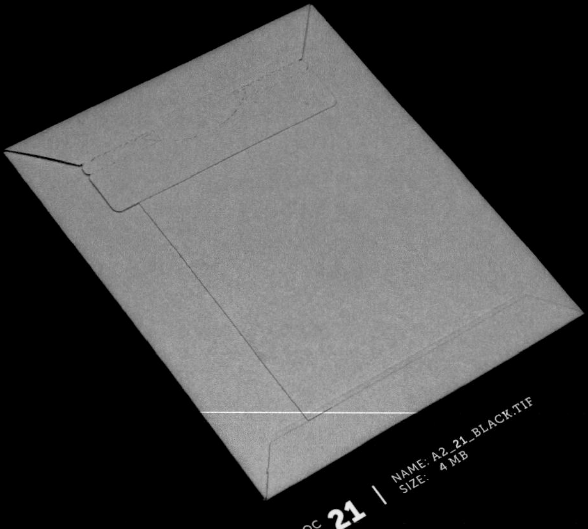

DOC N° 21 | NAME: A2_21_BLACK.TIF
SIZE: 4 MB

DOC N° 22 | NAME: A2_22_BLACK.TIF
SIZE: 2.8 MB

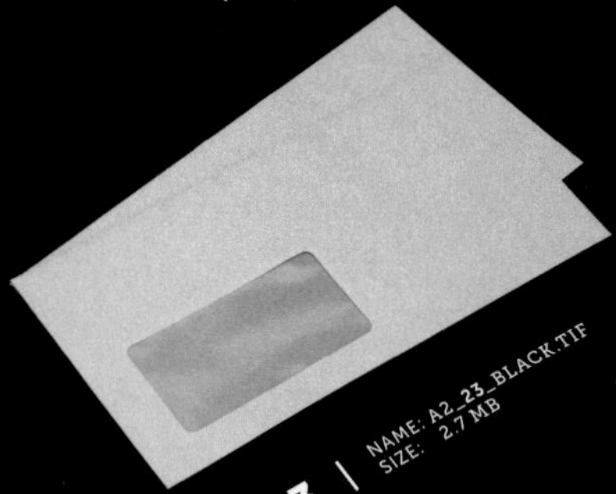

DOC N° 23 | NAME: A2_23_BLACK.TIF
SIZE: 2.7 MB

DOC N° 24 | NAME: A2_24_BLACK.TIF
SIZE: 2.3 MB

DOC N° 25 | NAME: A2_25_BLACK.TIF
SIZE: 2.3 MB

DOC N° 26 | NAME: A2_26_BLACK.TIF
SIZE: 3.2 MB

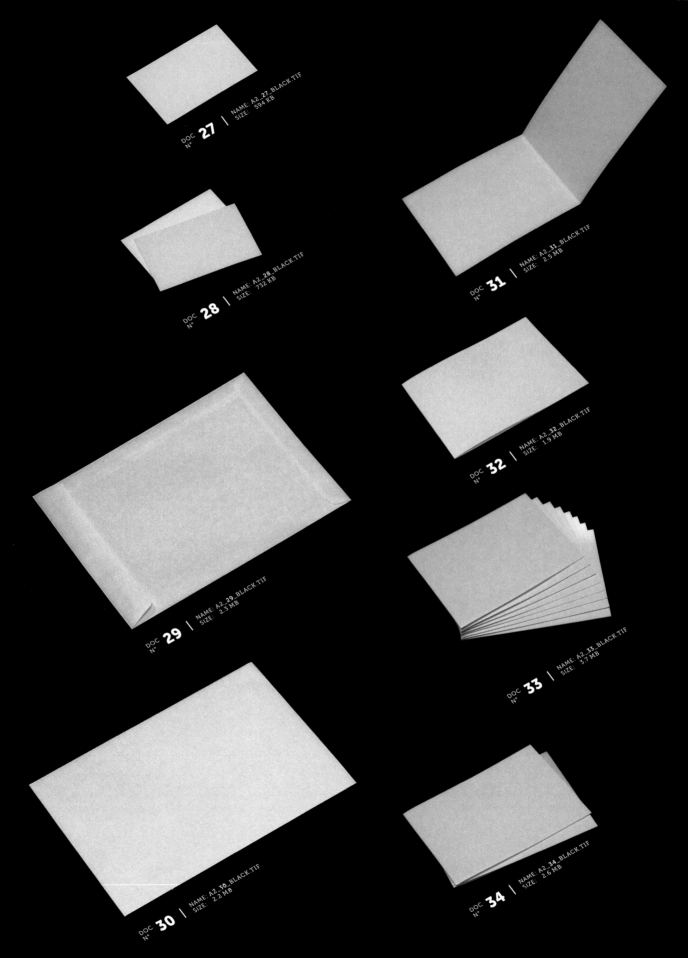

DOC N° 27 | NAME: A2_27_BLACK.TIF
SIZE: 594 KB

DOC N° 28 | NAME: A2_28_BLACK.TIF
SIZE: 732 KB

DOC N° 29 | NAME: A2_29_BLACK.TIF
SIZE: 2.3 MB

DOC N° 30 | NAME: A2_30_BLACK.TIF
SIZE: 2.2 MB

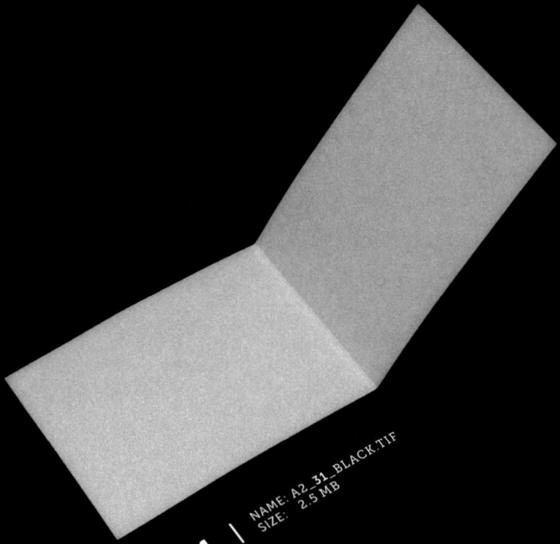

DOC N° 31 | NAME: A2_31_BLACK.TIF
SIZE: 2.5 MB

DOC N° 32 | NAME: A2_32_BLACK.TIF
SIZE: 1.9 MB

DOC N° 33 | NAME: A2_33_BLACK.TIF
SIZE: 3.7 MB

DOC N° 34 | NAME: A2_34_BLACK.TIF
SIZE: 2.6 MB

A2

STATIONERY
AND
OFFICE MATERIALS

DOC N° 35 | NAME: A2_35_BLACK.TIF SIZE: 2.5 MB

DOC N° 36 | NAME: A2_36_BLACK.TIF SIZE: 4.4 MB

DOC N° 37 | NAME: A2_37_BLACK.TIF SIZE: 4 MB

DOC N° 38 | NAME: A2_38_BLACK.TIF SIZE: 4.6 MB

DOC N° 39 | NAME: A2_39_BLACK.TIF SIZE: 2.5 MB

DOC N° 40 | NAME: A2_40_BLACK.TIF SIZE: 2.8 MB

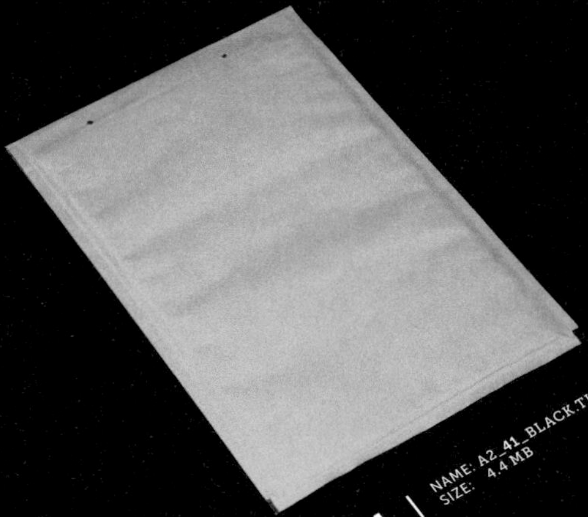

DOC N° **41** | NAME: A2_**41**_BLACK.TIF SIZE: 4.4 MB

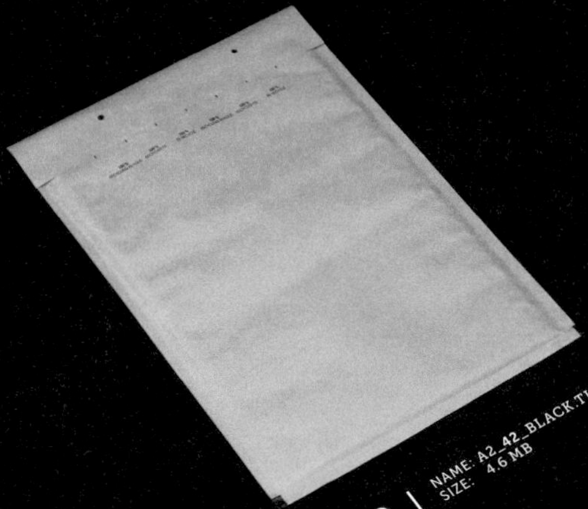

DOC N° **42** | NAME: A2_**42**_BLACK.TIF SIZE: 4.6 MB

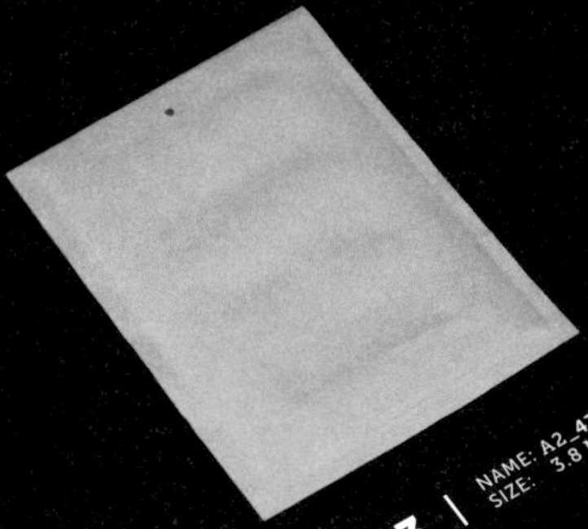

DOC N° **43** | NAME: A2_**43**_BLACK.TIF SIZE: 3.8 MB

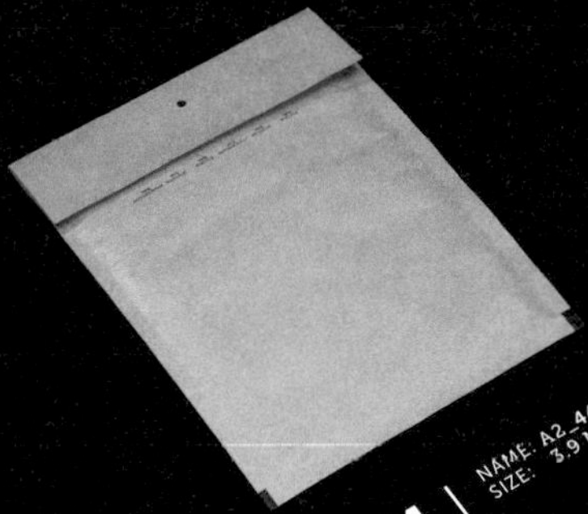

DOC N° **44** | NAME: A2_**44**_BLACK.TIF SIZE: 3.9 MB

DOC N° **45** | NAME: A2_**45**_BLACK.TIF SIZE: 3.2 MB

DOC N° **46** | NAME: A2_**46**_BLACK.TIF SIZE: 3.4 MB

A3

BAGS

DOC N° **01** | NAME: A3_**01**_BLACK.TIF
SIZE: 2.5 MB

A3

BAGS

DOC N° 02 | NAME: A3_02_BLACK.TIF
SIZE: 2.4 MB

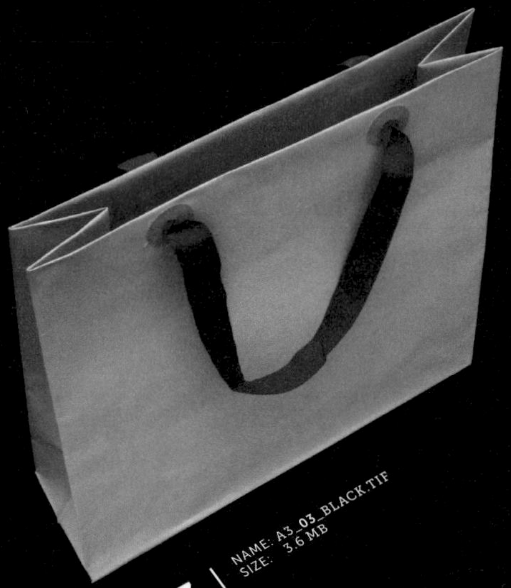

DOC N° 03 | NAME: A3_03_BLACK.TIF
SIZE: 3.6 MB

DOC N° 04 | NAME: A3_04_BLACK.TIF
SIZE: 3.9 MB

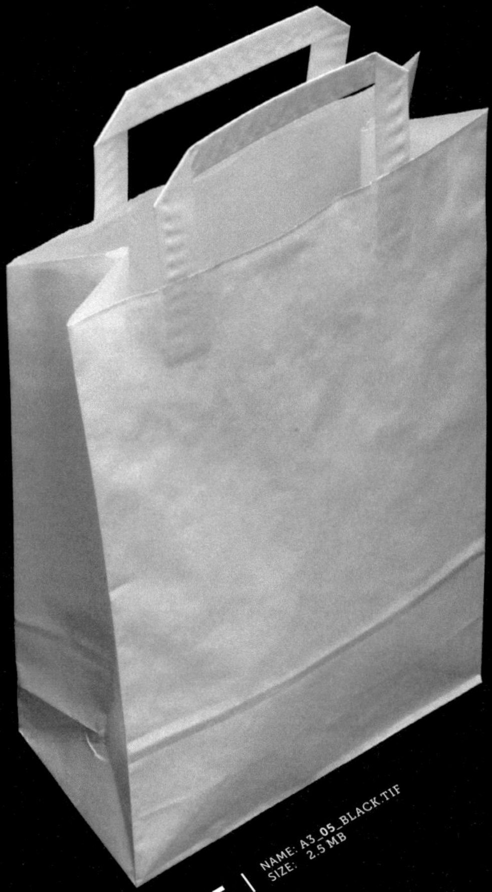

DOC Nº **05** | NAME: A3_05_BLACK.TIF
SIZE: 2.5 MB

DOC Nº **06** | NAME: A3_06_BLACK.TIF
SIZE: 3.2 MB

A3

BAGS

DOC N° **07** | NAME: A3_**07**_BLACK.TIF SIZE: 2.9 MB

DOC N° **08** | NAME: A3_**08**_BLACK.TIF SIZE: 3.2 MB

DOC N° **09** | NAME: A3_**09**_BLACK.TIF SIZE: 3.9 MB

DOC N° **10** | NAME: A3_**10**_BLACK.TIF SIZE: 3.2 MB

DOC N° **11** | NAME: A3_**11**_BLACK.TIF SIZE: 4 MB

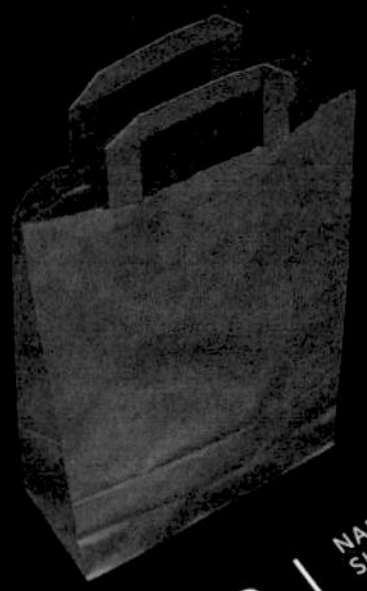

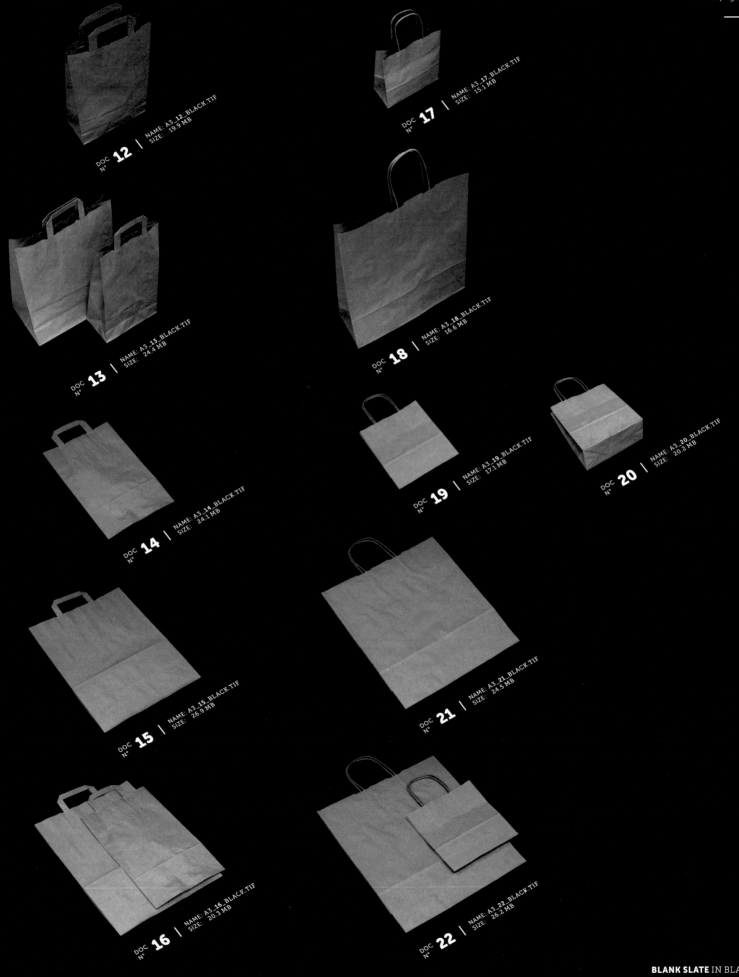

DOC N° **12** | NAME: A3_**12**_BLACK.TIF
SIZE: 19.9 MB

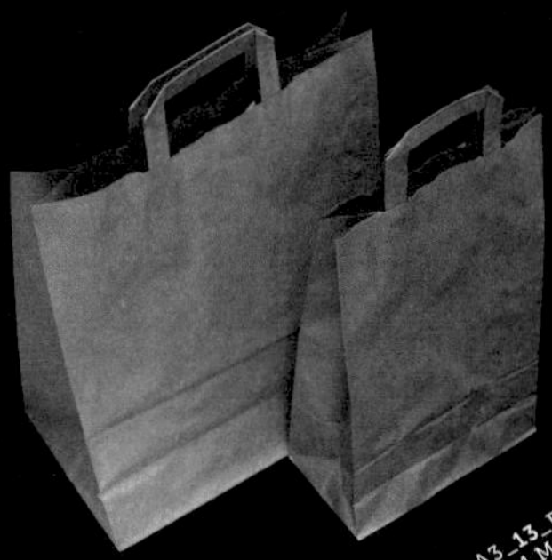

DOC N° **13** | NAME: A3_**13**_BLACK.TIF
SIZE: 24.4 MB

DOC N° **14** | NAME: A3_**14**_BLACK.TIF
SIZE: 24.1 MB

DOC N° **15** | NAME: A3_**15**_BLACK.TIF
SIZE: 26.9 MB

DOC N° **16** | NAME: A3_**16**_BLACK.TIF
SIZE: 20.3 MB

DOC N° **17** | NAME: A3_**17**_BLACK.TIF
SIZE: 15.1 MB

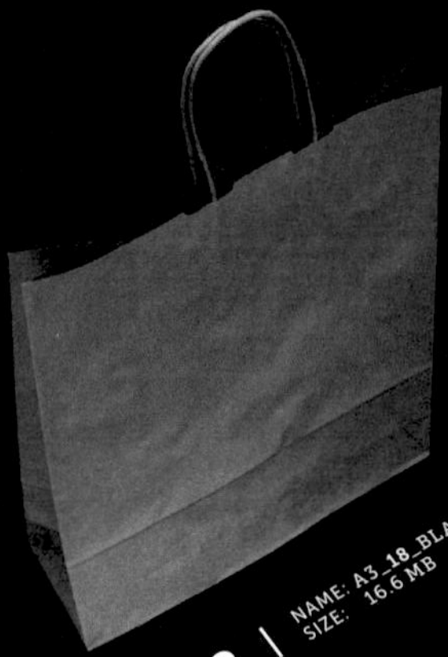

DOC N° **18** | NAME: A3_**18**_BLACK.TIF
SIZE: 16.6 MB

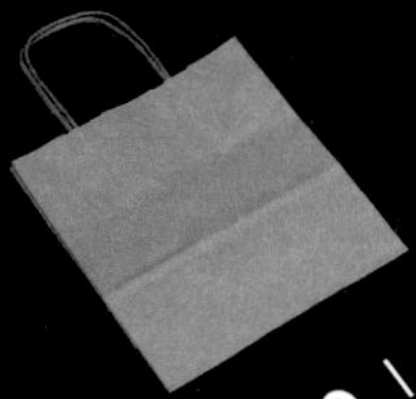

DOC N° **19** | NAME: A3_**19**_BLACK.TIF
SIZE: 17.1 MB

DOC N° **20** | NAME: A3_**20**_BLACK.TIF
SIZE: 20.2 MB

DOC N° **21** | NAME: A3_**21**_BLACK.TIF
SIZE: 24.5 MB

DOC N° **22** | NAME: A3_**22**_BLACK.TIF
SIZE: 26.2 MB

A3

BAGS

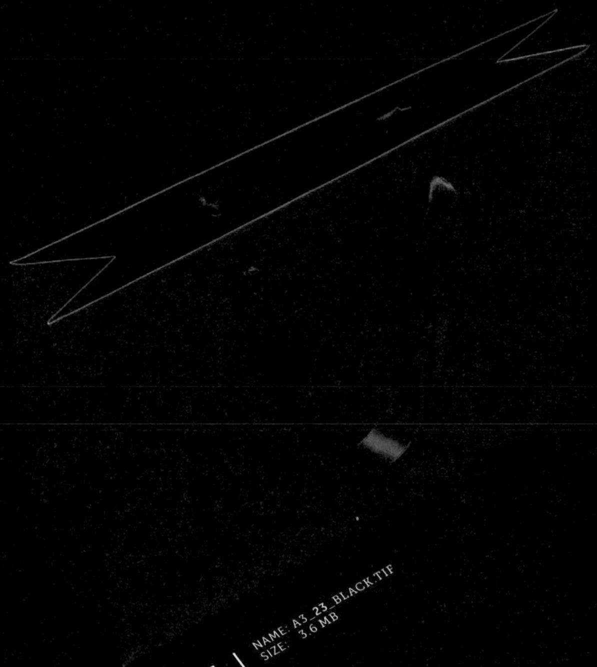

DOC N° 23 | NAME: A3_23_BLACK.TIF
SIZE: 3.6 MB

DOC N° 24 | NAME: A3_24_BLACK.TIF
SIZE: 3.5 MB

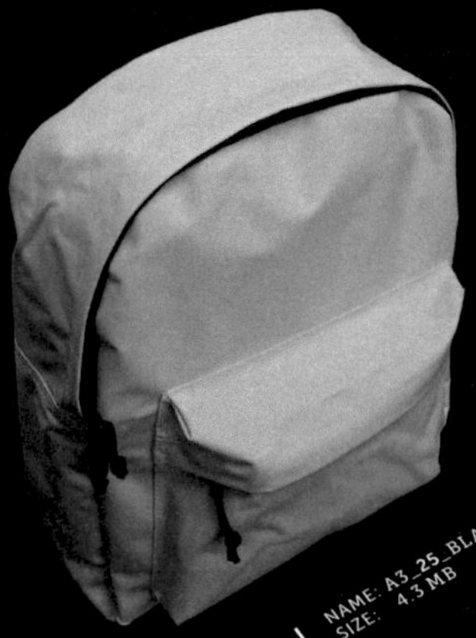

DOC N° **25** | NAME: A3_25_BLACK.TIF SIZE: 4.3 MB

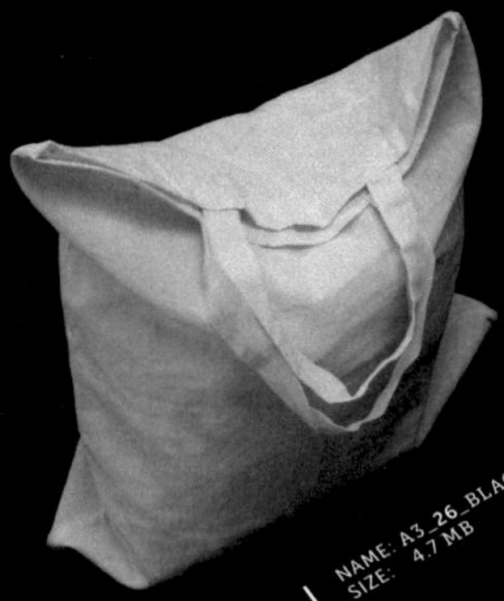

DOC N° **26** | NAME: A3_26_BLACK.TIF SIZE: 4.7 MB

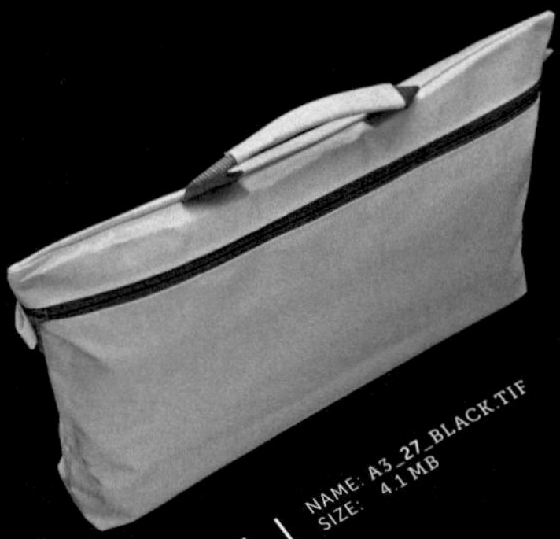

DOC N° **27** | NAME: A3_27_BLACK.TIF SIZE: 4.1 MB

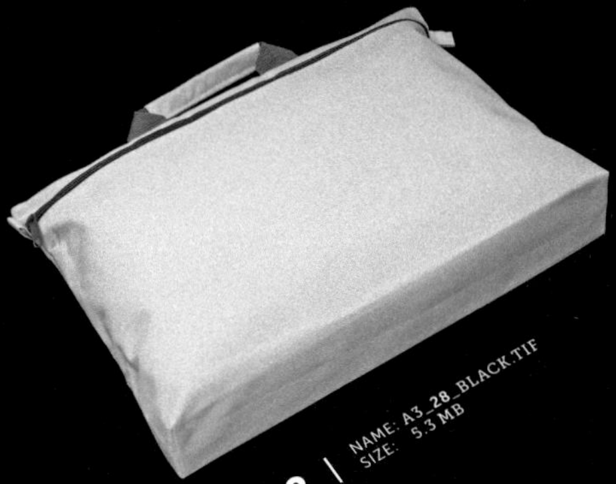

DOC N° **28** | NAME: A3_28_BLACK.TIF SIZE: 5.3 MB

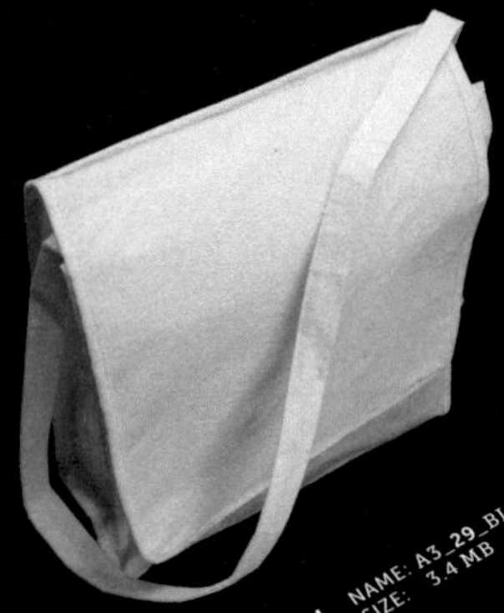

DOC N° **29** | NAME: A3_29_BLACK.TIF SIZE: 3.4 MB

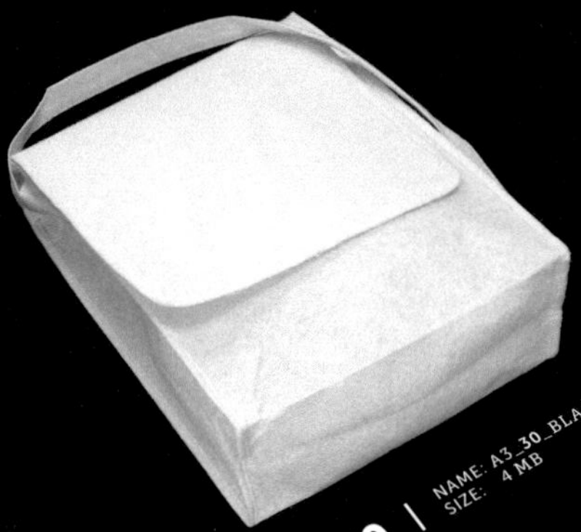

DOC N° **30** | NAME: A3_30_BLACK.TIF SIZE: 4 MB

DOC N° **31** | NAME: A3_31_BLACK.TIF SIZE: 4.6 MB

DOC N° **32** | NAME: A3_32_BLACK.TIF SIZE: 6.7 MB

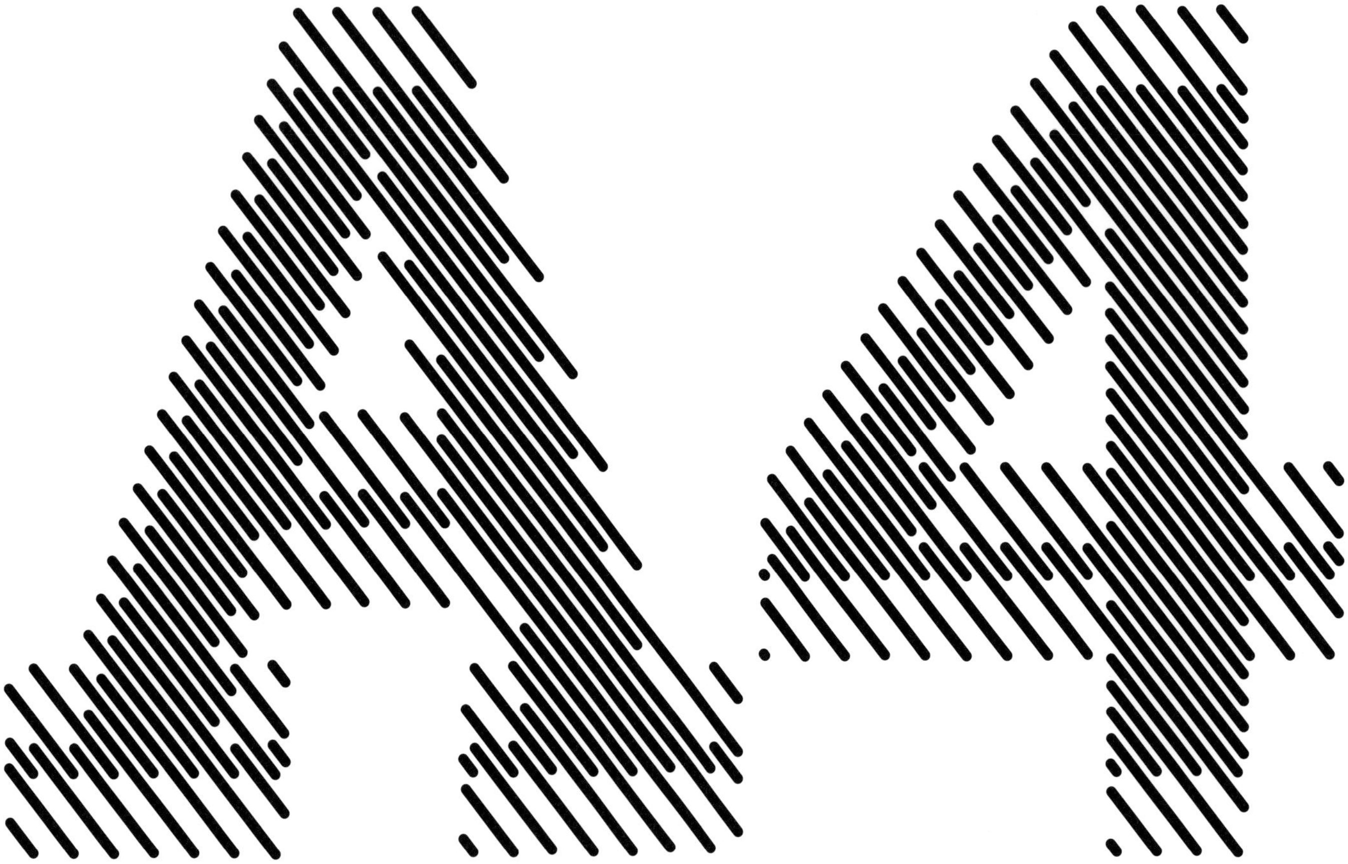
A4

PACKAGING

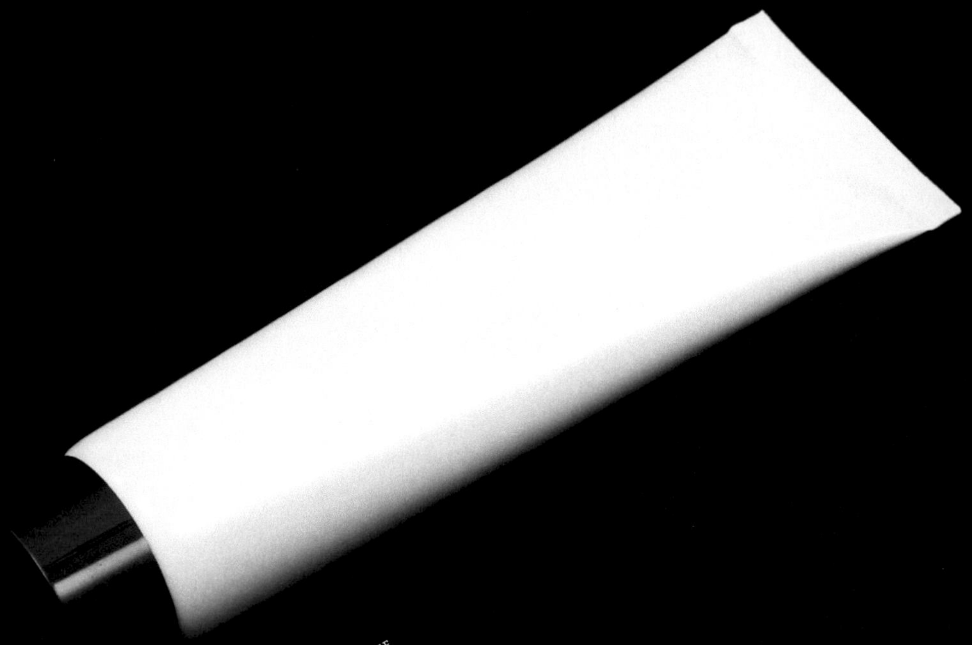

DOC N° **01** | NAME: A4_**01**_BLACK.TIF
SIZE: 986 KB

A4

PACKAGING

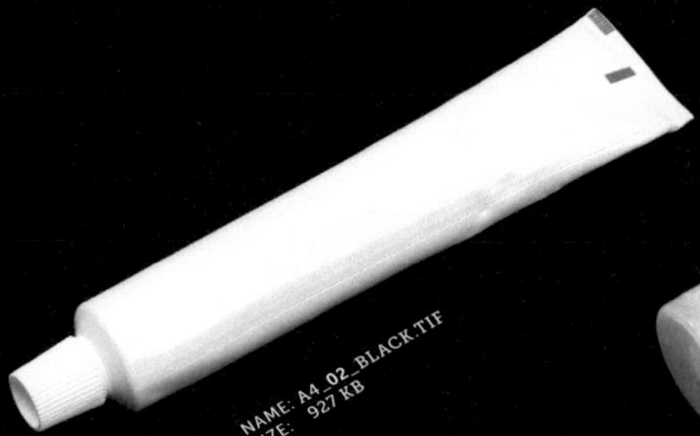

DOC N° 02 | NAME: A4_02_BLACK.TIF SIZE: 927 KB

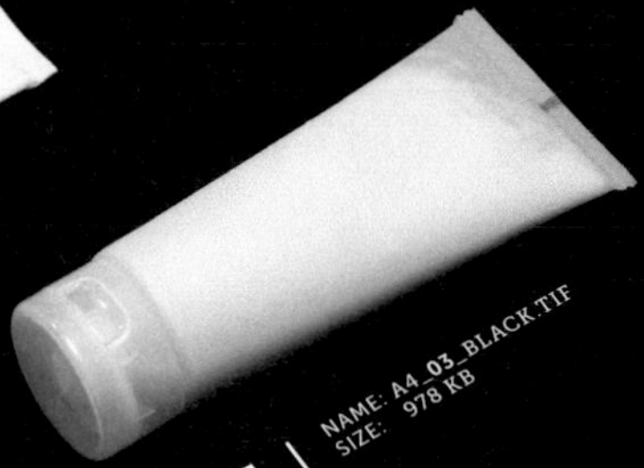

DOC N° 03 | NAME: A4_03_BLACK.TIF SIZE: 978 KB

DOC N° 04 | NAME: A4_04_BLACK.TIF SIZE: 555 KB

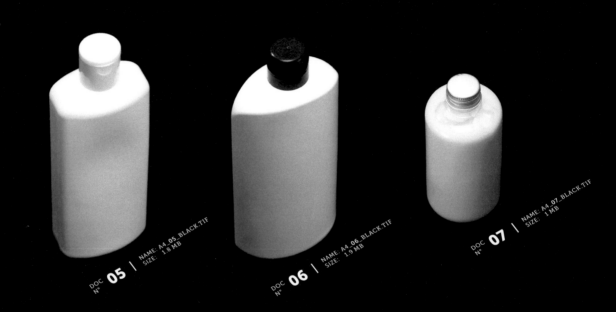

DOC N° 05 | NAME: A4_05_BLACK.TIF SIZE: 1.8 MB

DOC N° 06 | NAME: A4_06_BLACK.TIF SIZE: 1.9 MB

DOC N° 07 | NAME: A4_07_BLACK.TIF SIZE: 1 MB

DOC N° 08 | NAME: A4_08_BLACK.TIF SIZE: 681 KB

DOC N° 09 | NAME: A4_09_BLACK.TIF SIZE: 288 KB

DOC N° 10 | NAME: A4_10_BLACK.TIF SIZE: 863 KB

DOC N° 11 | NAME: A4_11_BLACK.TIF SIZE: 1.4 MB

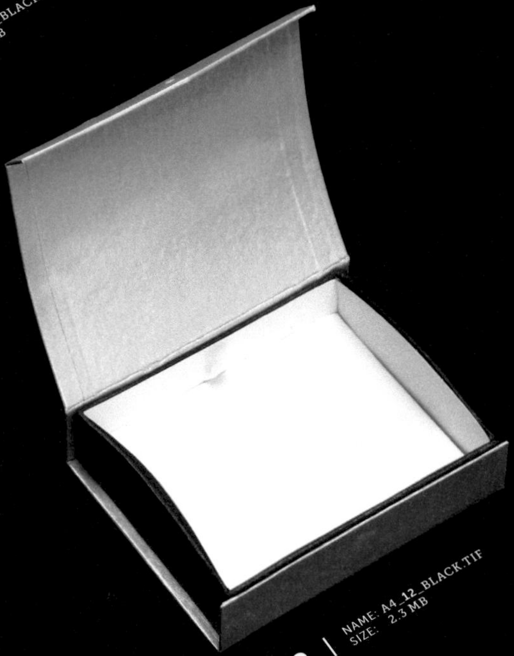

DOC N° 12 | NAME: A4_12_BLACK.TIF SIZE: 2.3 MB

DOC N° 13 | NAME: A4_13_BLACK.TIF SIZE: 2.7 MB

A4

PACKAGING

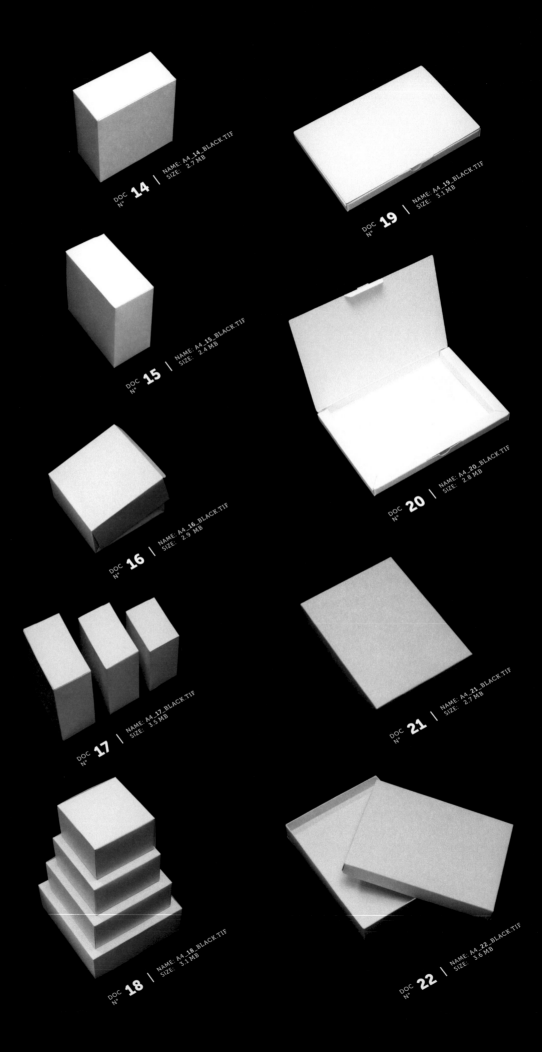

DOC N° 14 | NAME: A4_14_BLACK.TIF SIZE: 2.7 MB

DOC N° 15 | NAME: A4_15_BLACK.TIF SIZE: 2.4 MB

DOC N° 16 | NAME: A4_16_BLACK.TIF SIZE: 2.9 MB

DOC N° 17 | NAME: A4_17_BLACK.TIF SIZE: 3.5 MB

DOC N° 18 | NAME: A4_18_BLACK.TIF SIZE: 3.1 MB

DOC N° 19 | NAME: A4_19_BLACK.TIF SIZE: 3.1 MB

DOC N° 20 | NAME: A4_20_BLACK.TIF SIZE: 2.8 MB

DOC N° 21 | NAME: A4_21_BLACK.TIF SIZE: 2.7 MB

DOC N° 22 | NAME: A4_22_BLACK.TIF SIZE: 3.6 MB

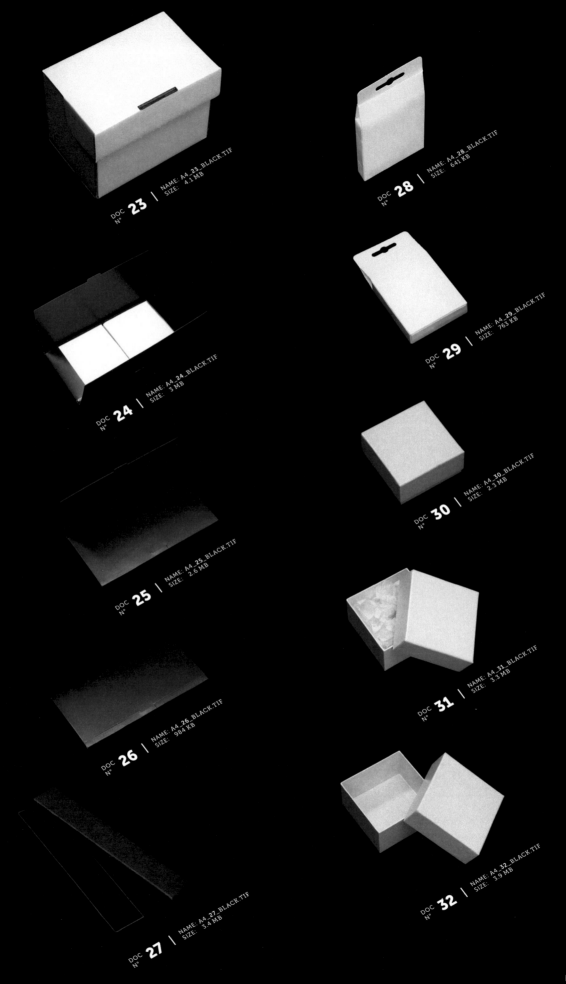

DOC N° **23** | NAME: A4_**23**_BLACK.TIF SIZE: 4.1 MB

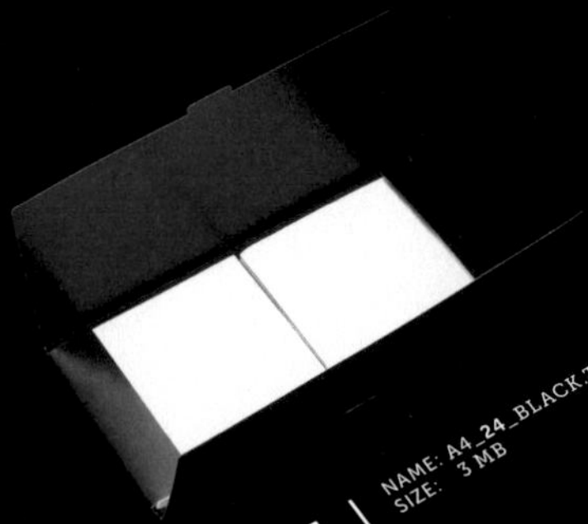

DOC N° **24** | NAME: A4_**24**_BLACK.TIF SIZE: 3 MB

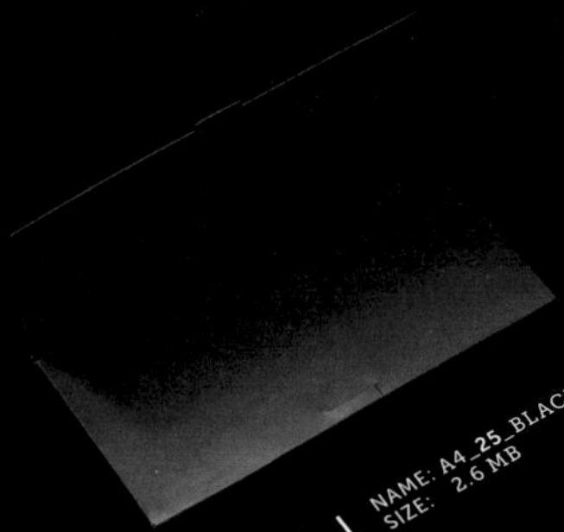

DOC N° **25** | NAME: A4_**25**_BLACK.TIF SIZE: 2.6 MB

DOC N° **26** | NAME: A4_**26**_BLACK.TIF SIZE: 984 KB

DOC N° **27** | NAME: A4_**27**_BLACK.TIF SIZE: 3.4 MB

DOC N° **28** | NAME: A4_**28**_BLACK.TIF SIZE: 641 KB

DOC N° **29** | NAME: A4_**29**_BLACK.TIF SIZE: 763 KB

DOC N° **30** | NAME: A4_**30**_BLACK.TIF SIZE: 2.3 MB

DOC N° **31** | NAME: A4_**31**_BLACK.TIF SIZE: 3.3 MB

DOC N° **32** | NAME: A4_**32**_BLACK.TIF SIZE: 3.9 MB

A5

FOOD, DRINK AND TABLEWARE

DOC N° **01** | NAME: A5_01_BLACK.TIF
SIZE: 1.6 MB

A5

FOOD, DRINK
AND TABLEWARE

DOC N° **02** | NAME: A5_**02**_BLACK.TIF
SIZE: 1.4 MB

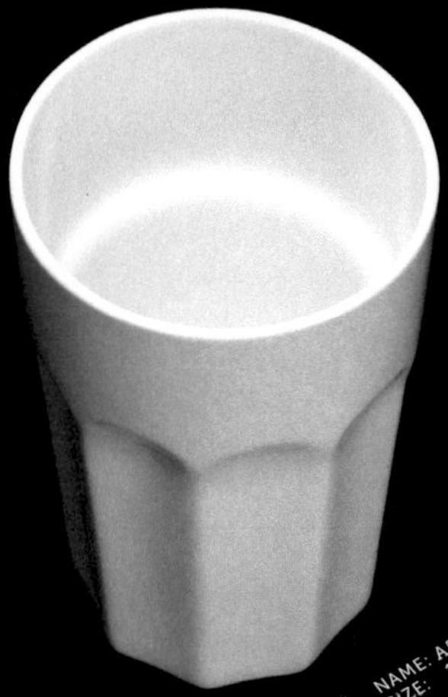

DOC N° **04** | NAME: A5_**04**_BLACK.TIF
SIZE: 1.9 MB

DOC N° **05** | NAME: A5_**05**_BLACK.TIF
SIZE: 1.7 MB

DOC N° **03** | NAME: A5_**03**_BLACK.TIF
SIZE: 1 MB

DOC N° **06** | NAME: A5_**06**_BLACK.TIF
SIZE: 1.9 MB

DOC N° **07** | NAME: A5_**07**_BLACK.TIF SIZE: 3.2 MB

DOC N° **08** | NAME: A5_**08**_BLACK.TIF SIZE: 2 MB

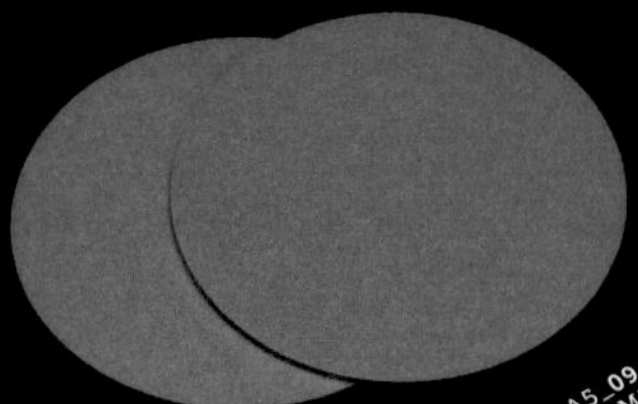

DOC N° **09** | NAME: A5_**09**_BLACK.TIF SIZE: 3.1 MB

DOC N° **10** | NAME: A5_**10**_BLACK.TIF SIZE: 2.6 MB

DOC N° **11** | NAME: A5_**11**_BLACK.TIF SIZE: 2.8 MB

DOC N° **12** | NAME: A5_**12**_BLACK.TIF SIZE: 1.8 MB

DOC N° **13** | NAME: A5_**13**_BLACK.TIF SIZE: 2.3 MB

DOC N° **14** | NAME: A5_**14**_BLACK.TIF SIZE: 2.5 MB

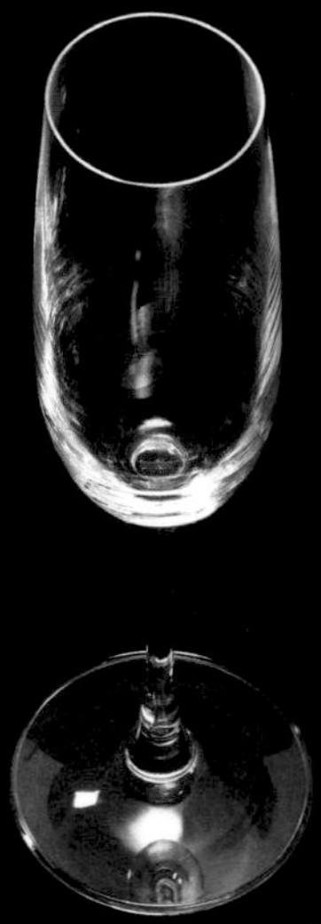

DOC N° **15** | NAME: A5_**15**_BLACK.TIF SIZE: 2.2 MB

A5

FOOD, DRINK
AND TABLEWARE

DOC N° **16** | NAME: A5_16_BLACK.TIF
SIZE: 3 MB

DOC N° **17** | NAME: A5_17_BLACK.TIF
SIZE: 3.7 MB

DOC N° **18** | NAME: A5_18_BLACK.TIF
SIZE: 3.8 MB

DOC Nº 19 | NAME: A5_19_BLACK.TIF
SIZE: 1.8 MB

A5

FOOD, DRINK
AND TABLEWARE

DOC N° 20 | NAME: A5_20_BLACK.TIF
SIZE: 1.3 MB

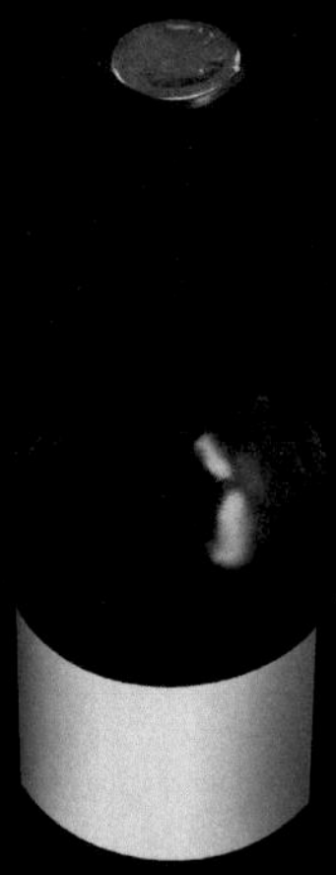

DOC N° 21 | NAME: A5_21_BLACK.TIF
SIZE: 1.3 MB

DOC N° 22 | NAME: A5_22_BLACK.TIF
SIZE: 2.2 MB

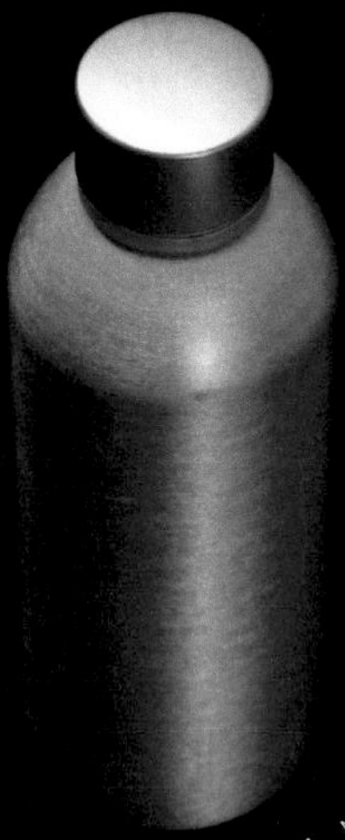

DOC N° 23 | NAME: A5_23_BLACK.TIF
SIZE: 1.8 MB

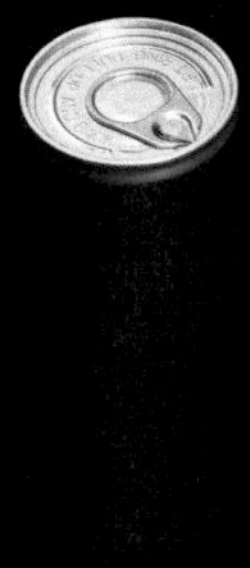

DOC N° 24 | NAME: A5_24_BLACK.TIF
SIZE: 1.6 MB

DOC N° 25 | NAME: A5_25_BLACK.TIF
SIZE: 1.1 MB

DOC N° 26 | NAME: A5_26_BLACK.TIF
SIZE: 4.1 MB

DOC N° 27 | NAME: A5_27_BLACK.TIF
SIZE: 2.4 MB

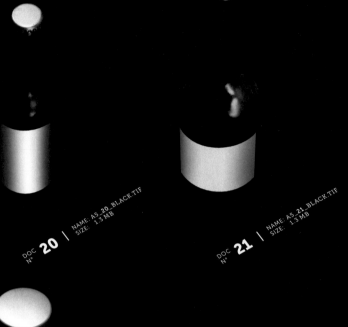

DOC N° 28 | NAME: A5_28_BLACK.TIF
SIZE: 2.5 MB

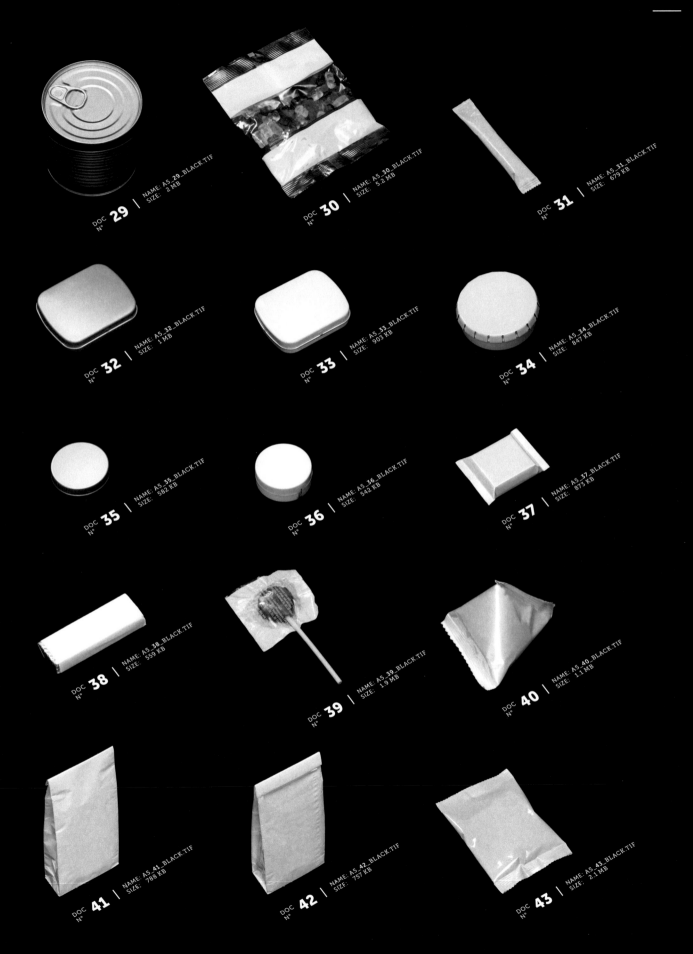

DOC N° **29** | NAME: A5_29_BLACK.TIF SIZE: 2 MB

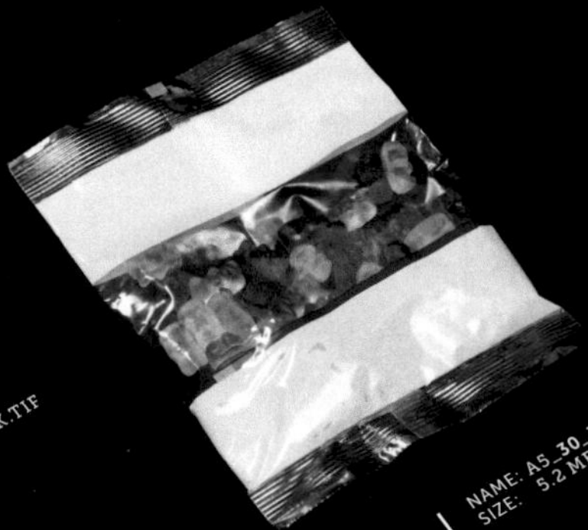

DOC N° **30** | NAME: A5_30_BLACK.TIF SIZE: 5.2 MB

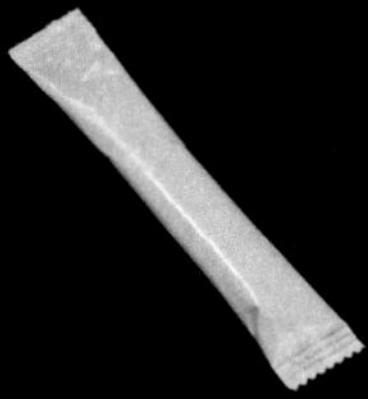

DOC N° **31** | NAME: A5_31_BLACK.TIF SIZE: 679 KB

DOC N° **32** | NAME: A5_32_BLACK.TIF SIZE: 1 MB

DOC N° **33** | NAME: A5_33_BLACK.TIF SIZE: 903 KB

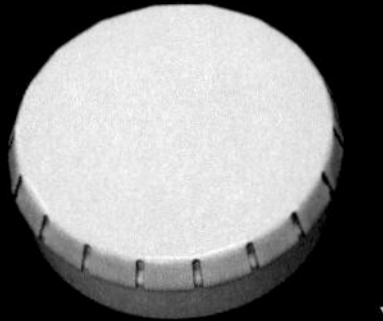

DOC N° **34** | NAME: A5_34_BLACK.TIF SIZE: 847 KB

DOC N° **35** | NAME: A5_35_BLACK.TIF SIZE: 582 KB

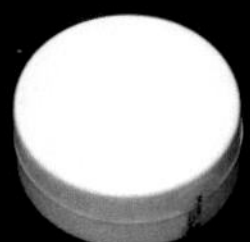

DOC N° **36** | NAME: A5_36_BLACK.TIF SIZE: 542 KB

DOC N° **37** | NAME: A5_37_BLACK.TIF SIZE: 873 KB

DOC N° **38** | NAME: A5_38_BLACK.TIF SIZE: 559 KB

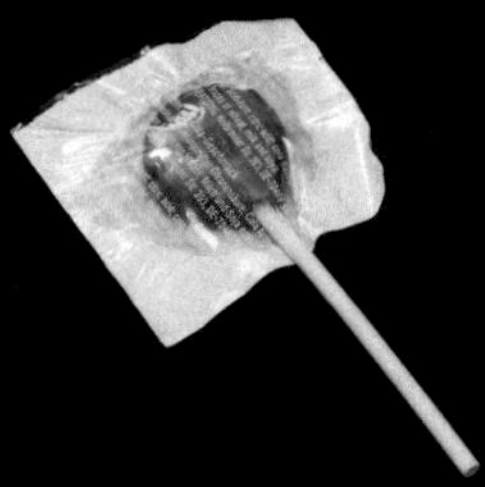

DOC N° **39** | NAME: A5_39_BLACK.TIF SIZE: 1.9 MB

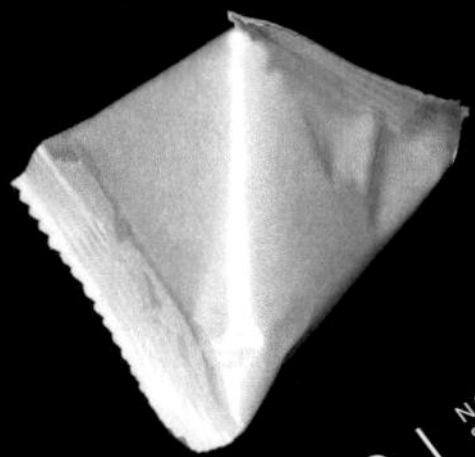

DOC N° **40** | NAME: A5_40_BLACK.TIF SIZE: 1.1 MB

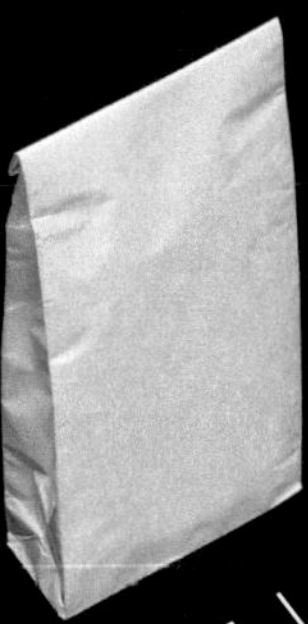

DOC N° **41** | NAME: A5_41_BLACK.TIF SIZE: 788 KB

DOC N° **42** | NAME: A5_42_BLACK.TIF SIZE: 757 KB

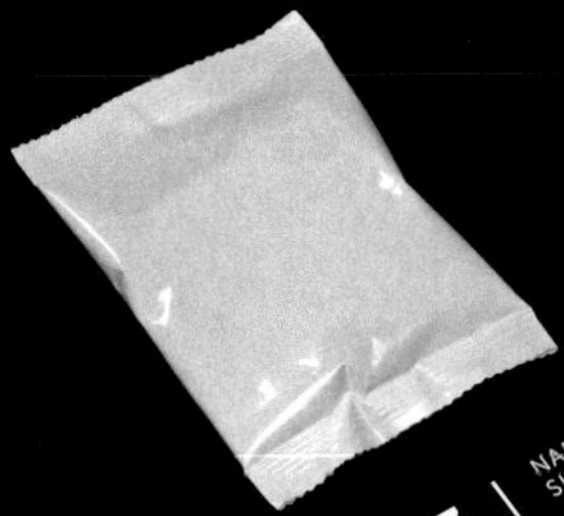

DOC N° **43** | NAME: A5_43_BLACK.TIF SIZE: 2.1 MB

AG

NON-EDIBLE
GIVEAWAYS

DOC N° **01** | NAME: A6_01_BLACK.TIF
SIZE: 745 KB

A6

NON-EDIBLE GIVEAWAYS

DOC N° 02 | NAME: A6_02_BLACK.TIF SIZE: 726 KB
DOC N° 03 | NAME: A6_03_BLACK.TIF SIZE: 765 KB
DOC N° 04 | NAME: A6_04_BLACK.TIF SIZE: 718 KB
DOC N° 05 | NAME: A6_05_BLACK.TIF SIZE: 740 KB
DOC N° 06 | NAME: A6_06_BLACK.TIF SIZE: 787 KB
DOC N° 07 | NAME: A6_07_BLACK.TIF SIZE: 788 KB
DOC N° 08 | NAME: A6_08_BLACK.TIF SIZE: 770 KB
DOC N° 09 | NAME: A6_09_BLACK.TIF SIZE: 546 KB
DOC N° 10 | NAME: A6_10_BLACK.TIF SIZE: 648 KB
DOC N° 11 | NAME: A6_11_BLACK.TIF SIZE: 705 KB
DOC N° 12 | NAME: A6_12_BLACK.TIF SIZE: 764 KB
DOC N° 13 | NAME: A6_13_BLACK.TIF SIZE: 559 KB
DOC N° 14 | NAME: A6_14_BLACK.TIF SIZE: 599 KB

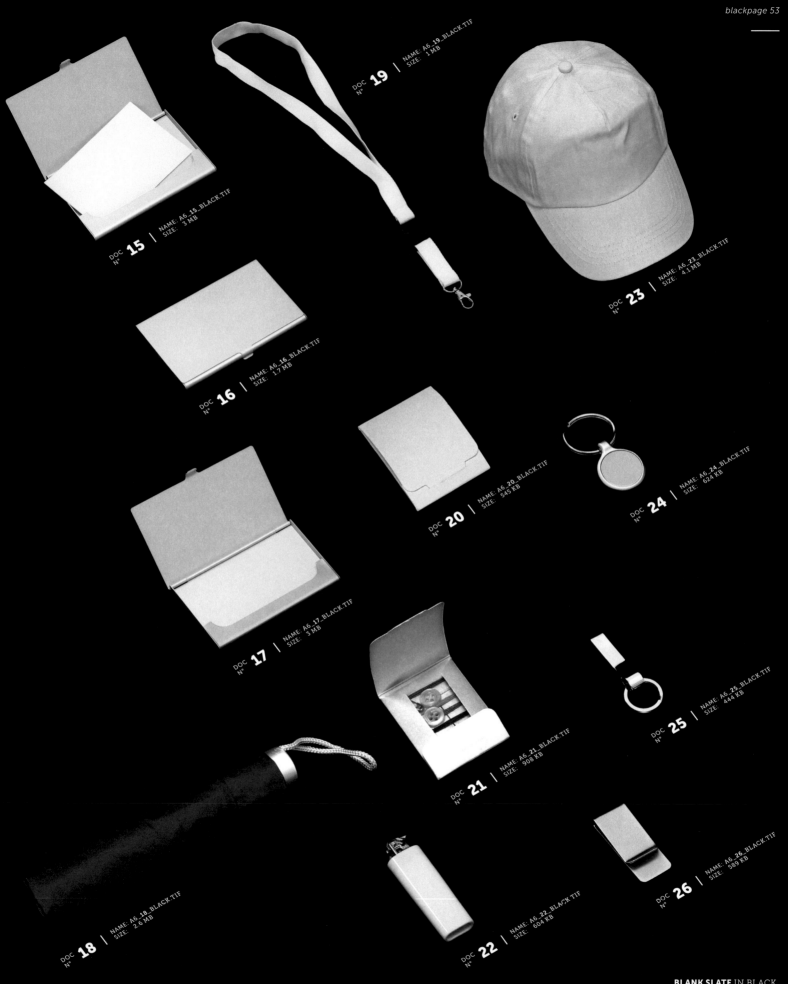

DOC N° 15 | NAME: A6_15_BLACK.TIF SIZE: 3 MB

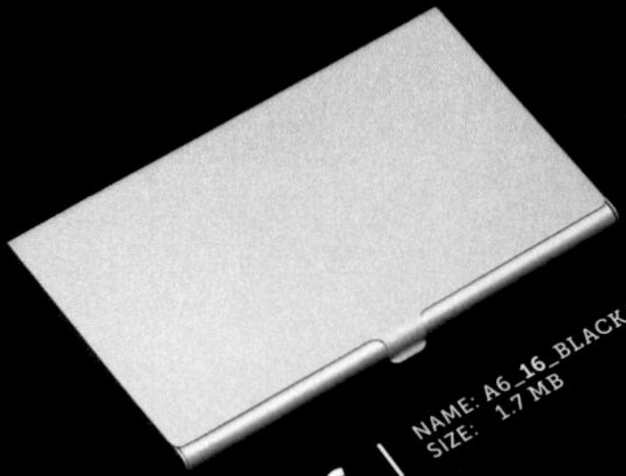

DOC N° 16 | NAME: A6_16_BLACK.TIF SIZE: 1.7 MB

DOC N° 17 | NAME: A6_17_BLACK.TIF SIZE: 3 MB

DOC N° 18 | NAME: A6_18_BLACK.TIF SIZE: 2.6 MB

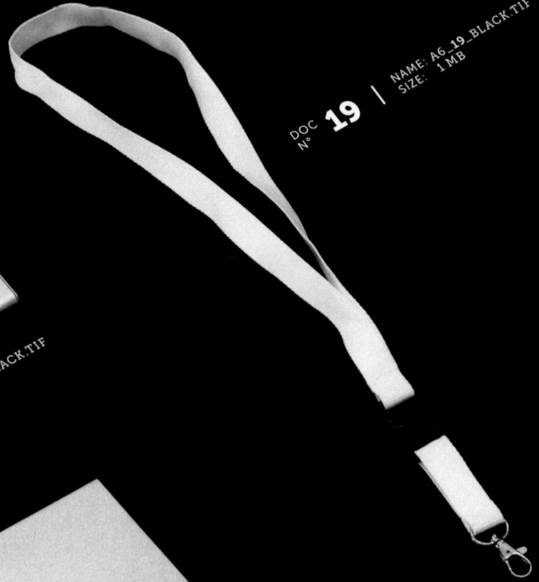

DOC N° 19 | NAME: A6_19_BLACK.TIF SIZE: 1 MB

DOC N° 20 | NAME: A6_20_BLACK.TIF SIZE: 545 KB

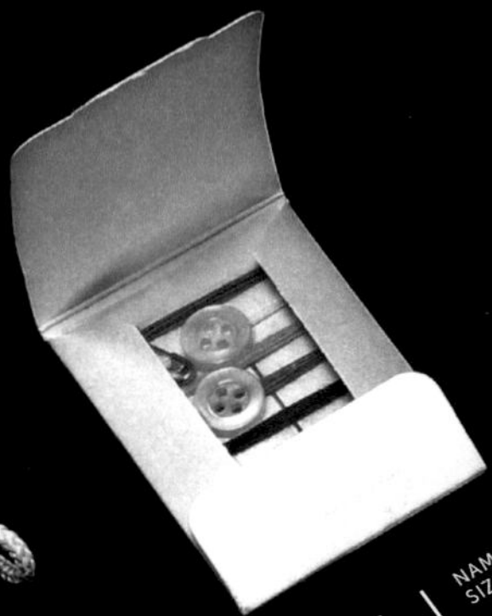

DOC N° 21 | NAME: A6_21_BLACK.TIF SIZE: 908 KB

DOC N° 22 | NAME: A6_22_BLACK.TIF SIZE: 604 KB

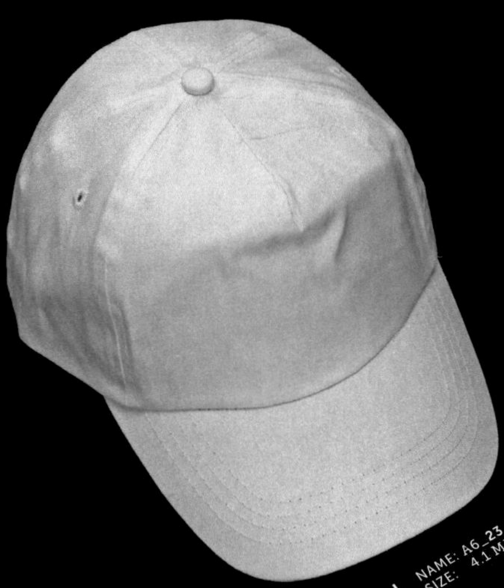

DOC N° 23 | NAME: A6_23_BLACK.TIF SIZE: 4.1 MB

DOC N° 24 | NAME: A6_24_BLACK.TIF SIZE: 624 KB

DOC N° 25 | NAME: A6_25_BLACK.TIF SIZE: 444 KB

DOC N° 26 | NAME: A6_26_BLACK.TIF SIZE: 589 KB

A7

DIGITAL MEDIA

DOC N° **01** | NAME: A7_01_BLACK.TIF
SIZE: 4.5 MB

A7

DIGITAL MEDIA

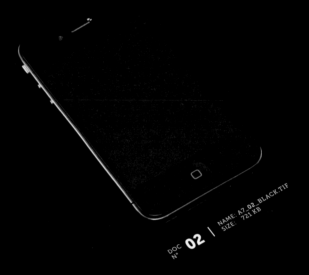

DOC N° 02 | NAME: A7_02_BLACK.TIF
SIZE: 721 KB

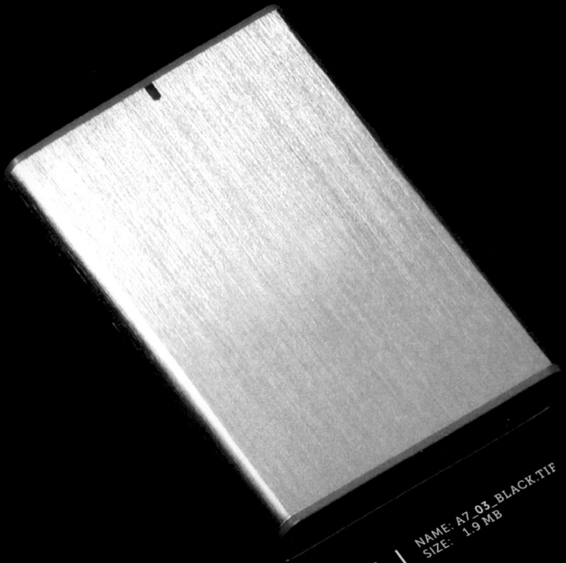

DOC N° 03 | NAME: A7_03_BLACK.TIF
SIZE: 1.9 MB

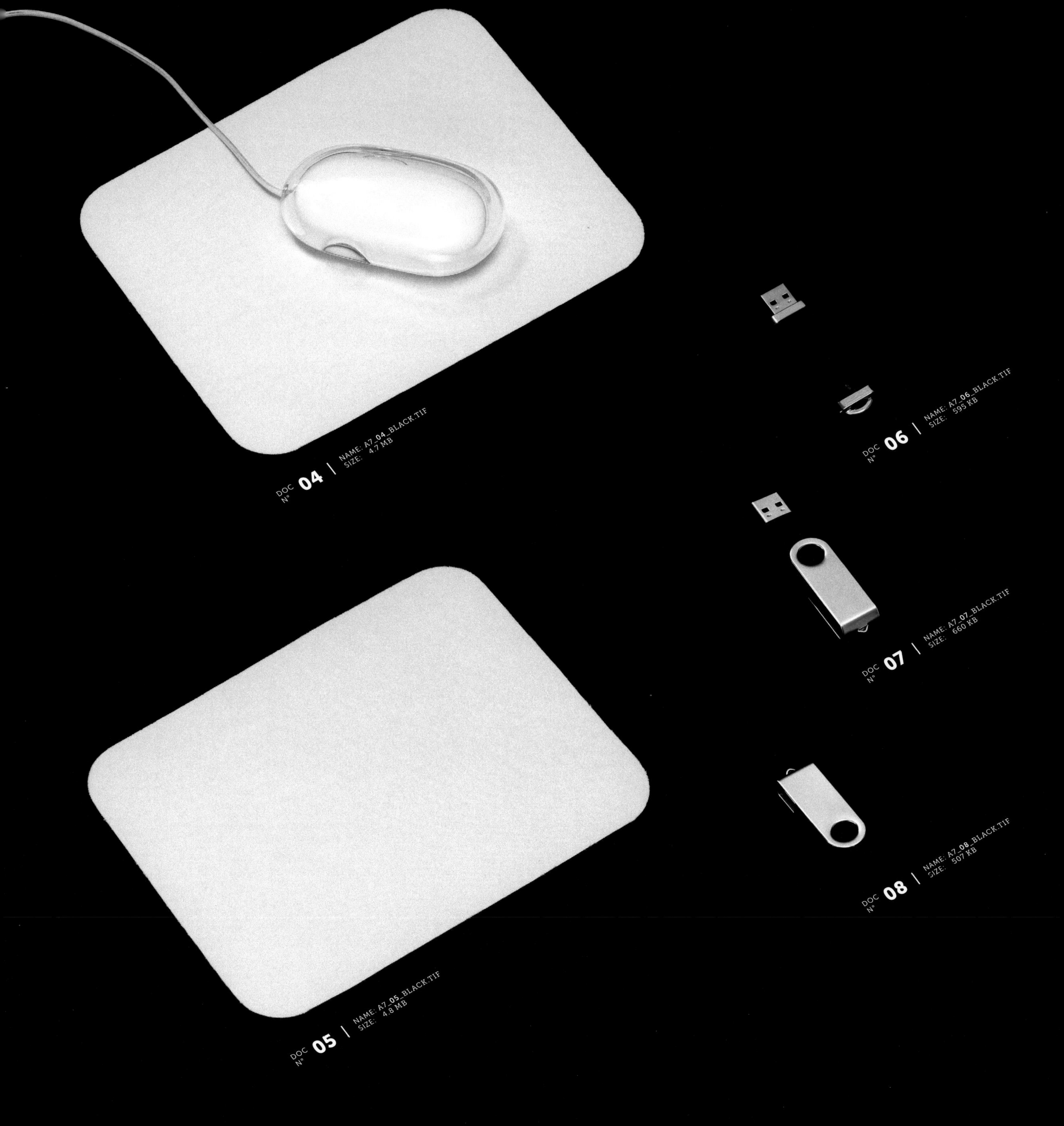
DOC N° 04 | NAME: A7_04_BLACK.TIF SIZE: 4.7 MB
DOC N° 06 | NAME: A7_06_BLACK.TIF SIZE: 595 KB
DOC N° 07 | NAME: A7_07_BLACK.TIF SIZE: 660 KB
DOC N° 05 | NAME: A7_05_BLACK.TIF SIZE: 4.8 MB
DOC N° 08 | NAME: A7_08_BLACK.TIF SIZE: 507 KB

A7

DIGITAL MEDIA

DOC N° **09** | NAME: A7_09_BLACK.TIF
SIZE: 4.4 MB

DOC N° **10** | NAME: A7_10_BLACK.TIF
SIZE: 3.5 MB

DOC N° **11** | NAME: A7_11_BLACK.TIF
SIZE: 2.7 MB

DOC N° **12** | NAME: A7_12_BLACK.TIF
SIZE: 4.4 MB

DOC N° **13** | NAME: A7_13_BLACK.TIF
SIZE: 4.9 MB

DOC N° **14** | NAME: A7_14_BLACK.TIF
SIZE: 1.9 MB

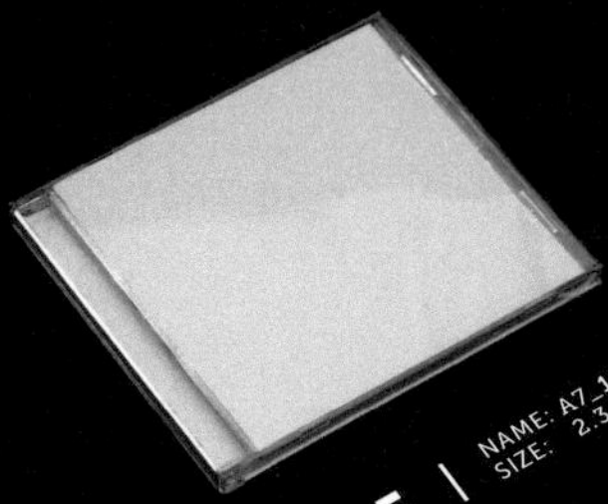

DOC N° **15** | NAME: A7_15_BLACK.TIF
SIZE: 2.3 MB

DOC N° **16** | NAME: A7_16_BLACK.TIF
SIZE: 4.3 MB

DOC N° **17** | NAME: A7_17_BLACK.TIF
SIZE: 2.4 MB

DOC N° **18** | NAME: A7_18_BLACK.TIF
SIZE: 2 MB

DOC N° **19** | NAME: A7_19_BLACK.TIF
SIZE: 3.5 MB

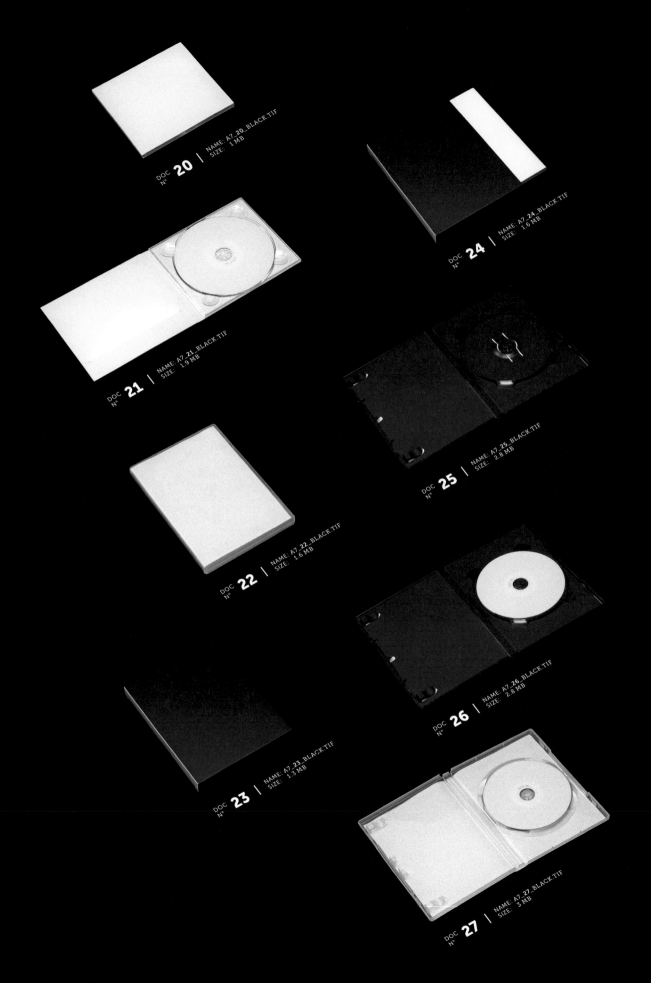

DOC N° **20** | NAME: A7_**20**_BLACK.TIF
SIZE: 1 MB

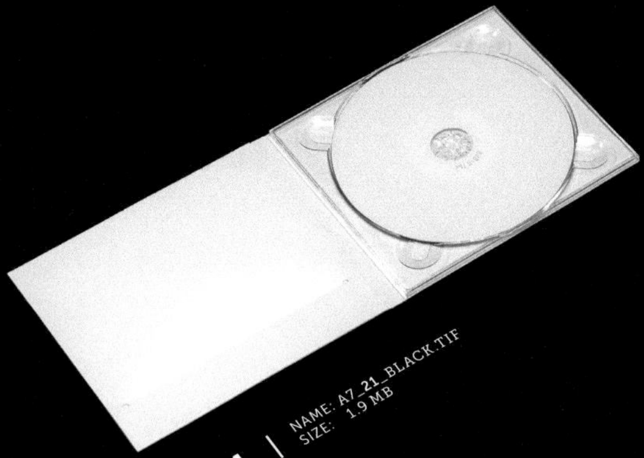

DOC N° **21** | NAME: A7_**21**_BLACK.TIF
SIZE: 1.9 MB

DOC N° **22** | NAME: A7_**22**_BLACK.TIF
SIZE: 1.6 MB

DOC N° **23** | NAME: A7_**23**_BLACK.TIF
SIZE: 1.3 MB

DOC N° **24** | NAME: A7_**24**_BLACK.TIF
SIZE: 1.6 MB

DOC N° **25** | NAME: A7_**25**_BLACK.TIF
SIZE: 2.8 MB

DOC N° **26** | NAME: A7_**26**_BLACK.TIF
SIZE: 2.8 MB

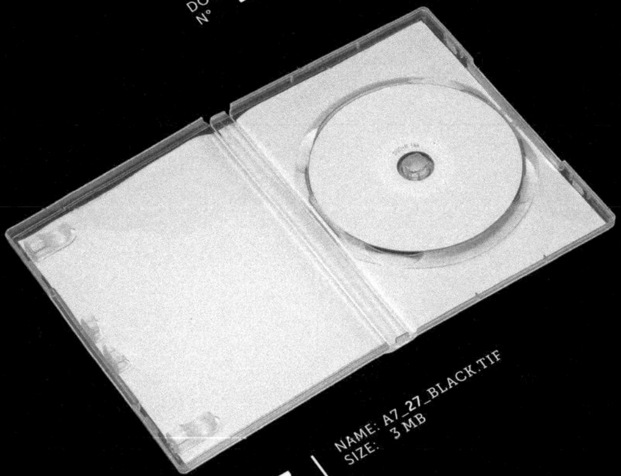

DOC N° **27** | NAME: A7_**27**_BLACK.TIF
SIZE: 3 MB

A8

MISCELLANEOUS

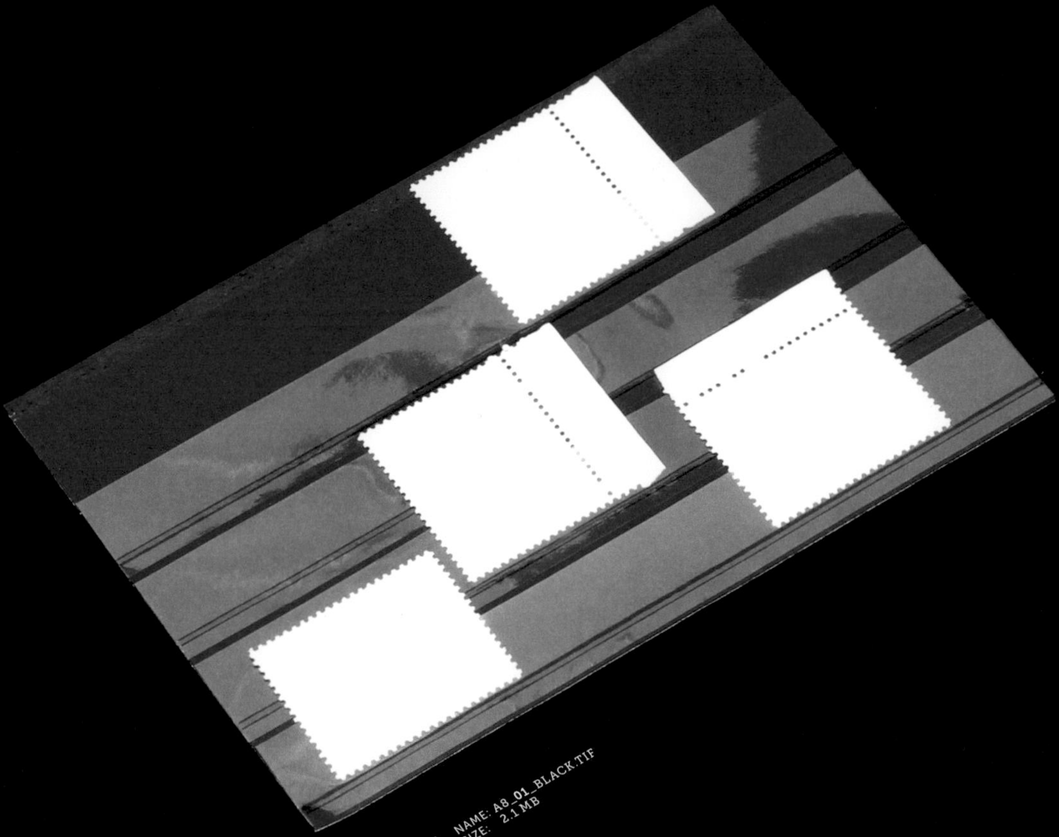

DOC N° **01** | NAME: A8_01_BLACK.TIF
SIZE: 2.1 MB

DOC N° **02** | NAME: A8_02_BLACK.TIF
SIZE: 280 KB

DOC N° **03** | NAME: A8_03_BLACK.TIF
SIZE: 241 KB

A8

MISCELLANEOUS

DOC N° 04 | NAME: A8_04_BLACK.TIF
SIZE: 5.1 MB

DOC N° 05 | NAME: A8_05_BLACK.TIF
SIZE: 3.4 MB

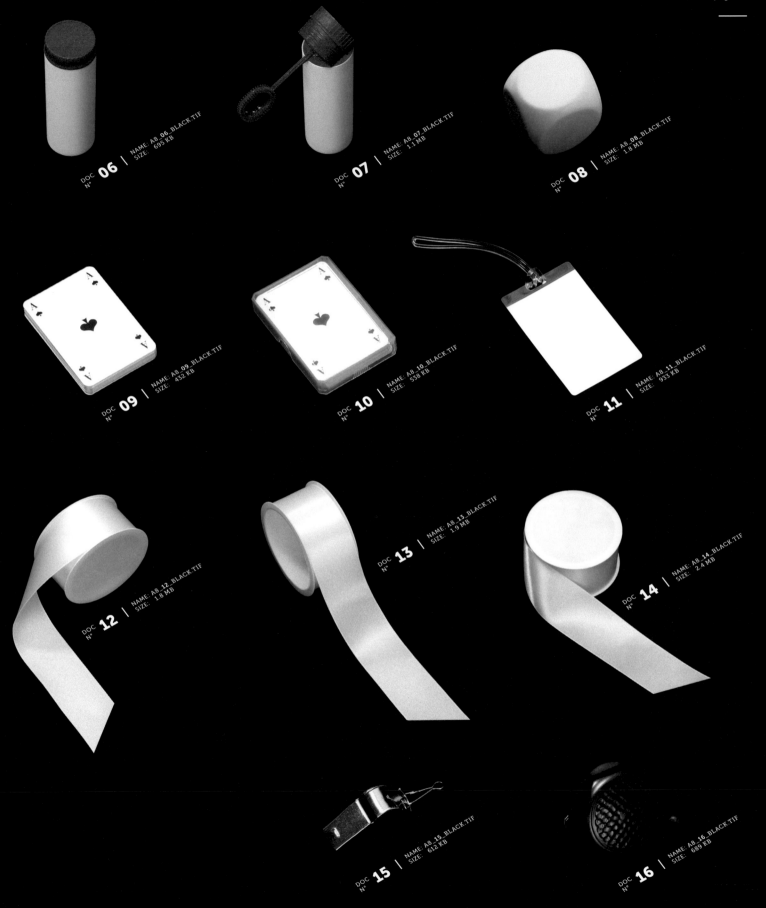

DOC N° **06** | NAME: A8_**06**_BLACK.TIF SIZE: 695 KB

DOC N° **07** | NAME: A8_**07**_BLACK.TIF SIZE: 1.1 MB

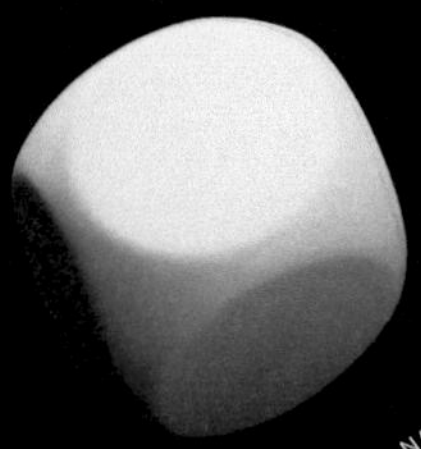

DOC N° **08** | NAME: A8_**08**_BLACK.TIF SIZE: 1.8 MB

DOC N° **09** | NAME: A8_**09**_BLACK.TIF SIZE: 432 KB

DOC N° **10** | NAME: A8_**10**_BLACK.TIF SIZE: 538 KB

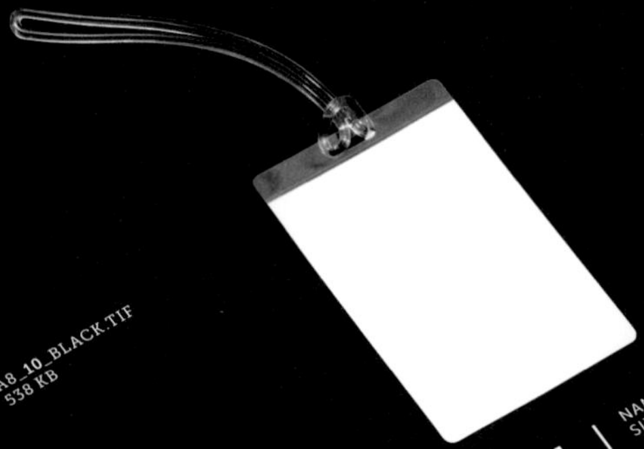

DOC N° **11** | NAME: A8_**11**_BLACK.TIF SIZE: 933 KB

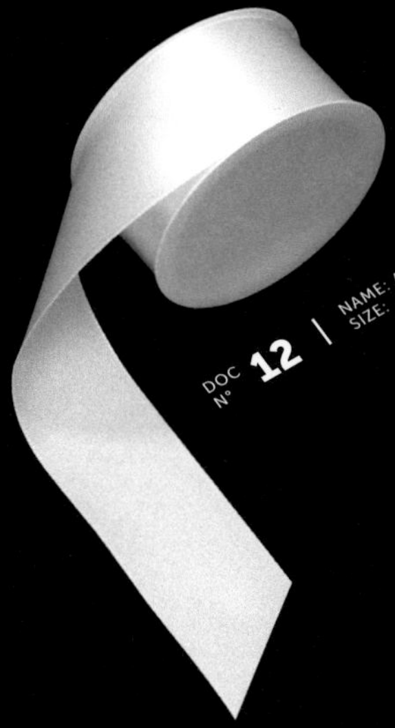

DOC N° **12** | NAME: A8_**12**_BLACK.TIF SIZE: 1.8 MB

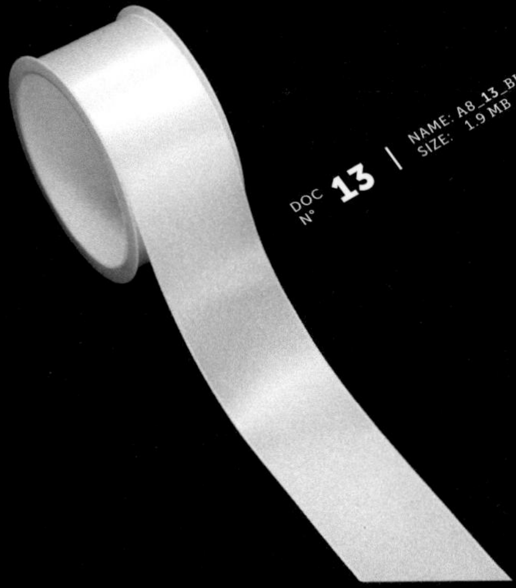

DOC N° **13** | NAME: A8_**13**_BLACK.TIF SIZE: 1.9 MB

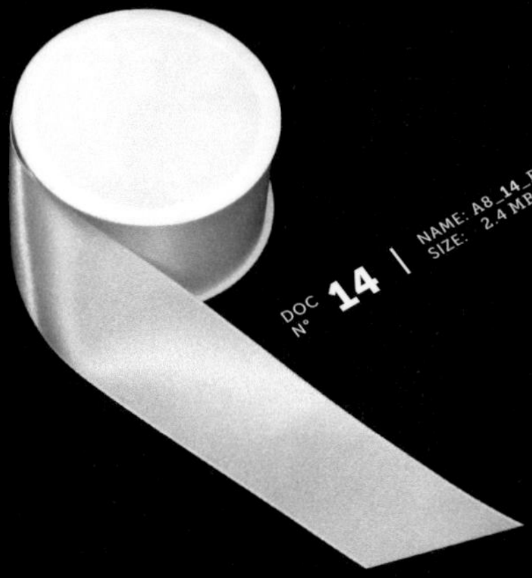

DOC N° **14** | NAME: A8_**14**_BLACK.TIF SIZE: 2.4 MB

DOC N° **15** | NAME: A8_**15**_BLACK.TIF SIZE: 612 KB

DOC N° **16** | NAME: A8_**16**_BLACK.TIF SIZE: 689 KB

S1

BROCHURES
BOOKS
NEWSPAPERS

DOC N° **01** | NAME: S1_**01**_BLACK.TIF
SIZE: 7.1 MB

S1

BROCHURES
BOOKS
NEWSPAPERS

DOC N° **02** | NAME: S1_02_BLACK.TIF
SIZE: 7.8 MB

DOC N° **03** | NAME: S1_03_BLACK.TIF
SIZE: 6 MB

DOC N° **04** | NAME: S1_04_BLACK.TIF
SIZE: 6.1 MB

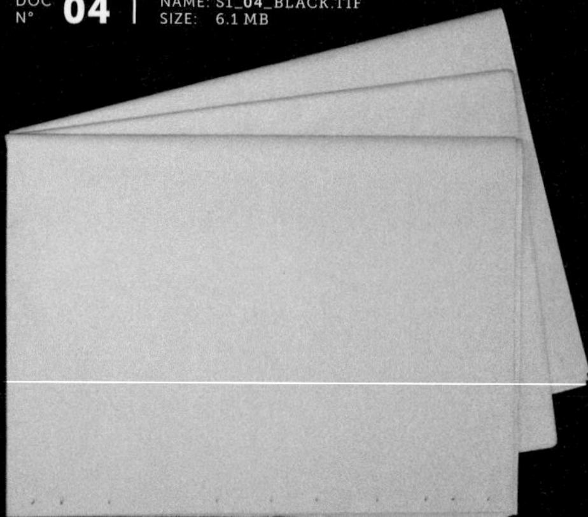

DOC N° **07** | NAME: S1_07_BLACK.TIF SIZE: 3.7 MB

DOC N° **08** | NAME: S1_08_BLACK.TIF SIZE: 3.8 MB

DOC N° **09** | NAME: S1_09_BLACK.TIF SIZE: 4.2 MB

DOC N° **10** | NAME: S1_10_BLACK.TIF SIZE: 3.2 MB

DOC N° **11** | NAME: S1_11_BLACK.TIF SIZE: 3.3 MB

DOC N° **12** | NAME: S1_12_BLACK.TIF SIZE: 1.8 MB

DOC N° **13** | NAME: S1_13_BLACK.TIF SIZE: 1.7 MB

DOC N° **14** | NAME: S1_14_BLACK.TIF SIZE: 8.8 MB

DOC N° **15** | NAME: S1_15_BLACK.TIF SIZE: 5.3 MB

DOC N° **16** | NAME: S1_16_BLACK.TIF SIZE: 4 MB

DOC N° **17** | NAME: S1_17_BLACK.TIF SIZE: 4 MB

DOC N° **18** | NAME: S1_18_BLACK.TIF SIZE: 6.9 MB

DOC N° **19** | NAME: S1_19_BLACK.TIF SIZE: 4 MB

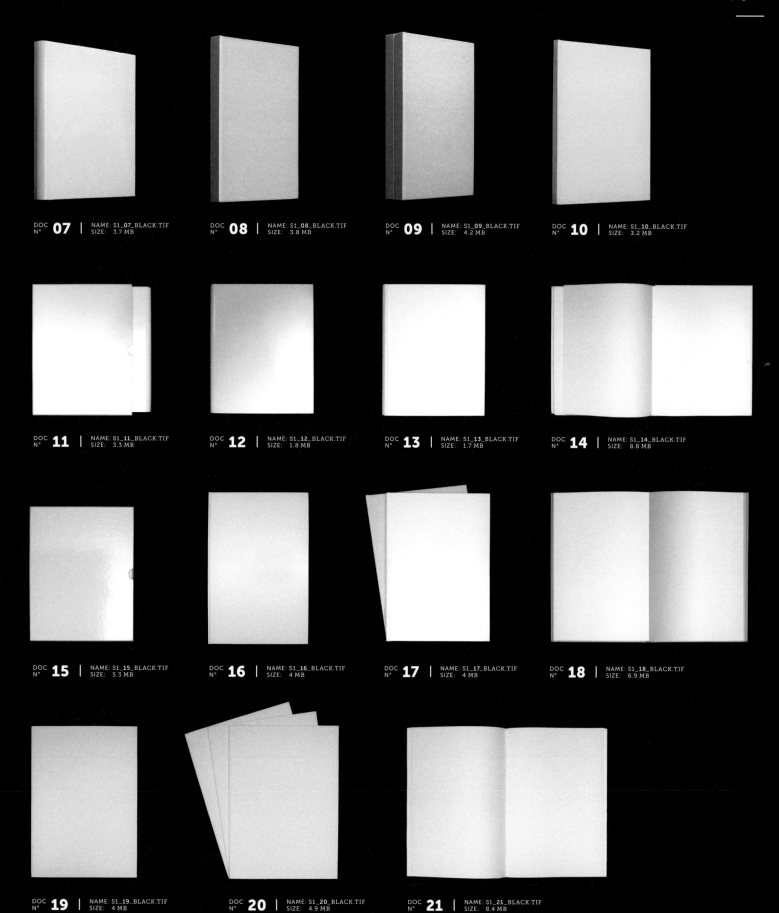

DOC N° **20** | NAME: S1_20_BLACK.TIF SIZE: 4.9 MB

DOC N° **21** | NAME: S1_21_BLACK.TIF SIZE: 8.4 MB

S1

BROCHURES
BOOKS
NEWSPAPERS

DOC N° **22** | NAME: S1_22_BLACK.TIF
SIZE: 8.3 MB

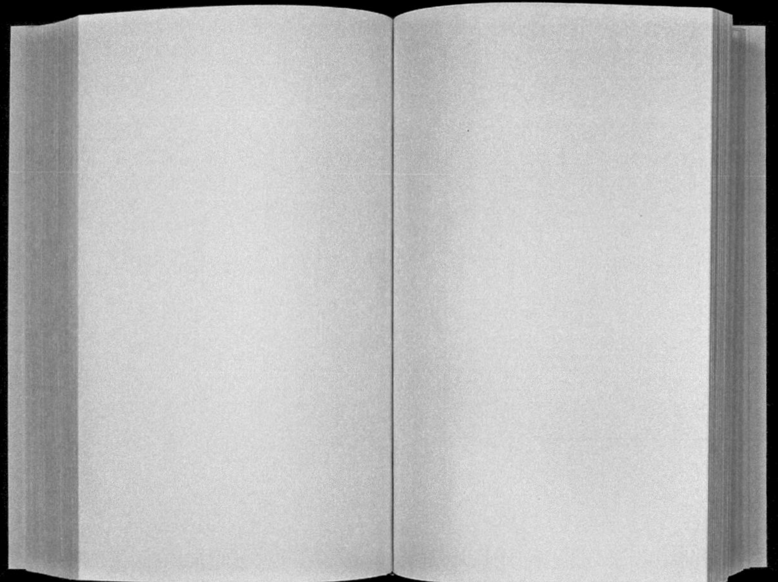

DOC N° **23** | NAME: S1_23_BLACK.TIF
SIZE: 5.9 MB

24 | NAME: S1_24_BLACK.TIF
SIZE: 5.7 MB

DOC N° 25 | NAME: S1_25_BLACK.TIF
SIZE: 3.6 MB

S1

BROCHURES
BOOKS
NEWSPAPERS

DOC N° 27 | NAME: S1_27_BLACK.TIF
SIZE: 2.4 MB

DOC N° 28 | NAME: S1_28_BLACK.TIF
SIZE: 5.7 MB

DOC N° 29 | NAME: S1_29_BLACK.TIF
SIZE: 2.9 MB

DOC N° 30 | NAME: S1_30_BLACK.TIF
SIZE: 3 MB

DOC N° 31 | NAME: S1_31_BLACK.TIF
SIZE: 6.7 MB

DOC N° 32 | NAME: S1_32_BLACK.TIF
SIZE: 4 MB

DOC N° **33** | NAME: S1_33_BLACK.TIF SIZE: 2.5 MB

DOC N° **34** | NAME: S1_34_BLACK.TIF SIZE: 5.4 MB

DOC N° **35** | NAME: S1_35_BLACK.TIF SIZE: 3.6 MB

DOC N° **36** | NAME: S1_36_BLACK.TIF SIZE: 4.1 MB

DOC N° **37** | NAME: S1_37_BLACK.TIF SIZE: 6.1 MB

DOC N° **38** | NAME: S1_38_BLACK.TIF SIZE: 7.4 MB

DOC N° **39** | NAME: S1_39_BLACK.TIF SIZE: 6.4 MB

DOC N° **40** | NAME: S1_40_BLACK.TIF SIZE: 5.7 MB

DOC N° **41** | NAME: S1_41_BLACK.TIF SIZE: 8 MB

DOC N° **42** | NAME: S1_42_BLACK.TIF SIZE: 6.3 MB

DOC N° **43** | NAME: S1_43_BLACK.TIF SIZE: 2.8 MB

DOC N° **44** | NAME: S1_44_BLACK.TIF SIZE: 4.2 MB

DOC N° **45** | NAME: S1_45_BLACK.TIF SIZE: 4 MB

DOC N° **46** | NAME: S1_46_BLACK.TIF SIZE: 3.6 MB

DOC N° **47** | NAME: S1_47_BLACK.TIF SIZE: 3.9 MB

22

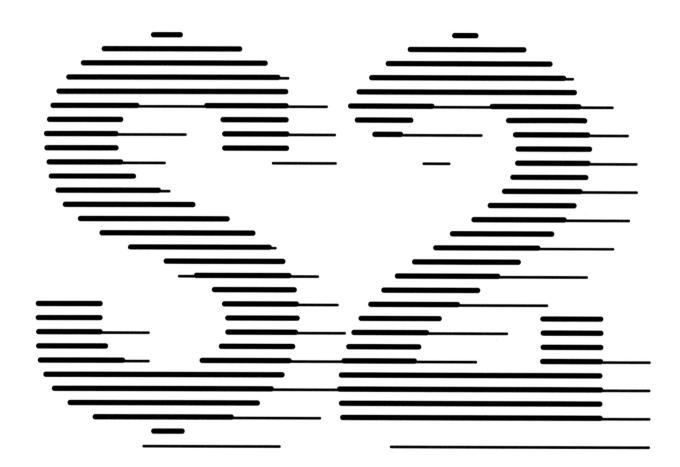

STATIONERY
AND
OFFICE MATERIALS

DOC N° **01** | NAME: S2_01_BLACK.TIF
SIZE: 3.4 MB

DOC N° **02** | NAME: S2_02_BLACK.TIF
SIZE: 3.9 MB

S2

STATIONERY
AND
OFFICE MATERIALS

DOC N° **03** | NAME: S2_**03**_BLACK.TIF
SIZE: 7.1 MB

DOC N° **06** | NAME: S2_**06**_BLACK.TIF
SIZE: 2.6 MB

DOC N° **07** | NAME: S2_**07**_BLACK.TIF
SIZE: 2.5 MB

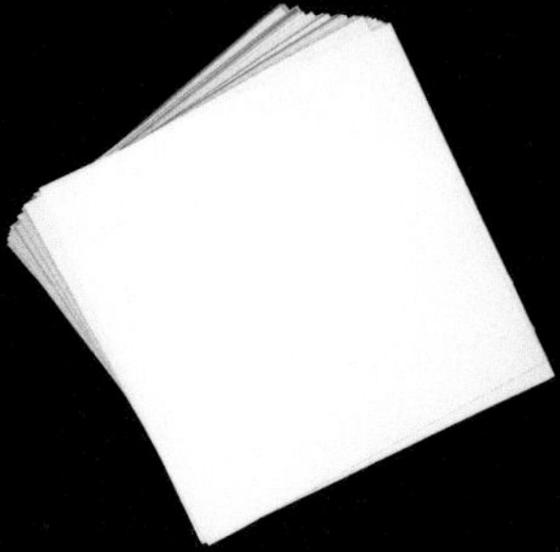

DOC N° **08** | NAME: S2_**08**_BLACK.TIF
SIZE: 2.8 MB

DOC N° **04** | NAME: S2_04_BLACK.TIF
SIZE: 4.4 MB

DOC N° **05** | NAME: S2_05_BLACK.TIF
SIZE: 3.2 MB

DOC N° **10** | NAME: S2_10_BLACK.TIF
SIZE: 3.6 MB

DOC N° **11** | NAME: S2_11_BLACK.TIF
SIZE: 6.1 MB

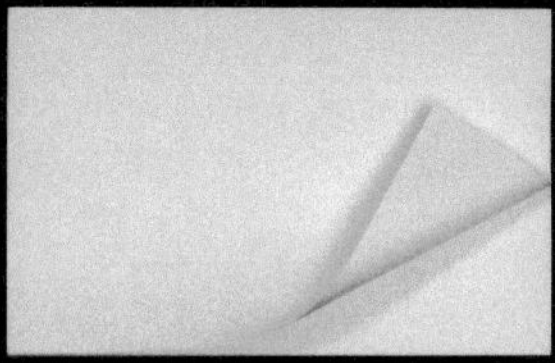

DOC N° **12** | NAME: S2_12_BLACK.TIF
SIZE: 5.5 MB

S2

STATIONERY
AND
OFFICE MATERIALS

DOC N° **14** | NAME: S2_**14**_BLACK.TIF
SIZE: 7.9 MB

DOC N° **15** | NAME: S2_**15**_BLACK.TIF
SIZE: 4.5 MB

DOC N° **16** | NAME: S2_**16**_BLACK.TIF
SIZE: 4.7 MB

DOC N° **17** | NAME: S2_**17**_BLACK.TIF
SIZE: 6.2 MB

DOC N° **18** | NAME: S2_**18**_BLACK.TIF
SIZE: 8.4 MB

DOC N° **19** | NAME: S2_**19**_BLACK.TIF
SIZE: 7.2 MB

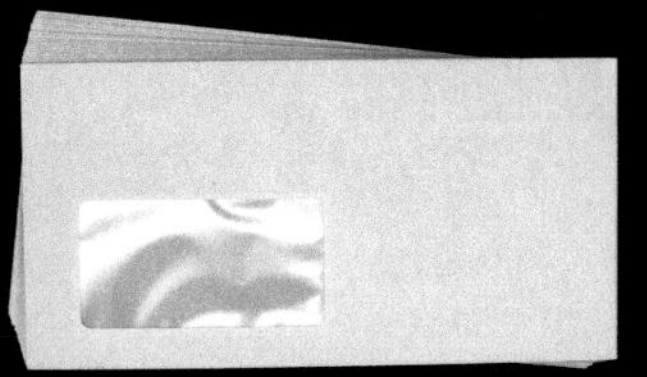

DOC N° **22** | NAME: S2_**22**_BLACK.TIF
SIZE: 5.4 MB

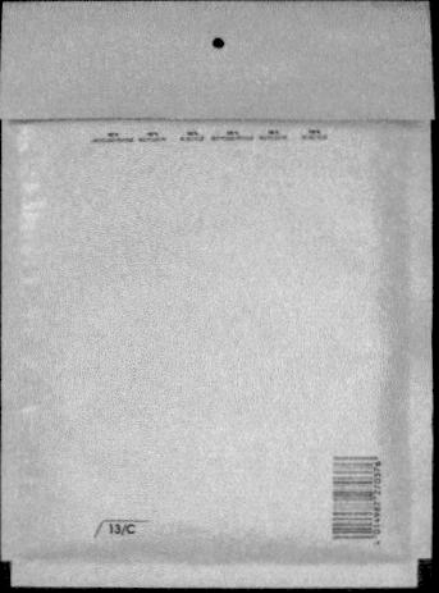
13/C

DOC N° **28** | NAME: S2_28_BLACK.TIF
SIZE: 7.9 MB

DOC N° **29** | NAME: S2_29_BLACK.TIF
SIZE: 7.1 MB

DOC N° **30** | NAME: S2_30_BLACK.TIF
SIZE: 3.2 MB

DOC N° **31** | NAME: S2_31_BLACK.TIF
SIZE: 9.2 MB

DOC N° **32** | NAME: S2_32_BLACK.TIF
SIZE: 9.3 MB

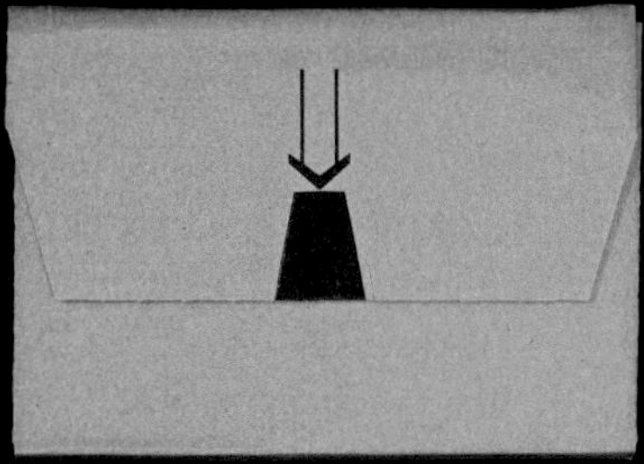

DOC N° **33** | NAME: S2_33_BLACK.TIF
SIZE: 9.2 MB

BAGS

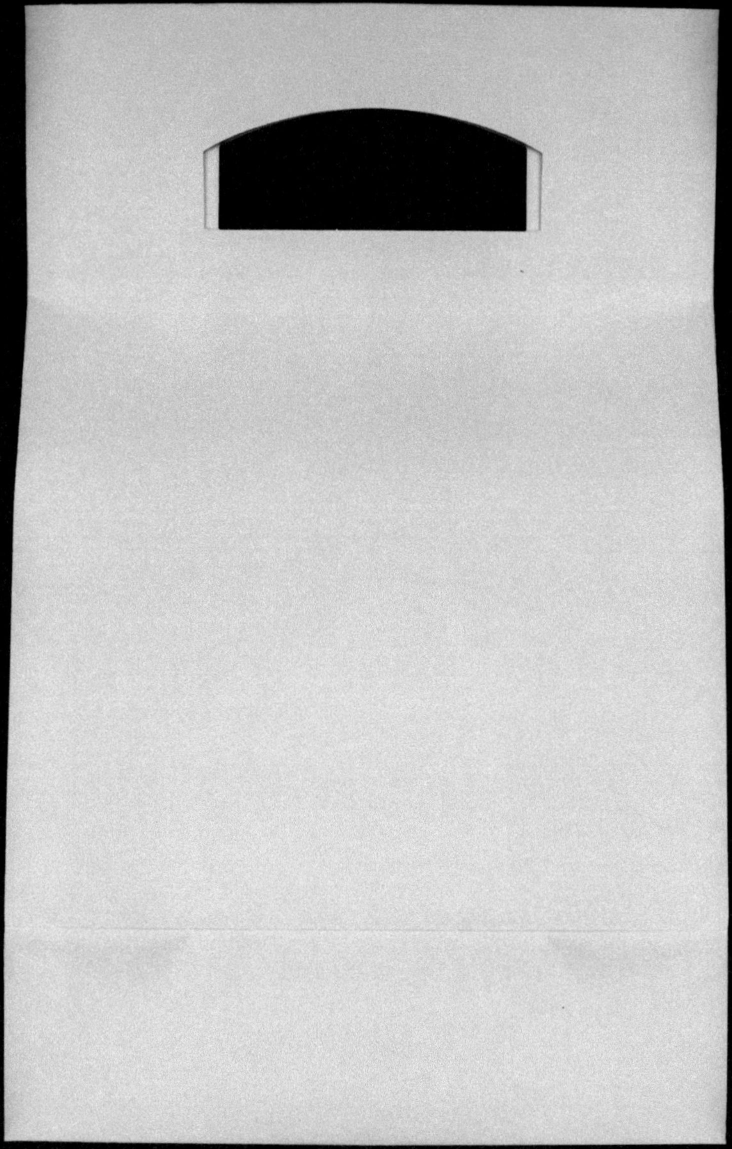

DOC N° **01** | NAME: S3_**01**_BLACK.TIF
SIZE: 3.2 MB

S3

BAGS

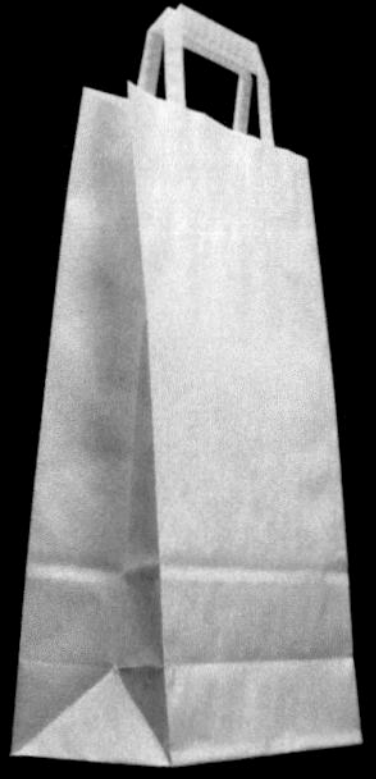

DOC N° **02** | NAME: S3_**02**_BLACK.TIF
SIZE: 2.2 MB

DOC N° **03** | NAME: S3_**03**_BLACK.TIF
SIZE: 1.8 MB

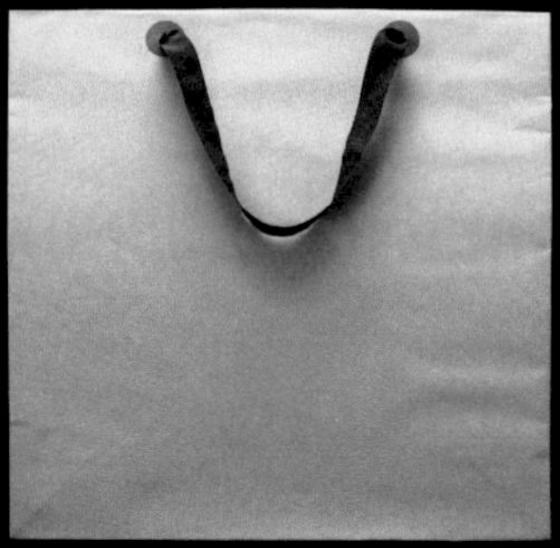

DOC N° **04** | NAME: S3_**04**_BLACK.TIF
SIZE: 8.2 MB

DOC N° **05** | NAME: S3_**05**_BLACK.TIF
SIZE: 7.2 MB

DOC N° **06** | NAME: S3_**06**_BLAC
SIZE: 3.5 MB

DOC N° **07** | NAME: S3_**07**_BLACK.TIF
SIZE: 2.9 MB

DOC N° **08** | NAME: S3_**08**_BLACK.TIF
SIZE: 3.8 MB

DOC N° **09** | NAME: S3_**09**_BLACK.TIF
SIZE: 4.8 MB

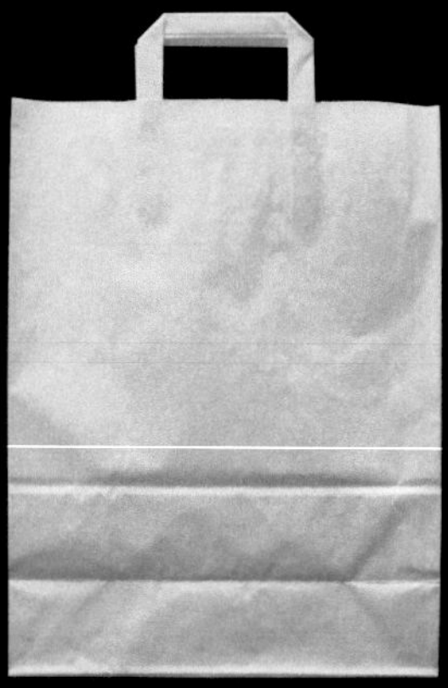

DOC N° **10** | NAME: S3_**10**_BLACK.TIF
SIZE: 4 MB

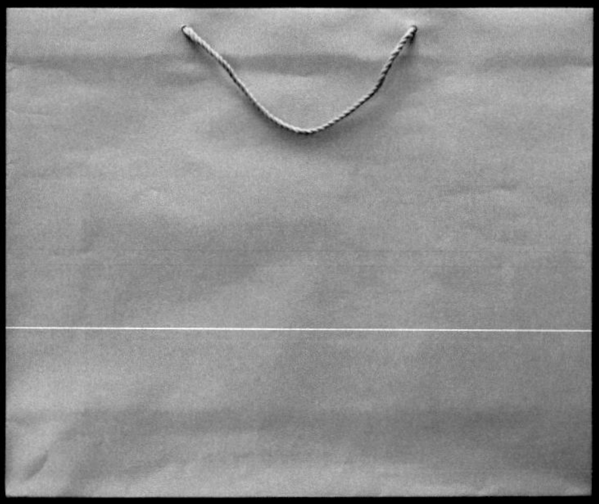

DOC N° **11** | NAME: S3_**11**_BLACK.TIF
SIZE: 6.7 MB

DOC N° **12** | NAME: S3_**12**_BLACK.TIF
SIZE: 3.2 MB

DOC N° **13** | NAME: S3_13_BLACK.TIF
SIZE: 4.6 MB

DOC N° **14** | NAME: S3_14_BLACK.TIF
SIZE: 3.8 MB

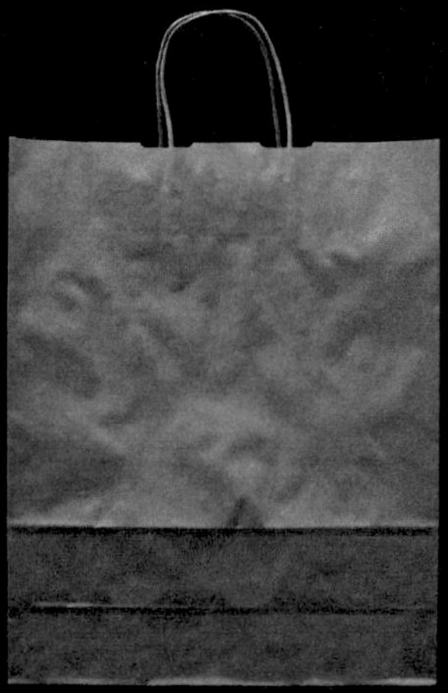

DOC N° **15** | NAME: S3_15_BLACK.TIF
SIZE: 5.4 MB

DOC N° **16** | NAME: S3_16_BLACK.TIF
SIZE: 5.9 MB

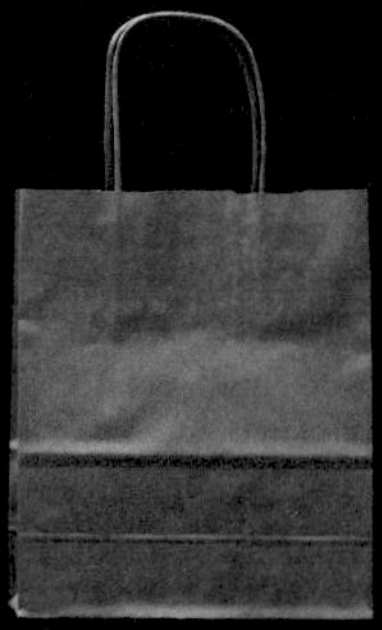

DOC N° **17** | NAME: S3_17_BLACK.TIF
SIZE: 3.5 MB

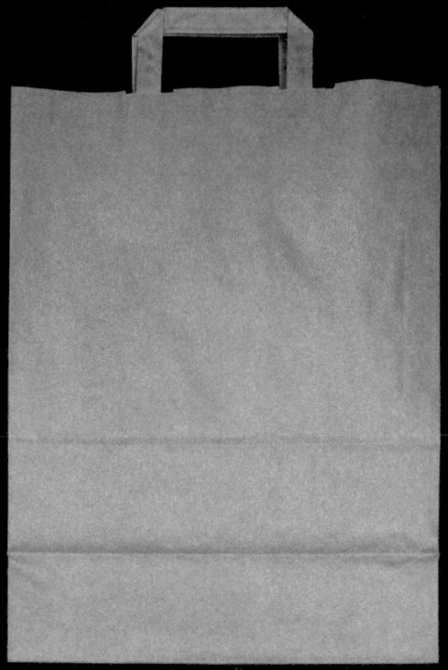

DOC N° **18** | NAME: S3_18_BLACK.TIF
SIZE: 9.8 MB

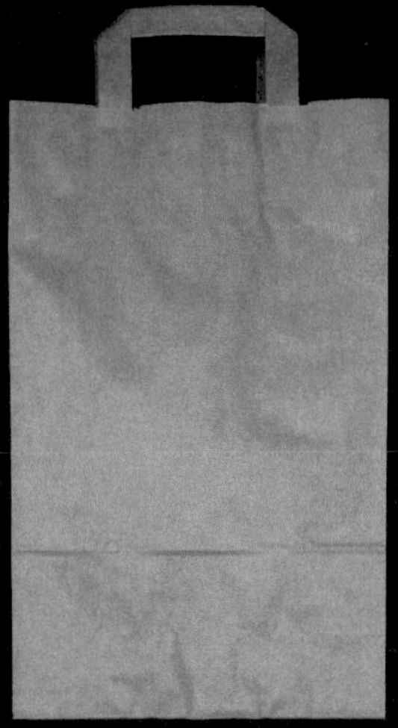

DOC N° **19** | NAME: S3_19_BLACK.TIF
SIZE: 6.5 MB

S3

BAGS

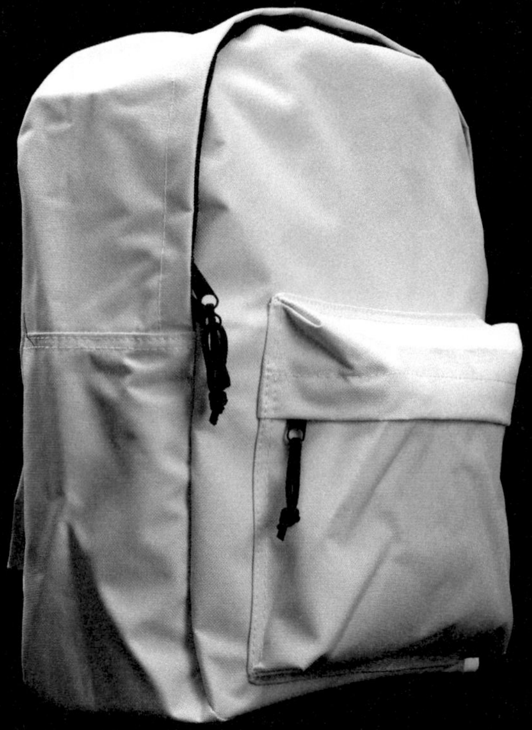

DOC N° **20** | NAME: S3_**20**_BLACK.TIF
SIZE: 7 MB

DOC N° **21** | NAME: S3_**21**_BLACK.TIF
SIZE: 5.8 MB

DOC N° **22** | NAME: S3_22_BLACK.TIF SIZE: 8.5 MB

DOC N° **23** | NAME: S3_23_BLACK.TIF SIZE: 7.8 MB

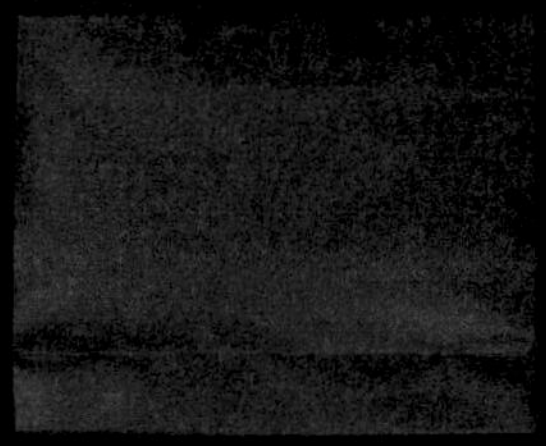

DOC N° **24** | NAME: S3_24_BLACK.TIF SIZE: 4.5 MB

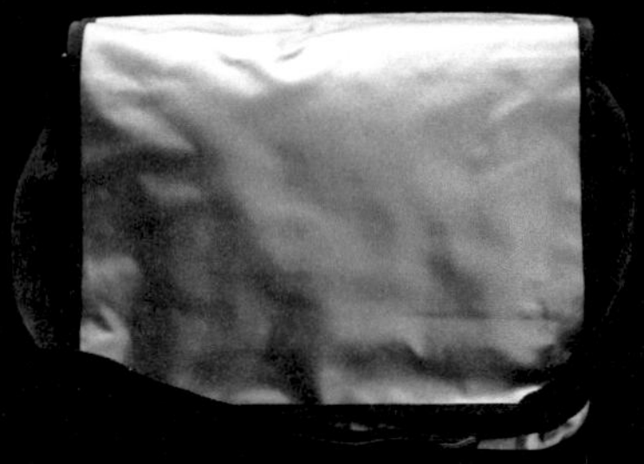

DOC N° **25** | NAME: S3_25_BLACK.TIF SIZE: 9 MB

DOC N° **26** | NAME: S3_26_BLACK.TIF SIZE: 7.8 MB

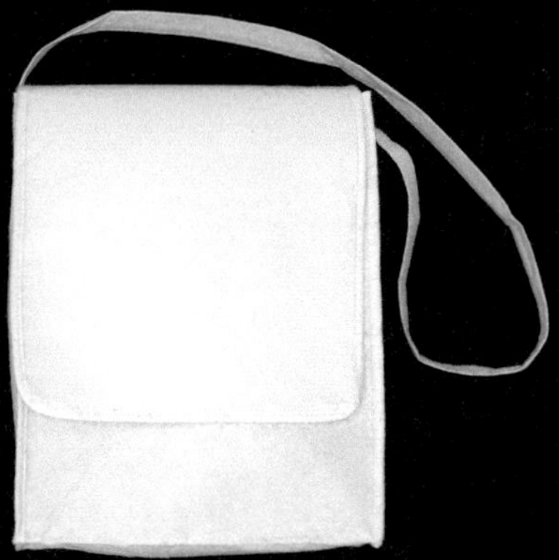

DOC N° **27** | NAME: S3_27_BLACK.TIF SIZE: 4 MB

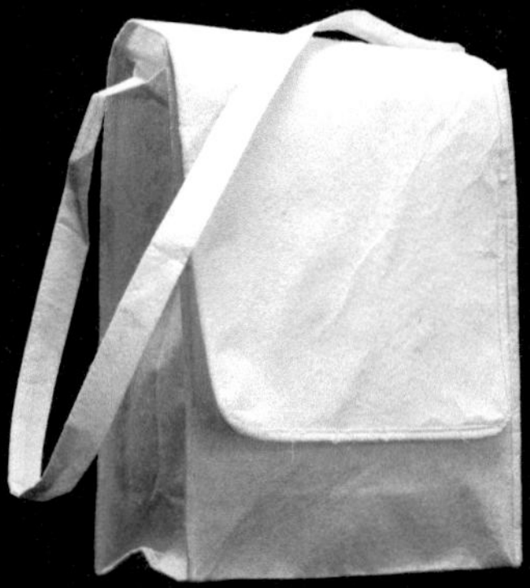

DOC N° **28** | NAME: S3_28_BLACK.TIF SIZE: 4.9 MB

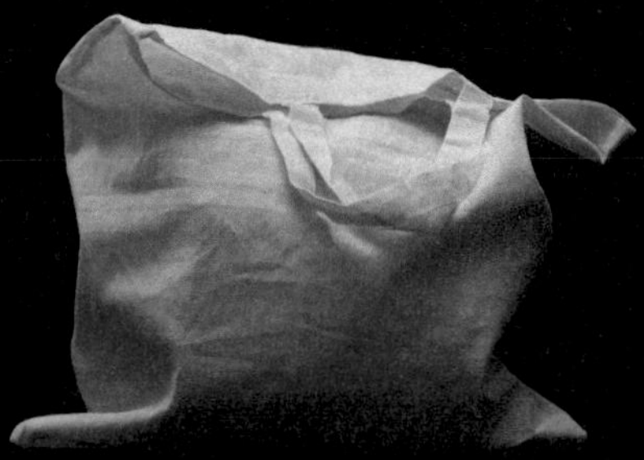

DOC N° **29** | NAME: S3_29_BLACK.TIF SIZE: 8.1 MB

84

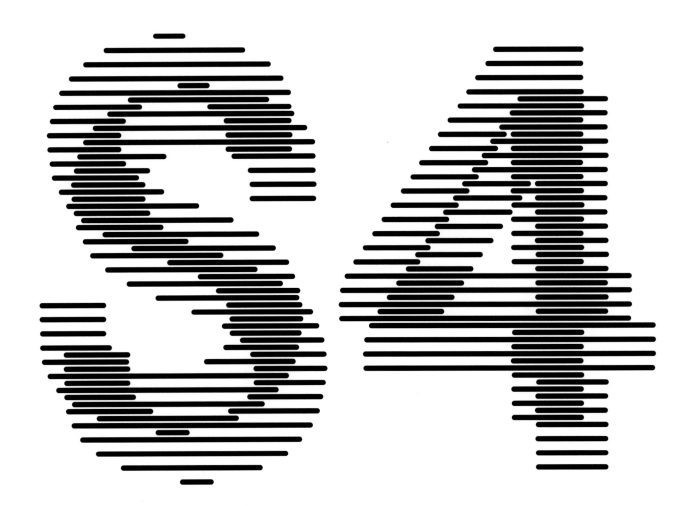

PACKAGING

DOC N° **01** | NAME: S4_01_BLACK.TIF
SIZE: 1.9 MB

S4

PACKAGING

DOC N° **02** | NAME: S4_02_BLACK.TIF
SIZE: 1.6 MB

DOC N° **03** | NAME: S4_03_BLACK.TIF
SIZE: 1.3 MB

DOC N° **04** | NAME: S4_04_BLACK.TIF
SIZE: 1.9 MB

DOC N° **05** | NAME: S4_05_BLACK.TIF
SIZE: 992 KB

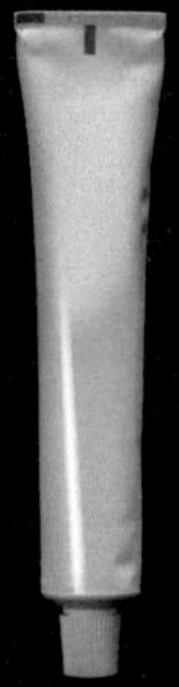

DOC N° **06** | NAME: S4_06_BLACK.TIF
SIZE: 1.2 MB

DOC N° **07** | NAME: S4_07_BLACK.TIF
SIZE: 1.7 MB

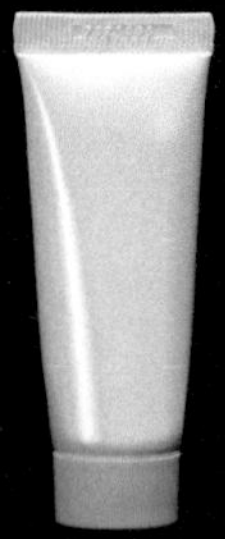

DOC N° **08** | NAME: S4_08_BLACK.TIF
SIZE: 1.3 MB

DOC N° **09** | NAME: S4_09_BLACK.TIF
SIZE: 1.3 MB

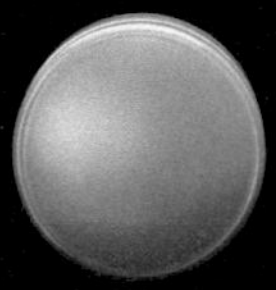

DOC N° **10** | NAME: S4_10_BLACK.TIF
SIZE: 1.7 MB

DOC N° **11** | NAME: S4_11_BLACK.TIF
SIZE: 1.7 MB

DOC N° **12** | NAME: S4_12_BLACK.TIF
SIZE: 2.1 MB

DOC N° **13** | NAME: S4_13_BLACK.TIF
SIZE: 1.9 MB

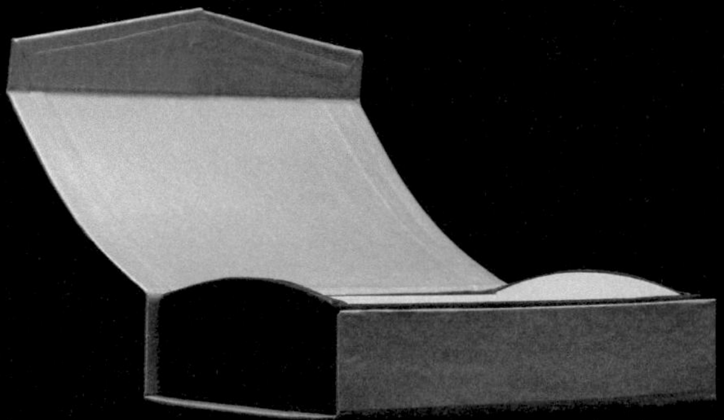

DOC N° **14** | NAME: S4_14_BLACK.TIF SIZE: 2.2 MB

DOC N° **15** | NAME: S4_15_BLACK.TIF SIZE: 1.5 MB

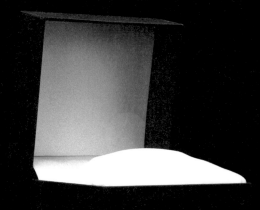

DOC N° **16** | NAME: S4_16_BLACK.TIF SIZE: 3.7 MB

DOC N° **17** | NAME: S4_17_BLACK.TIF SIZE: 5 MB

S4

PACKAGING

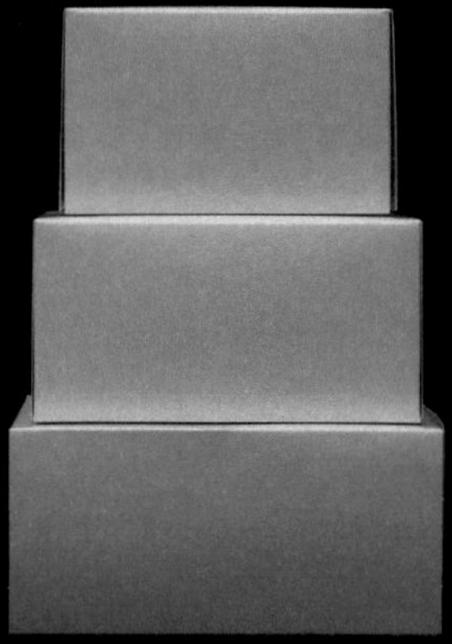

DOC N° **18** | NAME: S4_**18**_BLACK.TIF
SIZE: 2.9 MB

DOC N° **19** | NAME: S4_**19**_BLACK.TIF
SIZE: 3.1 MB

DOC N° **20** | NAME: S4_**20**_BLACK.TIF
SIZE: 3.8 MB

DOC N° **21** | NAME: S4_**21**_BLACK.TIF
SIZE: 2.3 MB

DOC N° **22** | NAME: S4_**22**_BLACK.TIF
SIZE: 1.9 MB

DOC N° **23** | NAME: S4_**23**_BLACK.TIF
SIZE: 3.3 MB

DOC N° **24** | NAME: S4_**24**_BLACK.TIF
SIZE: 5.3 MB

DOC N° **25** | NAME: S4_**25**_BLACK.TIF
SIZE: 3.5 MB

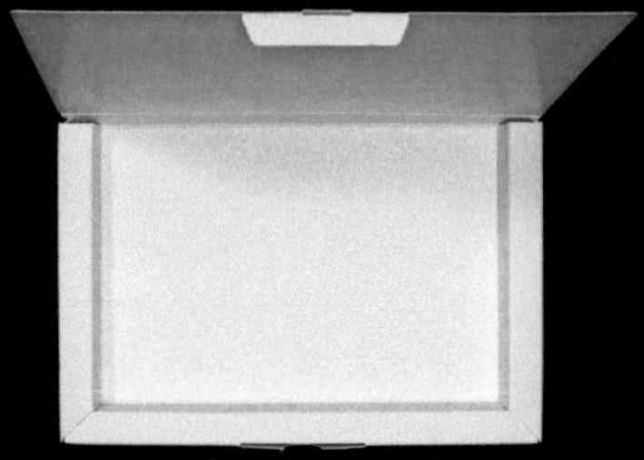

DOC N° **26** | NAME: S4_**26**_BLACK.TIF
SIZE: 4 MB

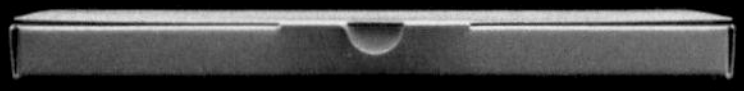

DOC N° **27** | NAME: S4_**27**_BLACK.TIF
SIZE: 1.3 MB

DOC N° **28** | NAME: S4_**28**_BLACK.TIF
SIZE: 4.1 MB

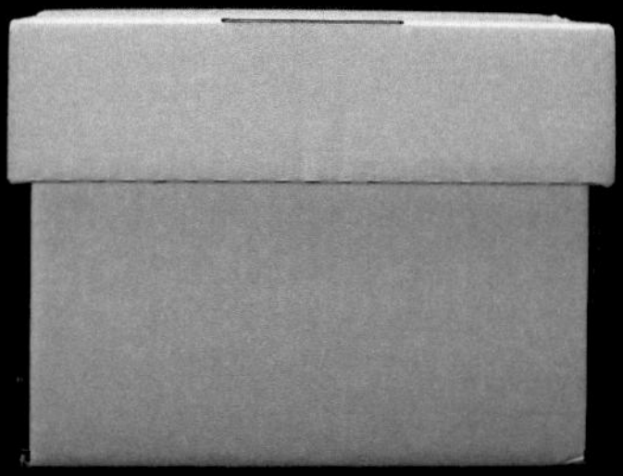

DOC N° **29** | NAME: S4_29_BLACK.TIF
SIZE: 5.2 MB

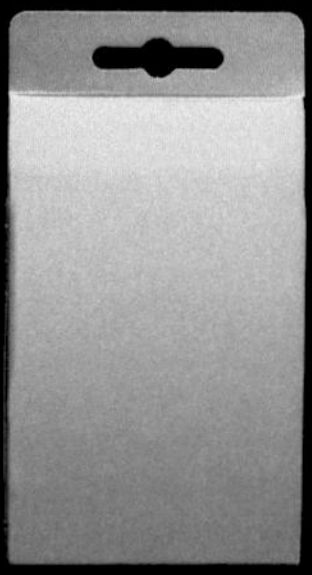

DOC N° **32** | NAME: S4_32_BLACK.TIF
SIZE: 2.2 MB

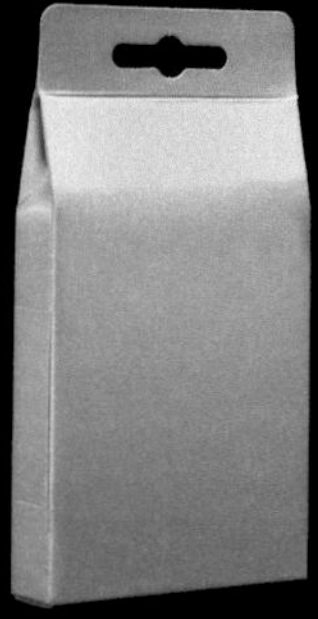

DOC N° **33** | NAME: S4_33_BLAC
SIZE: 2.4 MB

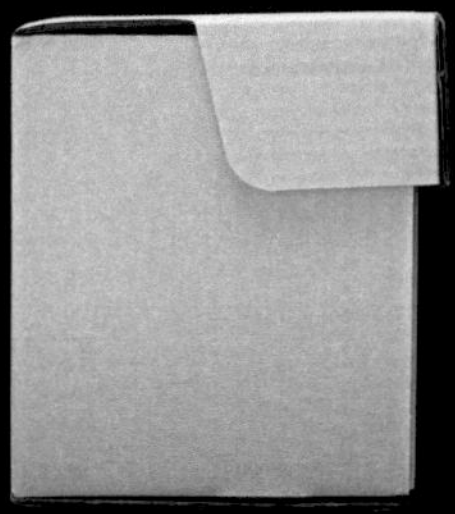

DOC N° **30** | NAME: S4_30_BLACK.TIF
SIZE: 4.5 MB

DOC N° **34** | NAME: S4_34_BLACK.TIF
SIZE: 3.6 MB

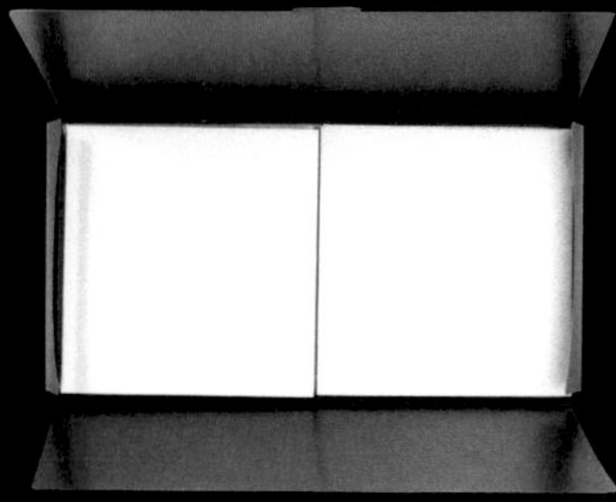

DOC N° **35** | NAME: S4_35_BLACK.TIF
SIZE: 3.9 MB

DOC N° **31** | NAME: S4_31_BLACK.TIF
SIZE: 4.7 MB

DOC N° **36** | NAME: S4_36_BLACK.TIF
SIZE: 3 MB

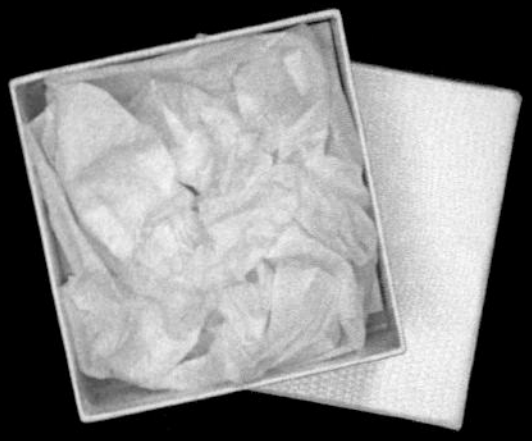

DOC N° **37** | NAME: S4_37_BLACK.TIF
SIZE: 5.2 MB

DOC N° **38** | NAME: S4_38_BLACK.TIF
SIZE: 4.4 MB

DOC N° **39** | NAME: S4_39_BLACK.TIF
SIZE: 2.8 MB

DOC N° **40** | NAME: S4_40_BLACK.TIF
SIZE: 1.8 MB

DOC N° **41** | NAME: S4_41_BLACK.TIF
SIZE: 1.3 MB

DOC N° **42** | NAME: S4_42_BLACK.TIF
SIZE: 1.5 MB

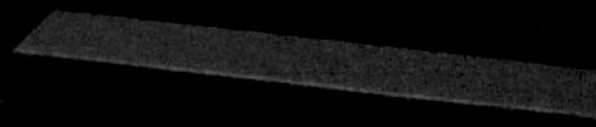

DOC N° **43** | NAME: S4_43_BLACK.TIF
SIZE: 1.9 MB

S5

FOOD, DRINK
AND TABLEWARE

DOC N° **01** | NAME: S5_**01**_BLACK.TIF
SIZE: 2.6 MB

S5

FOOD, DRINK
AND TABLEWARE

DOC N° **02** | NAME: S5_**02**_BLACK.TIF
SIZE: 2.3 MB

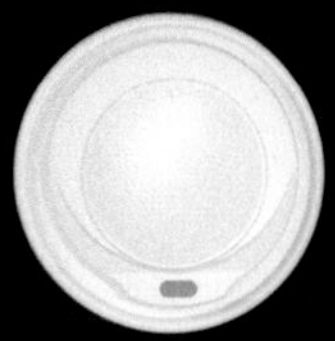

DOC N° **03** | NAME: S5_**03**_BLACK.TIF
SIZE: 3.3 MB

DOC N° **04** | NAME: S5_**04**_BLACK.TIF
SIZE: 3 MB

DOC N° **05** | NAME: S5_**05**_BLACK.TIF
SIZE: 1.5 MB

DOC N° **06** | NAME: S5_**06**_BLACK.TIF
SIZE: 3 MB

DOC N° **07** | NAME: S5_**07**_BLACK.TIF
SIZE: 2.3 MB

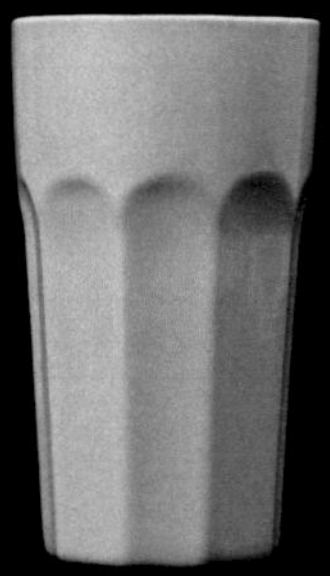

DOC N° **08** | NAME: S5_**08**_BLACK.TIF
SIZE: 2.2 MB

DOC N° **09** | NAME: S5_**09**_BLACK.TIF
SIZE: 1.9 MB

DOC N° **10** | NAME: S5_**10**_BLACK.TIF
SIZE: 1.8 MB

DOC N° **11** | NAME: S5_**11**_BLACK.TIF
SIZE: 1.8 MB

DOC N° **12** | NAME: S5_**12**_BLACK.TIF
SIZE: 2 MB

DOC N° **13** | NAME: S5_**13**_BLACK.TIF
SIZE: 1.7 MB

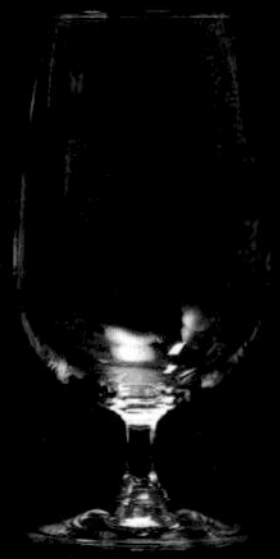

DOC N° **14** | NAME: S5_**14**_BLACK.TIF
SIZE: 2.2 MB

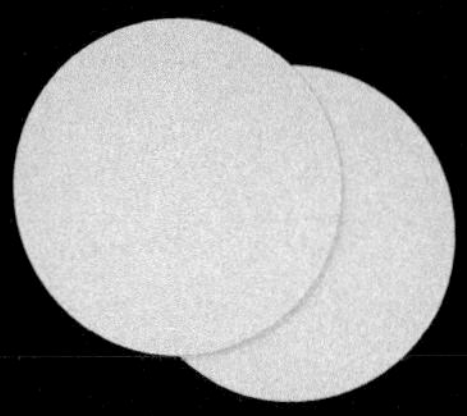

DOC N° **15** | NAME: S5_**15**_BLACK.TIF
SIZE: 4 MB

DOC N° **16** | NAME: S5_**16**_BLACK.TIF
SIZE: 2.4 MB

DOC N° **17** | NAME: S5_**17**_BLACK.TIF
SIZE: 1.4 MB

S5

FOOD, DRINK
AND TABLEWARE

DOC N° **18** | NAME: S5_**18**_BLACK.TIF
SIZE: 4.2 MB

DOC N° **19** | NAME: S5_**19**_BLACK.TIF
SIZE: 3.2 MB

DOC N° **20** | NAME: S5_**20**_BLACK.TIF
SIZE: 1.8 MB

DOC N° **21** | NAME: S5_**21**_BLACK.TIF
SIZE: 2.8 MB

DOC N° **22** | NAME: S5_**22**_BLACK.TIF
SIZE: 2.4 MB

DOC N° **23** | NAME: S5_**23**_BLACK.TIF
SIZE: 1.9 MB

DOC N° **24** | NAME: S5_**24**_BLACK.TIF
SIZE: 1.8 MB

DOC N° **25** | NAME: S5_**25**_BLAC
SIZE: 2.6 MB

DOC N° **26** | NAME: S5_**26**_BLACK.TIF
SIZE: 2.3 MB

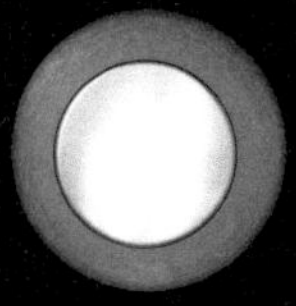

DOC N° **27** | NAME: S5_**27**_BLACK.TIF
SIZE: 1.9 MB

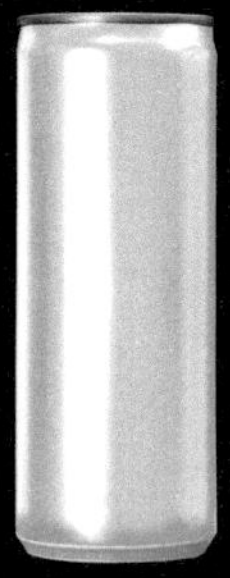

DOC N° **28** | NAME: S5_**28**_BLACK.TIF
SIZE: 2.5 MB

DOC N° **29** | NAME: S5_**29**_BLAC
SIZE: 3.4 MB

DOC N° **30** | NAME: S5_**30**_BLACK.TIF

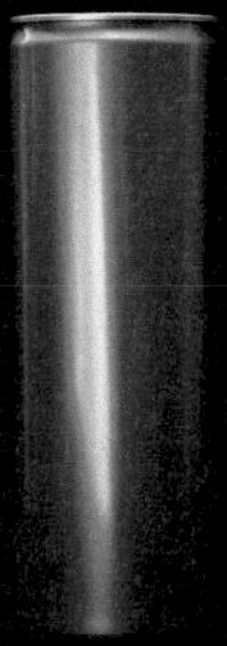

DOC N° **31** | NAME: S5_**31**_BLACK.TIF

DOC N° **32** | NAME: S5_**32**_BLACK.TIF

DOC N° **33** | NAME: S5_**33**_BLACK.TIF

S5

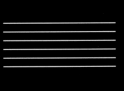

FOOD, DRINK AND TABLEWARE

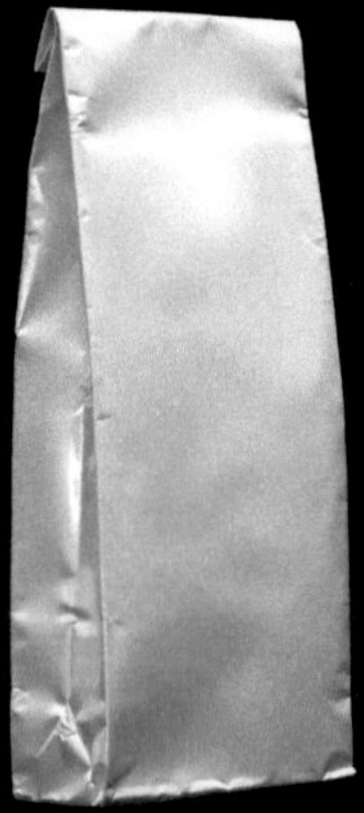

DOC N° **34** | NAME: S5_34_BLACK.TIF SIZE: 2.1 MB

DOC N° **35** | NAME: S5_35_BLACK.TIF SIZE: 2 MB

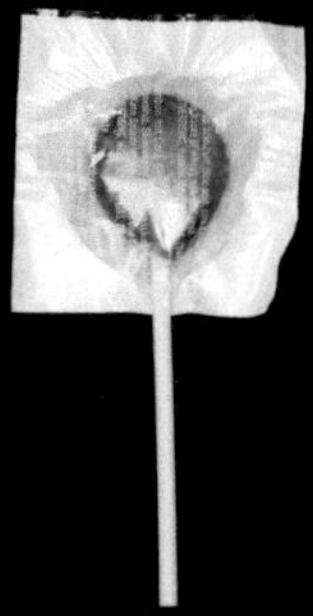

DOC N° **36** | NAME: S5_36_BLACK.TIF SIZE: 1.7 MB

DOC N° **37** | NAME: S5_37_BLACK.TIF SIZE: 819 KB

DOC N° **38** | NAME: S5_38_BLACK.TIF SIZE: 828 KB

DOC N° **39** | NAME: S5_39_BLACK. SIZE: 493 KB

DOC N° **40** | NAME: S5_40_BLACK.TIF SIZE: 863 KB

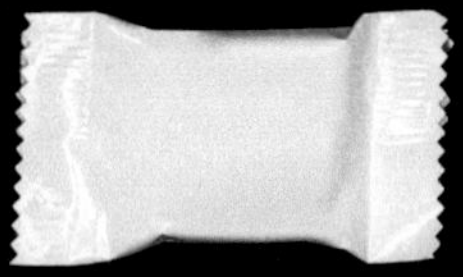

DOC N° **41** | NAME: S5_41_BLACK.TIF SIZE: 632 KB

DOC N° **42** | NAME: S5_42_BLACK.TIF SIZE: 707 KB

DOC **43** | NAME: S5_43_BLACK.TIF

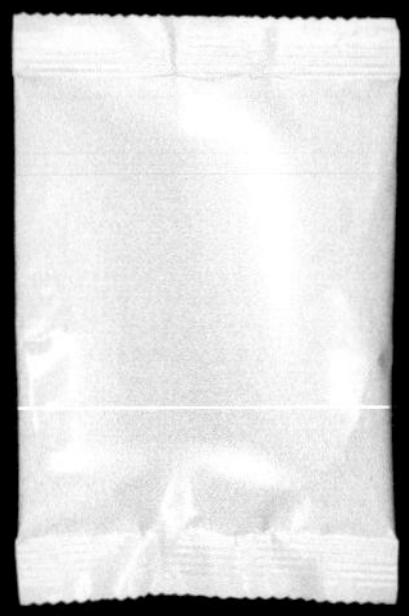

DOC **44** | NAME: S5_44_BLACK.TIF

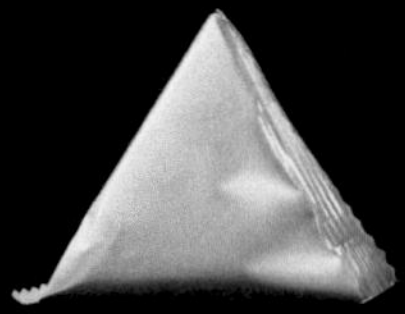

DOC N° **45** | NAME: S5_45_BLACK.TIF SIZE: 1.7 MB

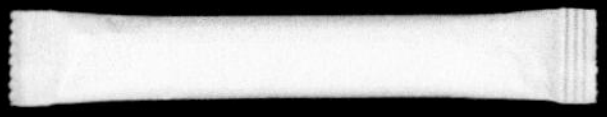

DOC **46** | NAME: S5_46_BLACK.TIF

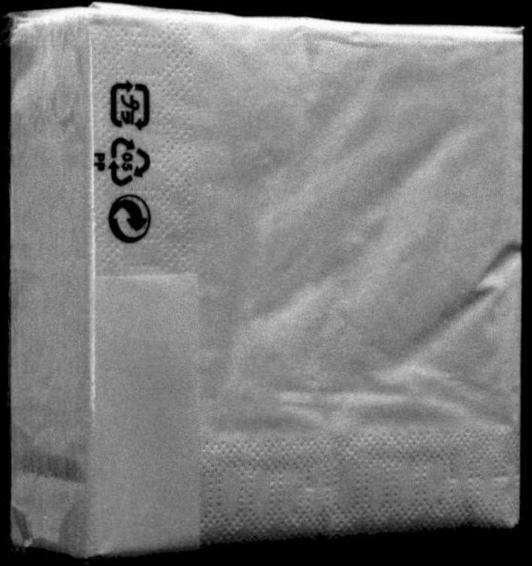

DOC N° **47** | NAME: S5_47_BLACK.TIF
SIZE: 5.1 MB

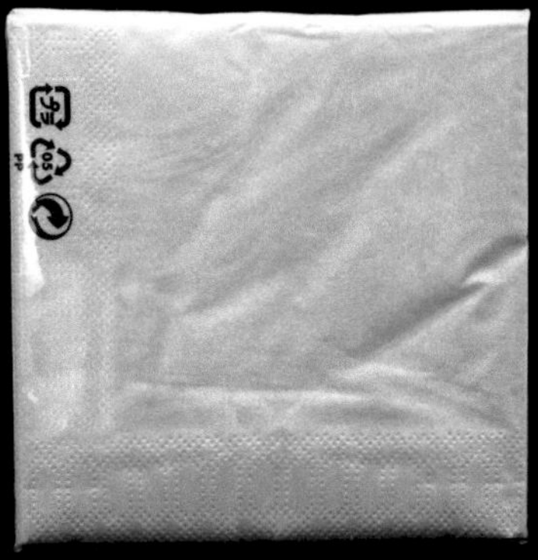

DOC N° **48** | NAME: S5_48_BLACK.TIF
SIZE: 5 MB

DOC N° **49** | NAME: S5_49_BLACK.TIF
SIZE: 2.8 MB

DOC N° **50** | NAME: S5_50_BLACK.TIF
SIZE: 3.3 MB

56

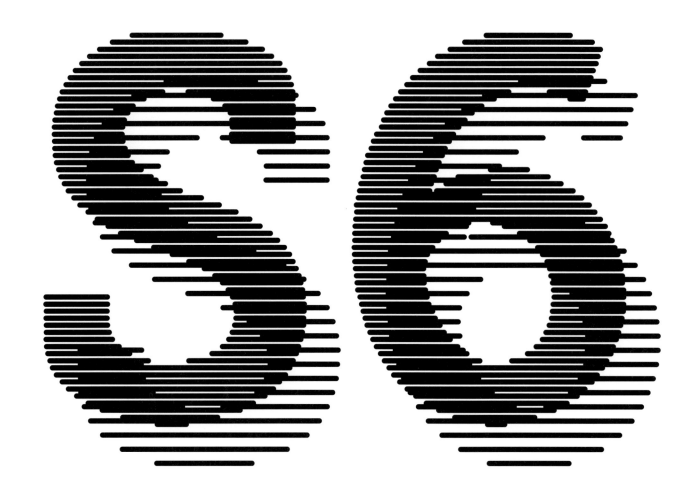

NON-EDIBLE GIVEAWAYS

DOC N° **01** | NAME: S6_**01**_BLACK.TIF
SIZE: 575 KB

S6

NON-EDIBLE GIVEAWAYS

DOC N° 02 | NAME: S6_02_BLACK.TIF
SIZE: 326 KB

DOC N° 03 | NAME: S6_03_BLACK.TIF
SIZE: 595 KB

DOC N° 04 | NAME: S6_04_BLACK.TIF
SIZE: 546 KB

DOC N° 05 | NAME: S6_05_BLACK.TIF
SIZE: 460 KB

DOC N° 06 | NAME: S6_06_BLACK.TIF
SIZE: 637 KB

DOC N° 07 | NAME: S6_07_BLACK.TIF
SIZE: 1.3 MB

DOC N° 08 | NAME: S6_08_BLACK.TIF
SIZE: 688 KB

DOC N° 09 | NAME: S6_09_BLACK.TIF
SIZE: 471 KB

DOC N° 10 | NAME: S6_10_BLACK.TIF
SIZE: 649 KB

DOC N° 11 | NAME: S6_11_BLACK.TIF
SIZE: 406 KB

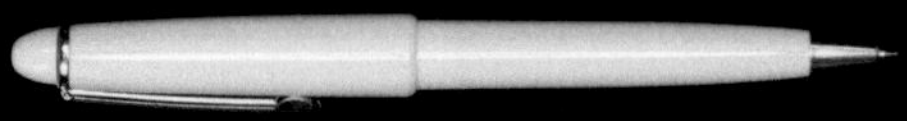

DOC N° 12 | NAME: S6_12_BLACK.TIF
SIZE: 551 KB

DOC N° 13 | NAME: S6_13_BLACK.TIF
SIZE: 541 KB

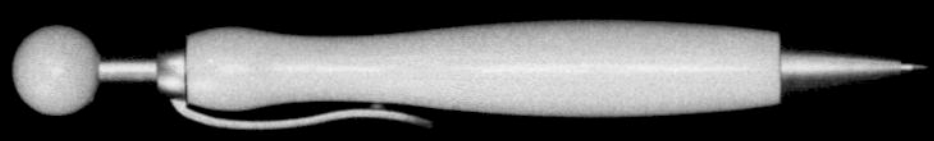

DOC N° 14 | NAME: S6_14_BLACK.TIF
SIZE: 639 KB

DOC N° **15** | NAME: S6_**15**_BLACK.TIF
SIZE: 1.8 MB

DOC N° **16** | NAME: S6_**16**_BLACK.TIF
SIZE: 2.8 MB

S6

NON-EDIBLE GIVEAWAYS

DOC N° **17** | NAME: S6_17_BLACK.TIF
SIZE: 633 KB

DOC N° **18** | NAME: S6_18_BLACK.TIF
SIZE: 565 KB

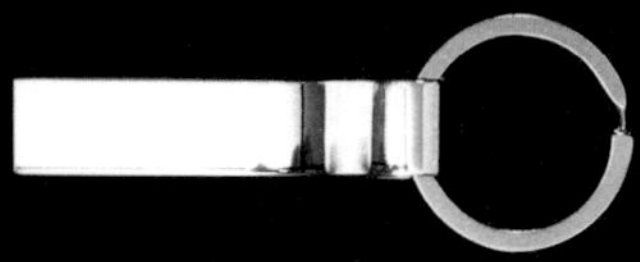

DOC N° **19** | NAME: S6_19_BLACK.TIF
SIZE: 501 KB

DOC N° **20** | NAME: S6_20_BLACK.TIF
SIZE: 818 KB

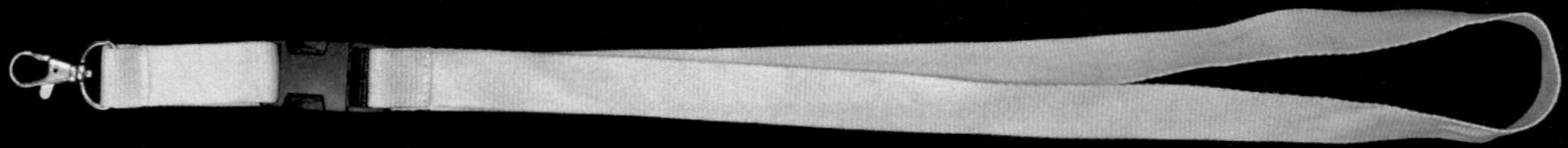

DOC N° **21** | NAME: S6_21_BLACK.TIF
SIZE: 1.1 MB

DOC N° **22** | NAME: S6_22_BLACK.TIF
SIZE: 874 KB

DOC N° **23** | NAME: S6_23_BLACK.TIF
SIZE: 680 KB

DOC N° **24** | NAME: S6_24_BLACK.TIF
SIZE: 2.5 MB

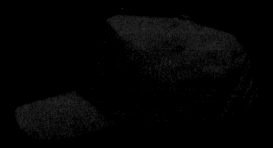

DOC N° **25** | NAME: S6_25_BLACK.TIF
SIZE: 4.9 MB

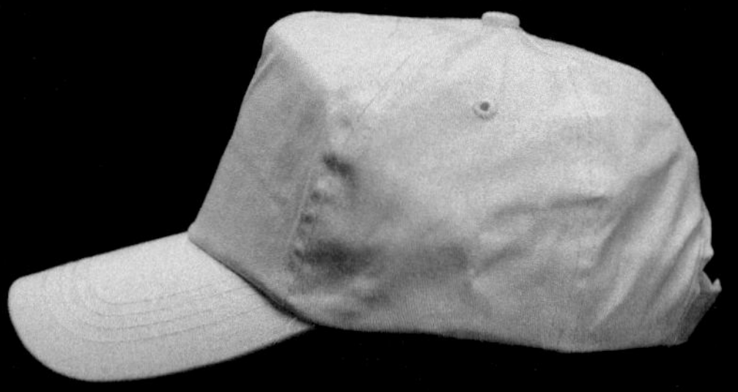

DOC N° **28** | NAME: S6_28_BLACK.TIF
SIZE: 5.2 MB

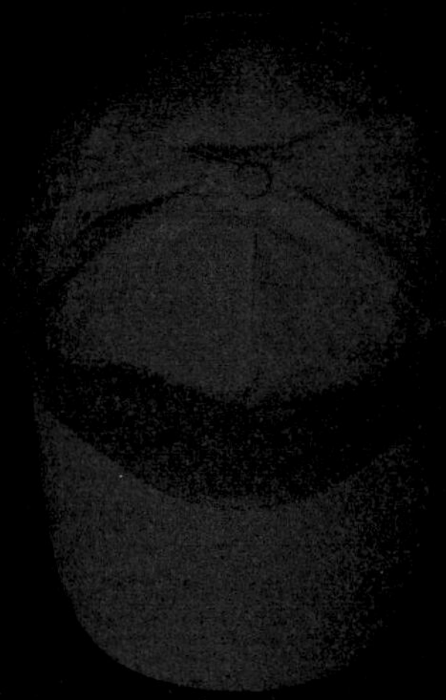

DOC N° **26** | NAME: S6_26_BLACK.TIF
SIZE: 4.5 MB

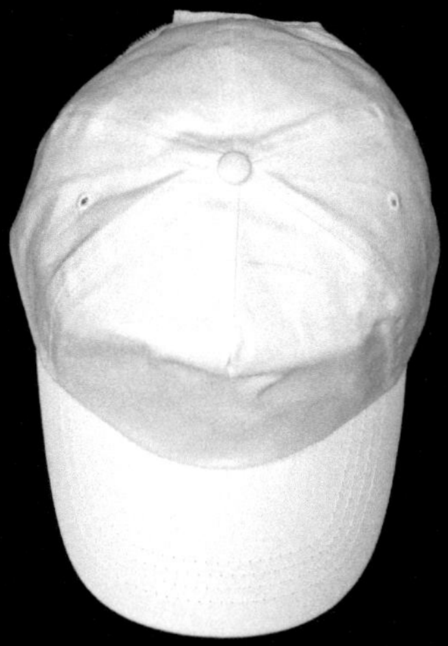

DOC N° **29** | NAME: S6_29_BLACK.TIF
SIZE: 4.5 MB

DOC N° **27** | NAME: S6_27_BLACK.TIF
SIZE: 5 MB

DOC N° **30** | NAME: S6_30_BLACK.TIF
SIZE: 5.2 MB

S7

DIGITAL MEDIA

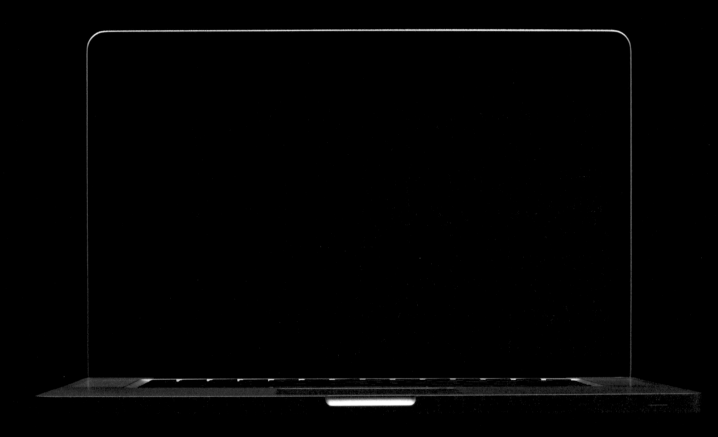

DOC N° **01** | NAME: S7_**01**_BLACK.TIF
SIZE: 4.4 MB

S7

DIGITAL MEDIA

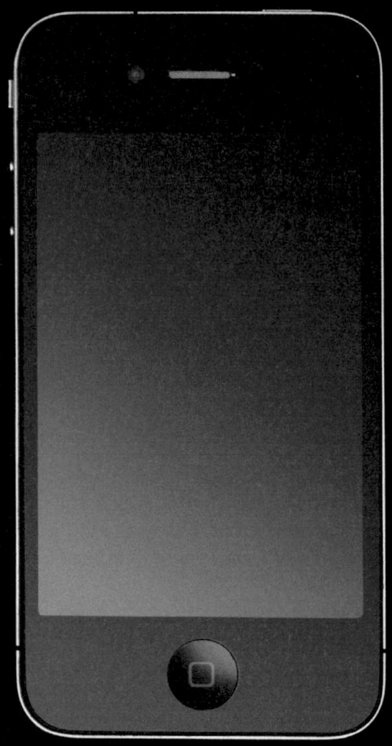

DOC N° **02** | NAME: S7_**02**_BLACK.TIF
SIZE: 2.4 MB

DOC N° **03** | NAME: S7_**03**_BLACK.TIF
SIZE: 375 KB

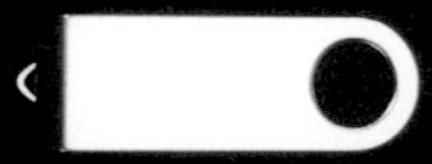

DOC N° **05** | NAME: S7_**05**_BLACK.TIF
SIZE: 294 KB

DOC N° **06** | NAME: S7_**06**_BLACK.TIF
SIZE: 356 KB

DOC N° **04** | NAME: S7_**04**_BLACK.TIF
SIZE: 421 KB

DOC N° **07** | NAME: S7_**07**_BLACK.TIF SIZE: 7.3 MB

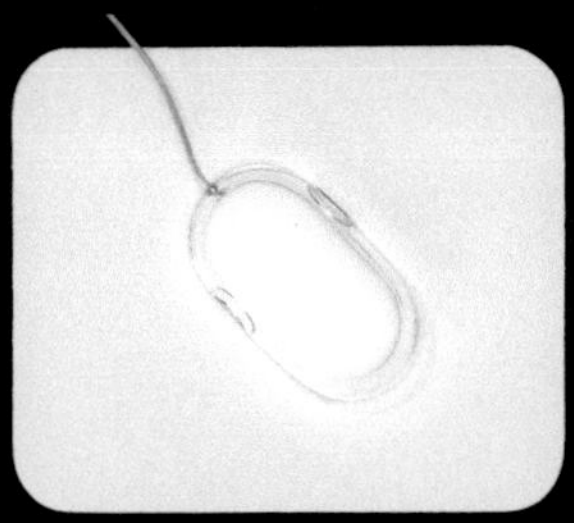
DOC N° **08** | NAME: S7_**08**_BLACK.TIF SIZE: 7.7 MB

DOC N° **09** | NAME: S7_**09**_BLACK.TIF SIZE: 4.4 MB

DOC N° **10** | NAME: S7_**10**_BLACK.TIF SIZE: 5.8 MB

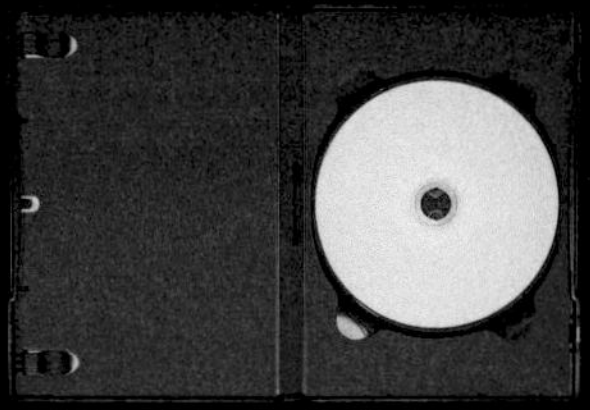
DOC N° **11** | NAME: S7_**11**_BLACK.TIF SIZE: 9.6 MB

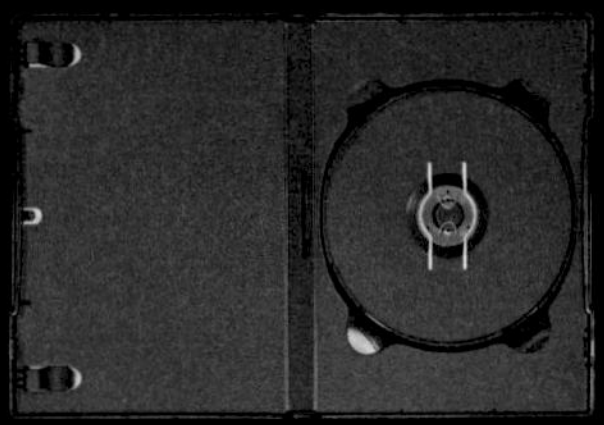
DOC N° **12** | NAME: S7_**12**_BLACK.TIF SIZE: 10.6 MB

DOC N° **13** | NAME: S7_**13**_BLACK.TIF SIZE: 1.8 MB

DOC N° **14** | NAME: S7_**14**_BLACK.TIF SIZE: 2.1 MB

DOC N° **15** | NAME: S7_**15**_BLACK.TIF SIZE: 5.6 MB

DOC N° **16** | NAME: S7_**16**_BLACK.TIF SIZE: 6 MB

DOC N° **17** | NAME: S7_**17**_BLACK.TIF SIZE: 6.7 MB

DOC N° **18** | NAME: S7_**18**_BLACK.TIF SIZE: 6.7 MB

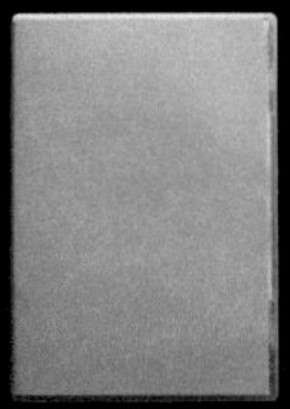
DOC N° **19** | NAME: S7_**19**_BLACK.TIF SIZE: 1.5 MB

DOC N° **20** | NAME: S7_**20**_BLACK.TIF SIZE: 1.9 MB

DOC N° **21** | NAME: S7_**21**_BLACK.TIF SIZE: 4.4 MB

DOC N° **22** | NAME: S7_**22**_BLACK.TIF SIZE: 4.8 MB

DOC N° **23** | NAME: S7_**23**_BLACK.TIF SIZE: 6.7 MB

DOC N° **24** | NAME: S7_**24**_BLACK.TIF SIZE: 6.7 MB

DOC N° **25** | NAME: S7_**25**_BLACK.TIF SIZE: 5.3 MB

DOC N° **26** | NAME: S7_**26**_BLACK.TIF SIZE: 2 MB

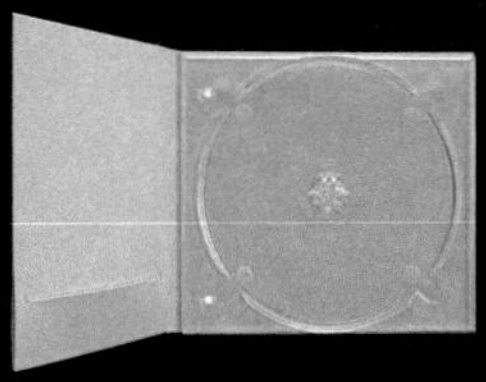
DOC N° **27** | NAME: S7_**27**_BLACK.TIF SIZE: 5.3 MB

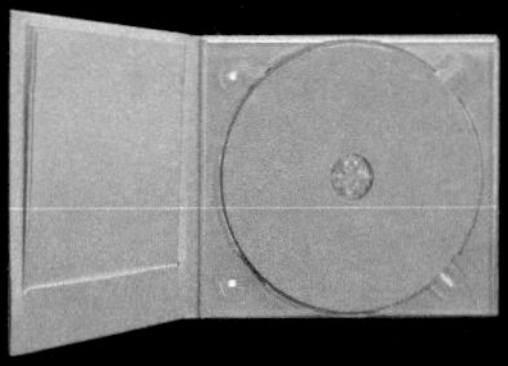
DOC N° **28** | NAME: S7_**28**_BLACK.TIF SIZE: 5.1 MB

DOC N° **29** | NAME: S7_**29**_BLACK.TIF SIZE: 4 MB

S8

MISCELLANEOUS

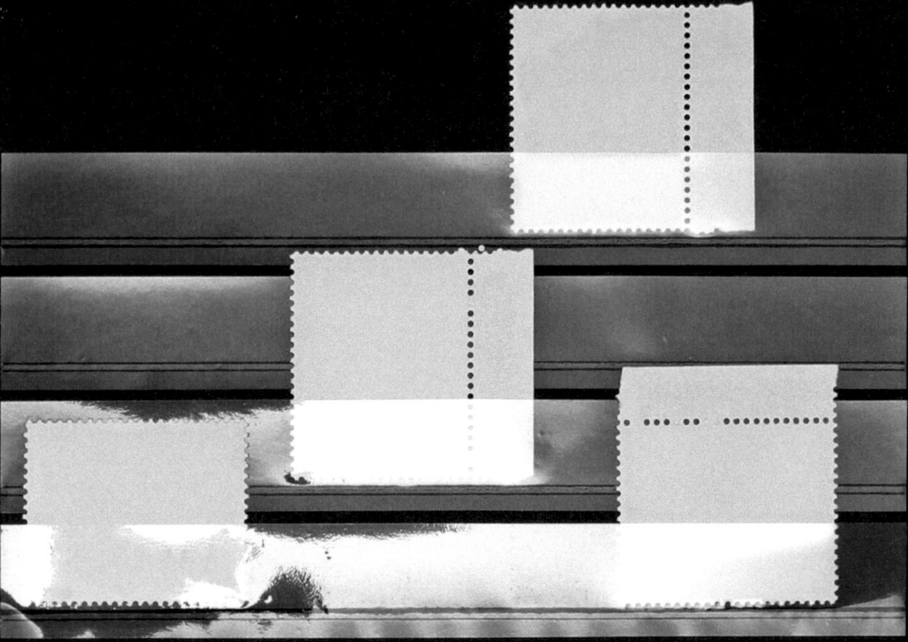

DOC N° **01** | NAME: S8_**01**_BLACK.TIF
SIZE: 2.9 MB

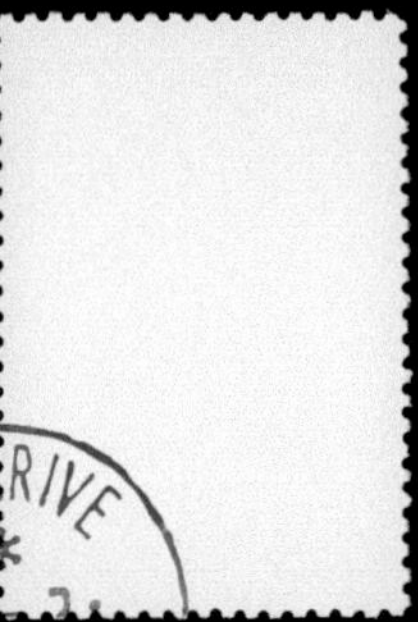

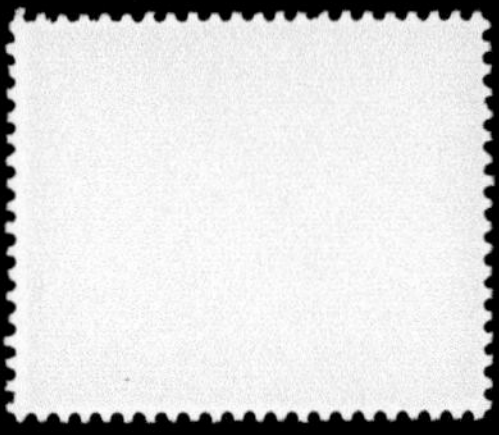

DOC N° **03** | NAME: S8_**03**_BLACK.TIF
SIZE: 638 KB

S8

MISCELLANEOUS

DOC N° **04** | NAME: S8_**04**_BLACK.TIF
SIZE: 5.1 MB

DOC N° **05** | NAME: S8_**05**_BLACK.TIF
SIZE: 3.5 MB

DOC N° **06** | NAME: S8_**06**_BLACK.TIF
SIZE: 3.6 MB

DOC N° **07** | NAME: S8_**07**_BLACK.TIF
SIZE: 1.6 MB

DOC N° **08** | NAME: S8_**08**_BLACK.TIF
SIZE: 1.8 MB

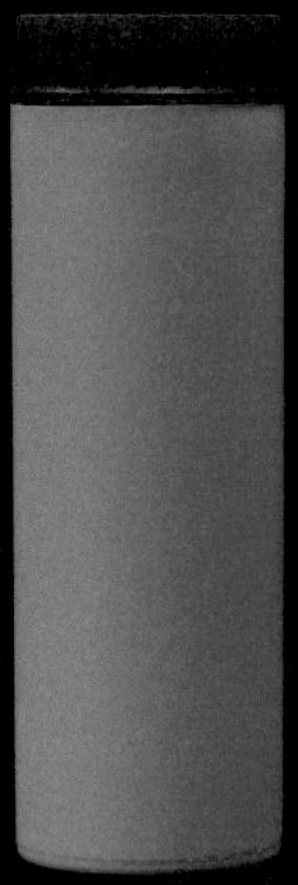

DOC N° **09** | NAME: S8_**09**_BLACK.TIF
SIZE: 1.1 MB

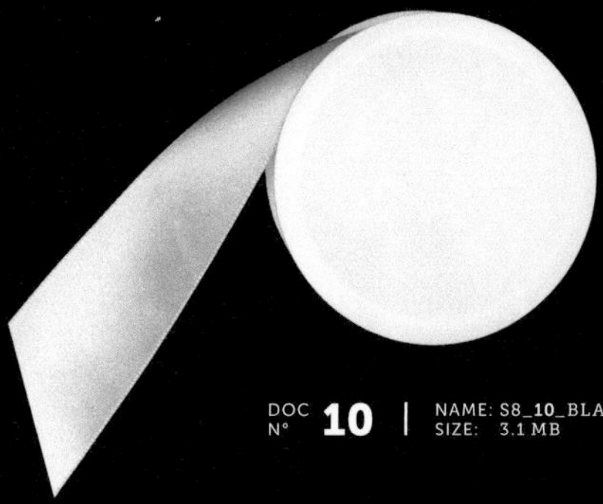

DOC N° **10** | NAME: S8_**10**_BLACK.TIF
SIZE: 3.1 MB

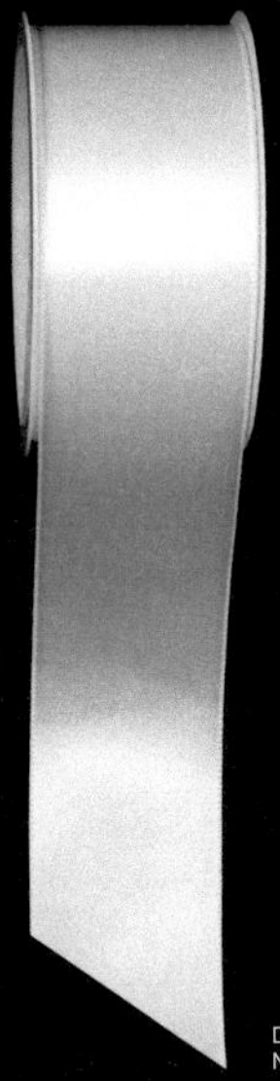

DOC N° **11** | NAME: S8_**11**_BLACK.TIF
SIZE: 2.9 MB

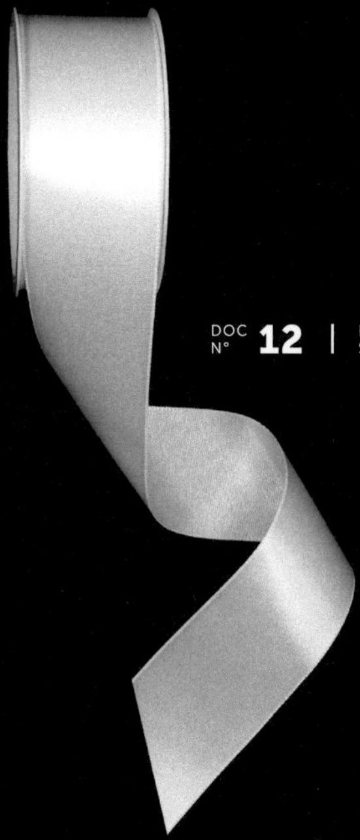

DOC N° **12** | NAME: S8_**12**_BLACK.TIF
SIZE: 2.9 MB

DOC N° **13** | NAME: S8_**13**_BLACK.TIF
SIZE: 1.7 MB

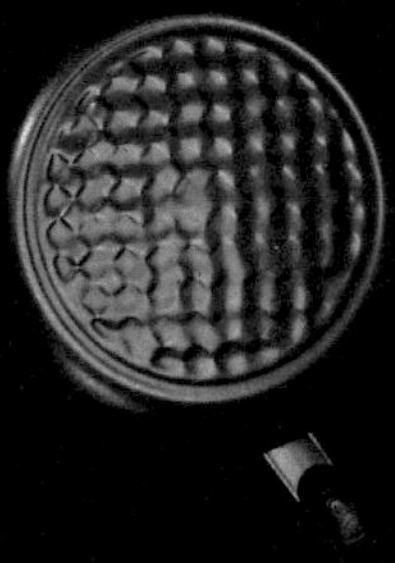

DOC N° **14** | NAME: S8_**14**_BLACK.TIF
SIZE: 881 KB

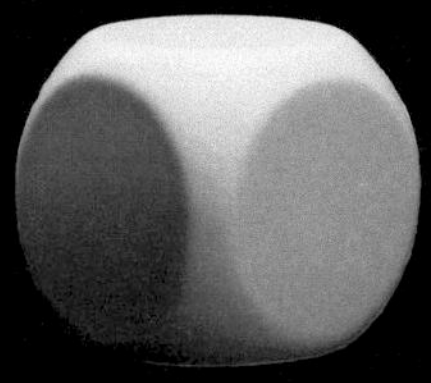

DOC N° **15** | NAME: S8_**15**_BLACK.TIF
SIZE: 1.7 MB

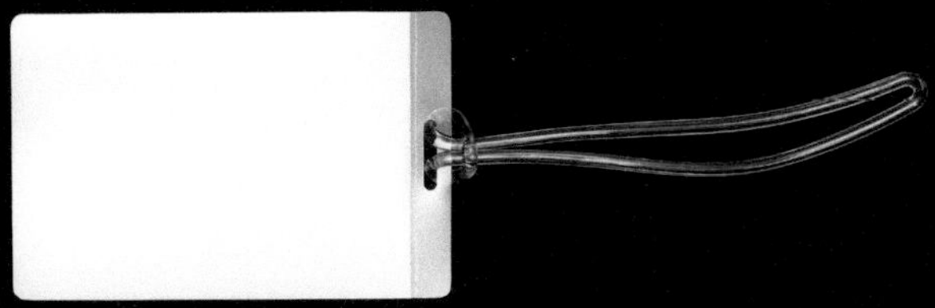

DOC N° **16** | NAME: S8_**16**_BLACK.TIF
SIZE: 1.8 MB

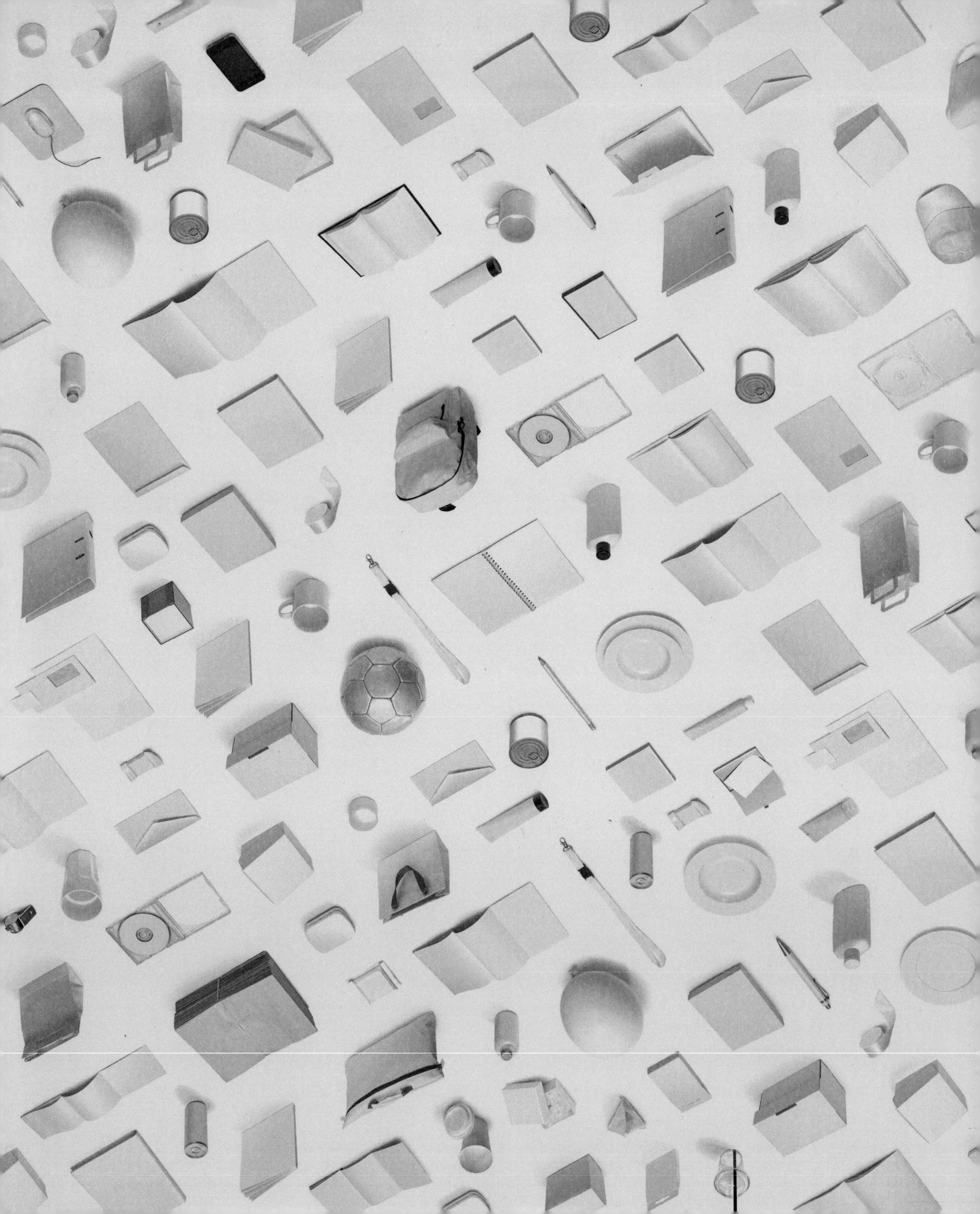

BLANK SLATE
A COMPREHENSIVE
LIBRARY OF
PHOTOGRAPHIC
TEMPLATES

EDITED BY
CORDELIA CRAIGIE

CO-EDITED BY
DMCGROUP

PHOTOGRAPHY BY
EYMELT SEHMER

LAYOUT BY
CORDELIA CRAIGIE

TYPEFACE
MUSEO BY EXLJBRIS

PROOFREADING BY
RACHEL SAMPSON

PRINTED BY
OFFSETDRUCKEREI
GRAMMLICH
PLIEZHAUSEN

MADE IN GERMANY

PUBLISHED BY
GESTALTEN
BERLIN 2013

ISBN
978-3-89955-465-6

DVD included in the book.

For more information, please visit www.gestalten.com.

Respect copyrights, encourage creativity!

Bibliographic information published by the Deutsche Nationalbibliothek. The Deutsche Nationalbibliothek lists this publication in the Deutsche Nationalbibliografie; detailed bibliographic data are available online at http://dnb.d-nb.de.

This book was printed on paper certified by the FSC®.

MIX
Paper from responsible sources
FSC® C011712

Gestalten is a climate-neutral company. We collaborate with the non-profit carbon offset provider myclimate (www.myclimate.org) to neutralize the company's carbon footprint produced through our worldwide business activities by investing in projects that reduce CO_2 emissions (www.gestalten.com/myclimate).

myclimate
Protect our planet

BLANK SLATE
IN WHITE

BY CORDELIA CRAIGIE

gestalten

THANK YOU

E. SEHMER

Eymelt Sehmer | Berlin-based photographer (rot-stich.net)
For going above and beyond, and shooting every single image in this collection. This book never would have been possible without her help.

DMCGROUP

dmcgroup | Agency for crossmedia branding
For all the much-needed and much-appreciated support during the entire process.

QUALITANER

Die Qualitaner | Print production and pre-press studio
For organizing all the "blank" book and brochure samples, and for the technical advice.

F. WOYCKE

Fabian Woycke | Marketing Specialist
For feeding the process with all the included promotional and giveaway samples.

S.BUEKER

Susanne Bueker | Designer
For contributing to *Blank Slate* with artwork, ideas, and moral support.

B.WITTEMEIER

Burkhard Wittemeier | Designer
For his generously dispensed design expertise and final artwork advice.

B.PFEIFFER

Bona Pfeiffer | Designer
For enriching *Blank Slate Life* with her inspiring illustrations.

Please turn the book for *Blank Slate* in black

CONTENT IN WHITE

Blank Slate is design in its primary state. An empty canvas ready to be imprinted.

Empty vessels make the most sound. *Blank Slate* is design in its primary state. This unique book presents a comprehensive catalog of empty templates: it showcases over 1,000 ready-to-use images, provided on DVD, that cover all fields of branding and graphic design, developed to help show your customer the full potential of your work. *Blank Slate* stems from the universal idea that, as long as you keep an open mind, much is likely to fall into it. Without external creative input, *Blank Slate* is nothing but a vague idea. It's an empty canvas, a white sheet of paper ready to be imprinted with ideas and creativity.

The book is divided into two main parts: by providing the images with both black and white backgrounds, it juggles the flexibility that is inherent in everyday design work. It delivers the visuals both straight and shot each time from the same angle, which makes it easy to try out numerous compatible combinations.

Through all that, *Blank Slate* covers both the first and the last step in the production process. With its lack of built-in direction and outside impressions, it makes for the perfect unbiased starting point of the creative process. Simultaneously, *Blank Slate* furnishes the finishing touch: when put to use, it embellishes your design with a vision of the final product. *Blank Slate* is emptiness conceptualized.

HOW DOES IT WORK?

01

BRAND

Convert an artwork of your choice into a high-quality PDF file. Open it in Photoshop.

02

Flip through Blank Slate *and pick the template that matches your final product best. Open this template in Photoshop.*

03

BRAND

Mount your artwork on the template using the transformation tools as provided by Photoshop.

04

BRAND

To create a realistic look: use the layer blending modes. Test the different options to figure out which mode is most suitable for your design.

Use these four easy steps to construct a tangible, 3D vision of your final product in no more than a few minutes. In order to create a perfect fit between the design and template, each template also includes an extra work path around the individual objects.

BRAND
QUIA
SOLOR
ARIBU
LOREM
DOLOR
Bus aut volorectem acepta quam dolupta
BRAND
BRAND
BRAND
BRAND
BRAND
NEW
BRAND
Bus aut volorectem acepta quam dolupta
BRAND
LOREM IPS
CONSETUR
Bus aut volorectem acepta quam dolupta
BRAND

A1

BROCHURES
BOOKS
NEWSPAPERS

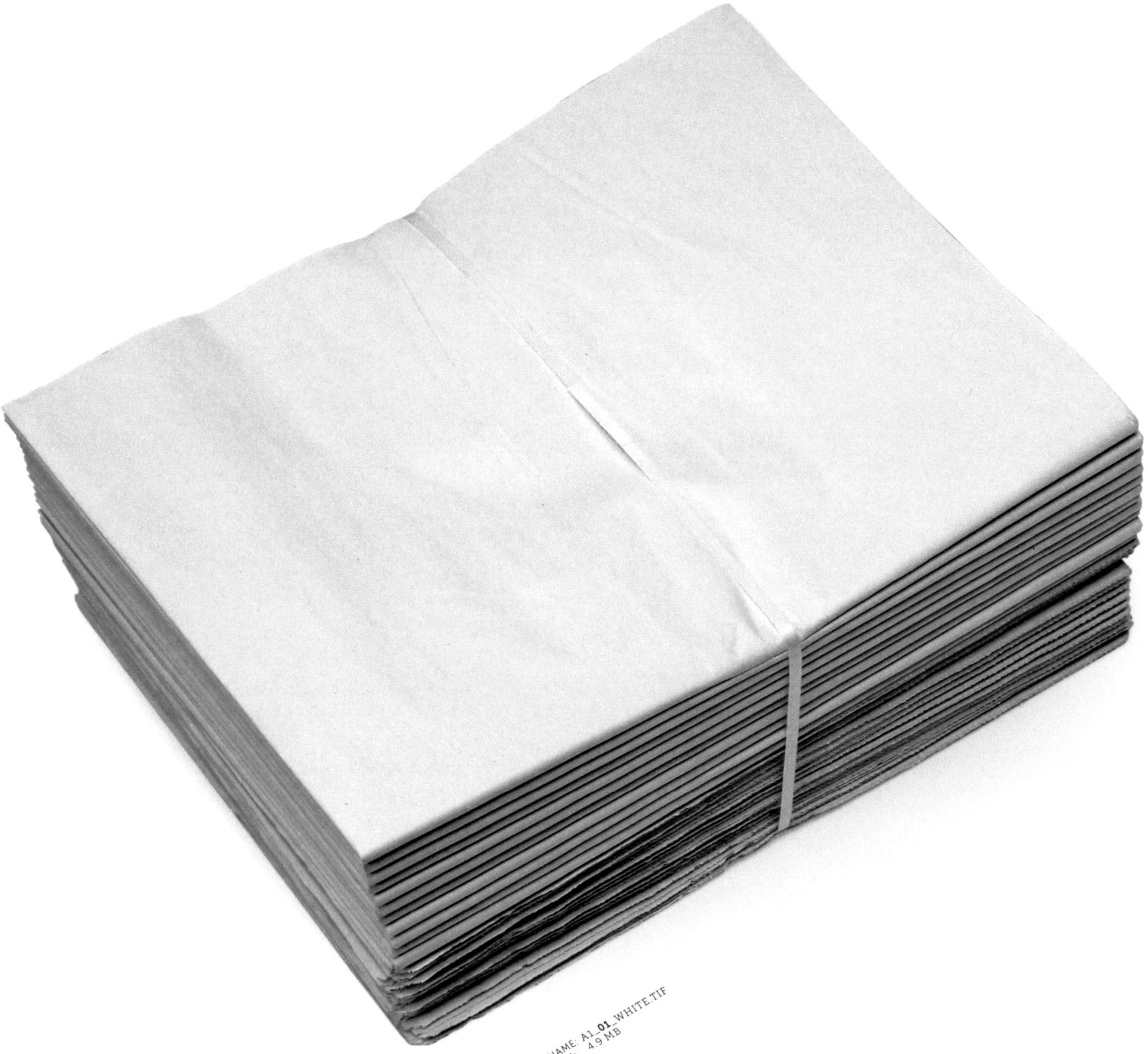

DOC N° **01** | NAME: A1_**01**_WHITE.TIF
SIZE: 4.9 MB

A1

BROCHURES
BOOKS
NEWSPAPERS

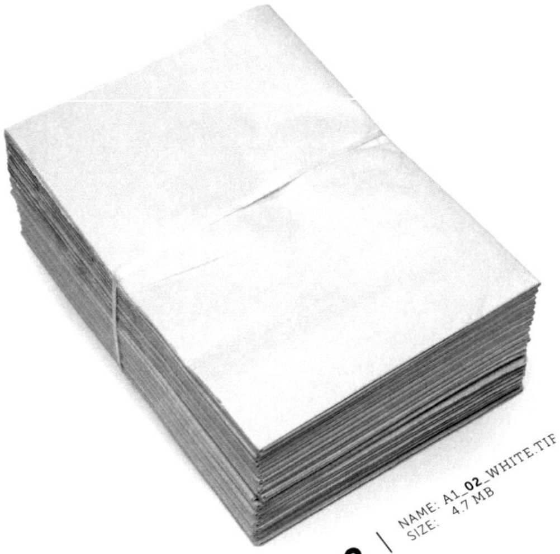

DOC N° **02** | NAME: A1_**02**_WHITE.TIF SIZE: 4.7 MB

DOC N° **03** | NAME: A1_**03**_WHITE.TIF SIZE: 3.5 MB

DOC N° **04** | NAME: A1_**04**_WHITE.TIF SIZE: 3.3 MB

DOC N° **05** | NAME: A1_**05**_WHITE.TIF
SIZE: 3.2 MB

DOC N° **06** | NAME: A1_**06**_WHITE.TIF
SIZE: 2.6 MB

A1

BROCHURES
BOOKS
NEWSPAPERS

DOC N° **07** | NAME: A1_**07**_WHITE.TIF SIZE: 2.4 MB

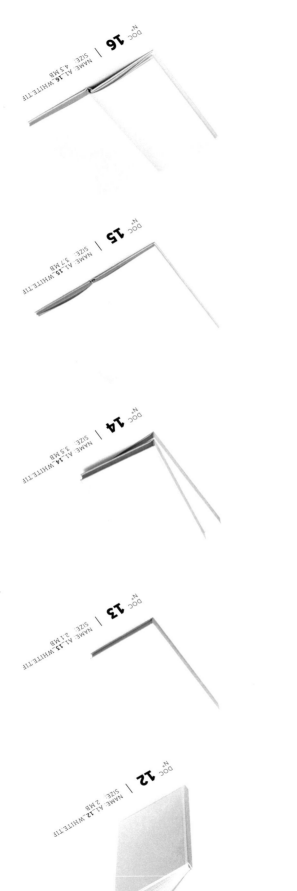

DOC N° **08** | NAME: A1_**08**_WHITE.TIF SIZE: 3.5 MB

DOC N° **09** | NAME: A1_**09**_WHITE.TIF SIZE: 3.8 MB

DOC N° **10** | NAME: A1_**10**_WHITE.TIF SIZE: 3.7 MB

DOC N° **11** | NAME: A1_**11**_WHITE.TIF SIZE: 4.7 MB

DOC N° **12** | NAME: A1_**12**_WHITE.TIF SIZE: 2 MB

DOC N° **13** | NAME: A1_**13**_WHITE.TIF SIZE: 2.1 MB

DOC N° **14** | NAME: A1_**14**_WHITE.TIF SIZE: 3.5 MB

DOC N° **15** | NAME: A1_**15**_WHITE.TIF SIZE: 3.7 MB

DOC N° **16** | NAME: A1_**16**_WHITE.TIF SIZE: 4.3 MB

DOC N° **17** | NAME: A1_**17**_WHITE.TIF
SIZE: 2.8 MB

DOC N° **18** | NAME: A1_**18**_WHITE.TIF
SIZE: 3.5 MB

DOC N° **19** | NAME: A1_**19**_WHITE.TIF
SIZE: 3.9 MB

A1

BROCHURES
BOOKS
NEWSPAPERS

DOC N° **20** | NAME: A1_**20**_WHITE.TIF SIZE: 3.5 MB

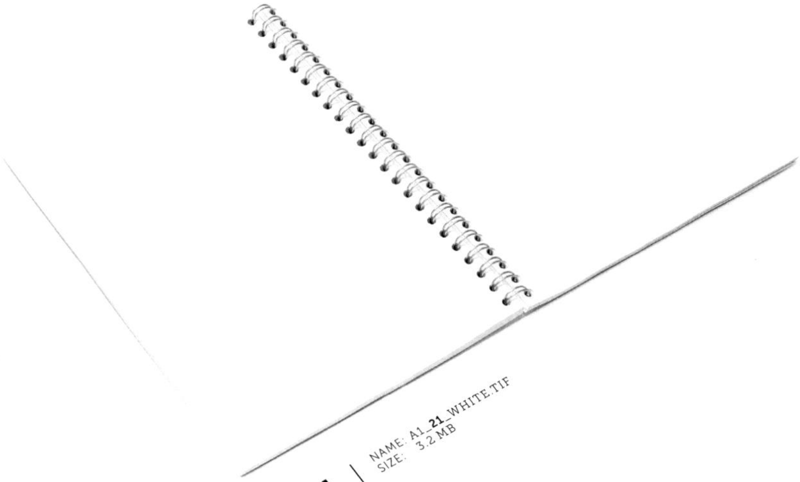

DOC N° **21** | NAME: A1_**21**_WHITE.TIF SIZE: 3.2 MB

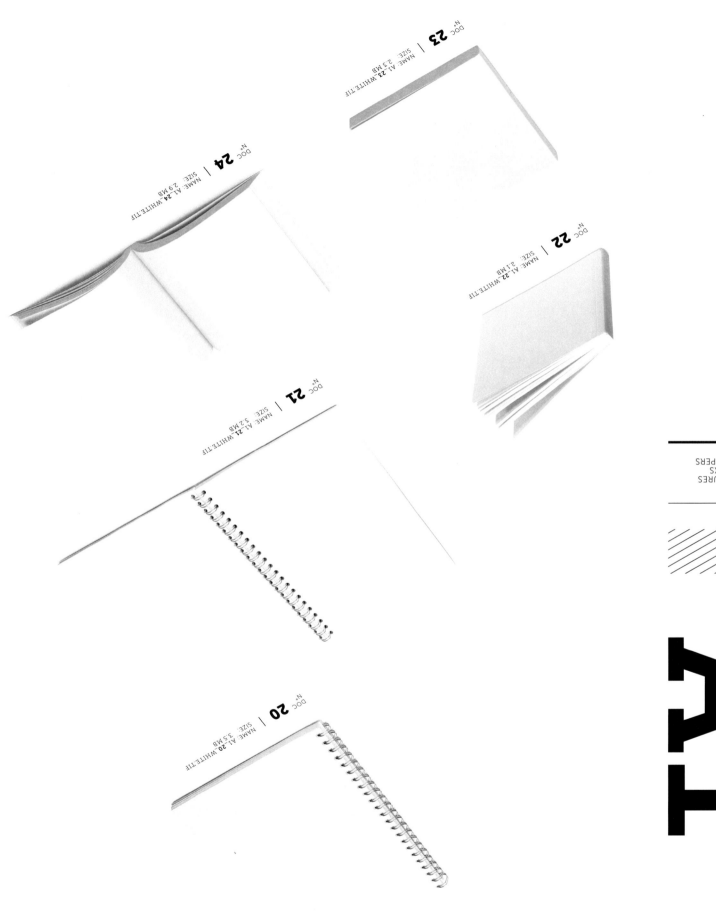

DOC N° **22** | NAME: A1_**22**_WHITE.TIF SIZE: 2.1 MB

DOC N° **24** | NAME: A1_**24**_WHITE.TIF SIZE: 2.9 MB

DOC N° **23** | NAME: A1_**23**_WHITE.TIF SIZE: 2.3 MB

DOC N° **26** | NAME: A1_**26**_WHITE.TIF
SIZE: 2.9 MB

DOC N° **25** | NAME: A1_**25**_WHITE.TIF
SIZE: 2.6 MB

DOC N° **28** | NAME: A1_**28**_WHITE.TIF
SIZE: 3.2 MB

DOC N° **27** | NAME: A1_**27**_WHITE.TIF
SIZE: 3.3 MB

A1

BROCHURES
BOOKS
NEWSPAPERS

DOC N° **29** | NAME: A1_**29**_WHITE.TIF
SIZE: 3.7 MB

DOC N° **30** | NAME: A1_**30**_WHITE.TIF
SIZE: 3 MB

DOC N° **31** | NAME: A1_**31**_WHITE.TIF SIZE: 1.1 MB

DOC N° **32** | NAME: A1_**32**_WHITE.TIF SIZE: 1.9 MB

DOC N° **33** | NAME: A1_**33**_WHITE.TIF SIZE: 3.7 MB

DOC N° **34** | NAME: A1_**34**_WHITE.TIF SIZE: 3.7 MB

DOC N° **35** | NAME: A1_**35**_WHITE.TIF SIZE: 4 MB

DOC N° **36** | NAME: A1_**36**_WHITE.TIF SIZE: 6.5 MB

A1

BROCHURES
BOOKS
NEWSPAPERS

DOC N° **37** | NAME: A1_**37**_WHITE.TIF SIZE: 2.5 MB

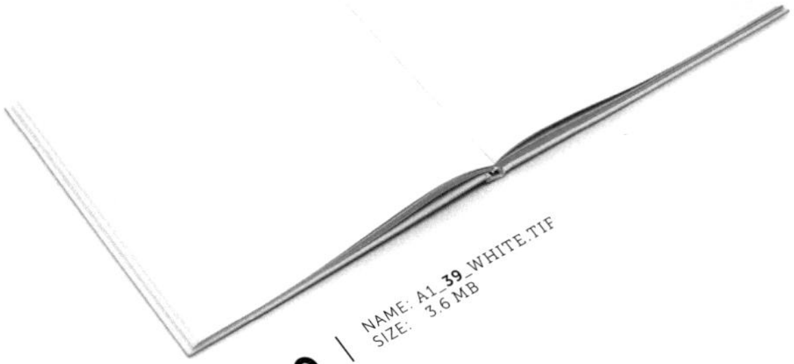

DOC N° **39** | NAME: A1_**39**_WHITE.TIF SIZE: 3.6 MB

DOC N° **38** | NAME: A1_**38**_WHITE.TIF SIZE: 2 MB

DOC N° **41** | NAME: A1_**41**_WHITE.TIF SIZE: 4 MB

DOC N° **40** | NAME: A1_**40**_WHITE.TIF SIZE: 2.5 MB

DOC N° **42** | NAME: A1_**42**_WHITE.TIF SIZE: 2.8 MB

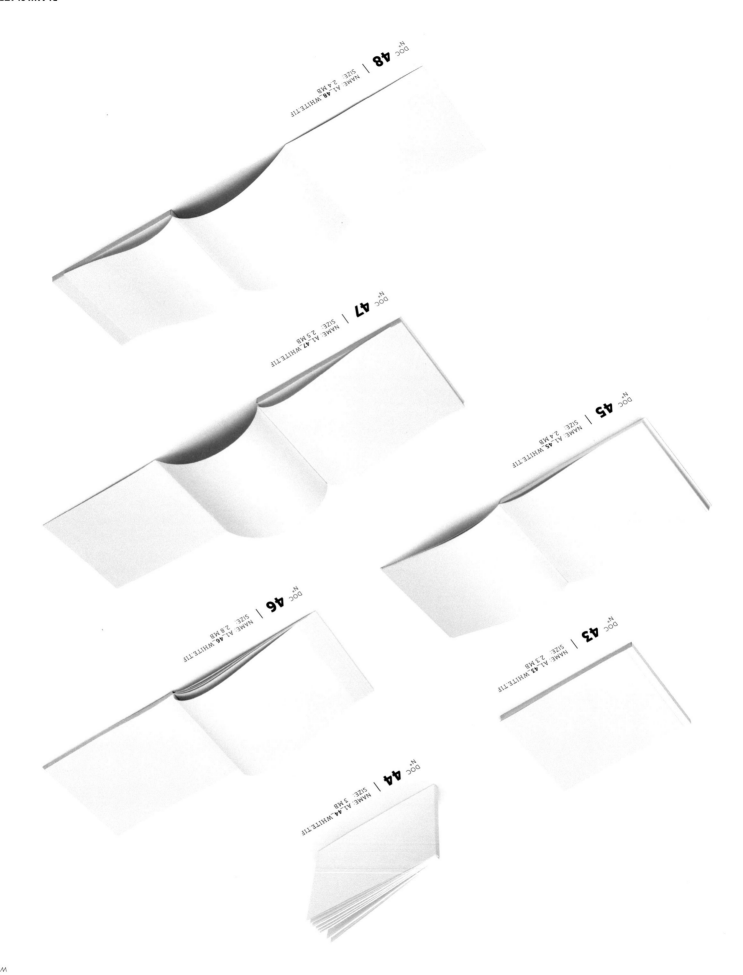

DOC N° **44** | NAME: A1_**44**_WHITE.TIF SIZE: 3 MB

DOC N° **43** | NAME: A1_**43**_WHITE.TIF SIZE: 2.3 MB

DOC N° **46** | NAME: A1_**46**_WHITE.TIF SIZE: 2.8 MB

DOC N° **45** | NAME: A1_**45**_WHITE.TIF SIZE: 2.4 MB

DOC N° **47** | NAME: A1_**47**_WHITE.TIF SIZE: 2.5 MB

DOC N° **48** | NAME: A1_**48**_WHITE.TIF SIZE: 2.4 MB

A2

STATIONERY
AND
OFFICE MATERIALS

DOC N° **01** | NAME: A2_**01**_WHITE.TIF
SIZE: 2.6 MB

A2

STATIONERY
AND
OFFICE MATERIALS

DOC N° **02** | NAME: A2_**02**_WHITE.TIF
SIZE: 2.5 MB

DOC N° **03** | NAME: A2_**03**_WHITE.TIF
SIZE: 1.6 MB

DOC N° **04** | NAME: A2_**04**_WHITE.TIF
SIZE: 1.5 MB

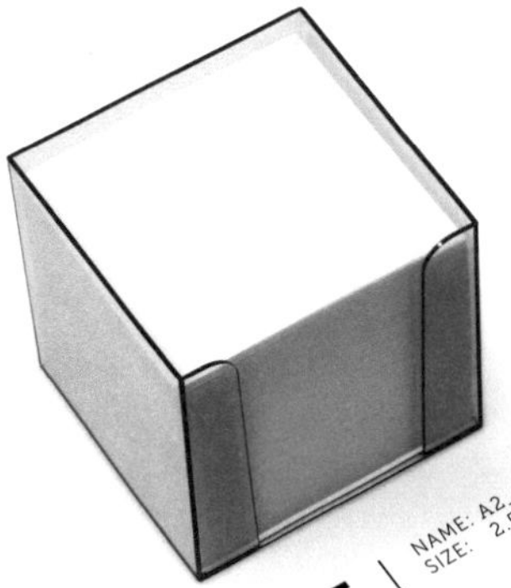

DOC N° **05** | NAME: A2_**05**_WHITE.TIF
SIZE: 2.5 MB

DOC N° **06** | NAME: A2_**06**_WHITE.TIF
SIZE: 2 MB

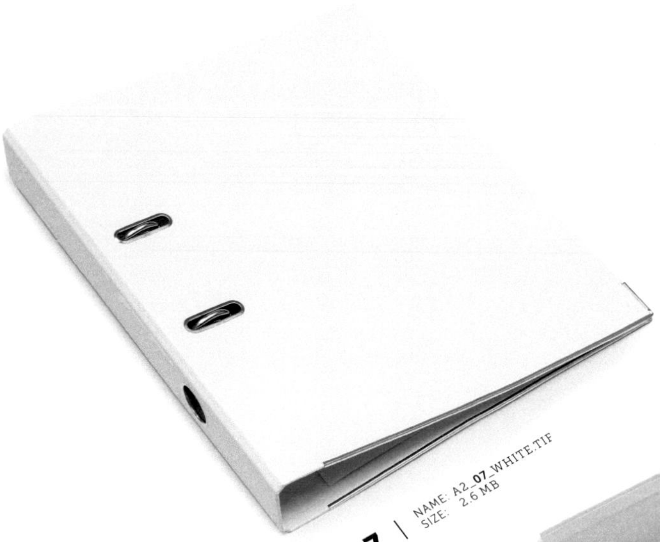

DOC N° **07** | NAME: A2_**07**_WHITE.TIF
SIZE: 2.6 MB

DOC N° **08** | NAME: A2_**08**_WHITE.TIF
SIZE: 2 MB

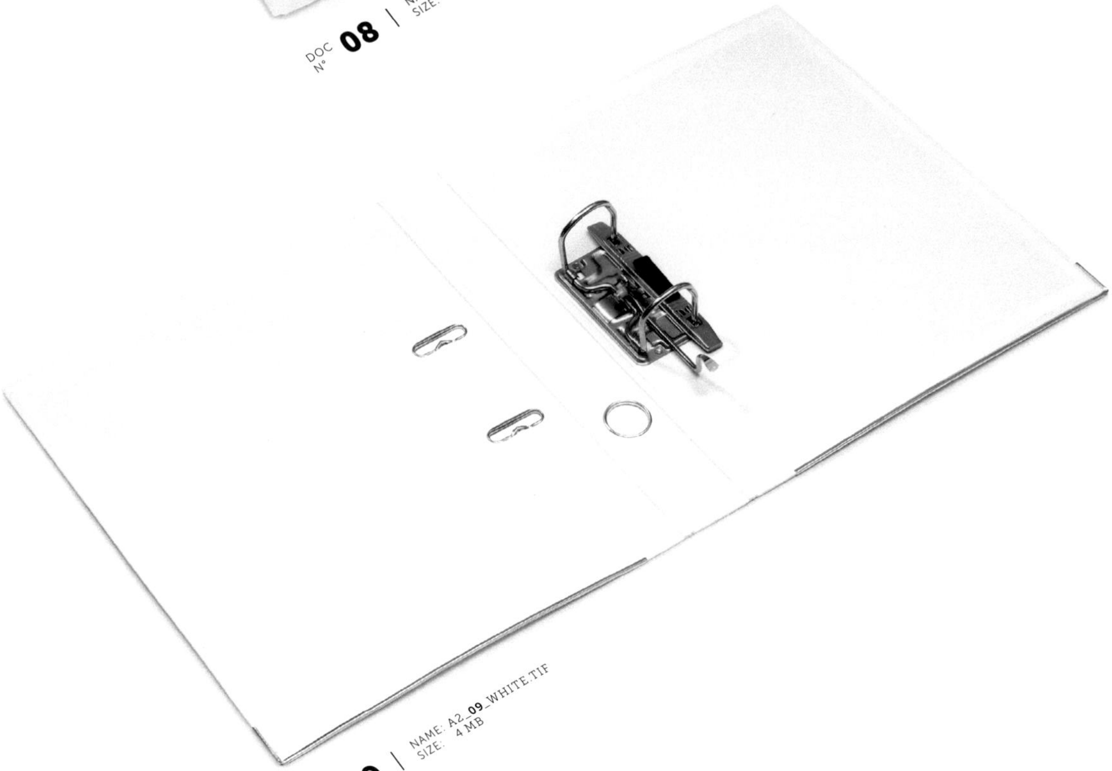

DOC N° **09** | NAME: A2_**09**_WHITE.TIF
SIZE: 4 MB

A2

STATIONERY
AND
OFFICE MATERIALS

DOC N° **10** | NAME: A2_**10**_WHITE.TIF
SIZE: 4.4 MB

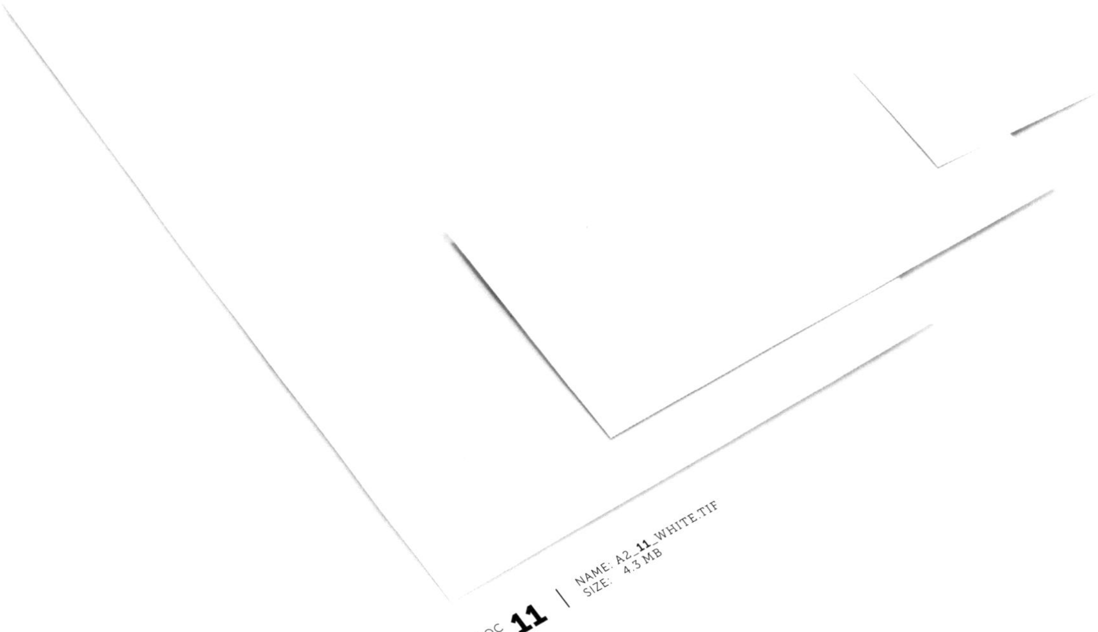

DOC N° **11** | NAME: A2_**11**_WHITE.TIF
SIZE: 4.3 MB

DOC N° **12** | NAME: A2_**12**_WHITE.TIF SIZE: 3.6 MB

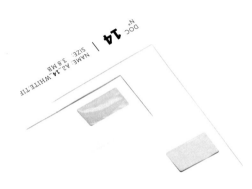

DOC N° **13** | NAME: A2_**13**_WHITE.TIF SIZE: 3.6 MB

DOC N° **14** | NAME: A2_**14**_WHITE.TIF SIZE: 3.8 MB

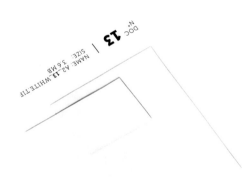

DOC N° **15** | NAME: A2_**15**_WHITE.TIF SIZE: 2.7 MB

A2

STATIONERY
AND
OFFICE MATERIALS

DOC N° **16** | NAME: A2_**16**_WHITE.TIF
SIZE: 2.6 MB

DOC N° **17** | NAME: A2_**17**_WHITE.TIF
SIZE: 2.8 MB

DOC N° **18** | NAME: A2_**18**_WHITE.TIF
SIZE: 3.5 MB

DOC N° **19** | NAME: A2_**19**_WHITE.TIF
SIZE: 1.9 MB

DOC N° **20** | NAME: A2_**20**_WHITE.TIF
SIZE: 2.5 MB

DOC N° **21** | NAME: A2_**21**_WHITE.TIF
SIZE: 1.9 MB

DOC N° **22** | NAME: A2_**22**_WHITE.TIF
SIZE: 2.5 MB

DOC N° **23** | NAME: A2_**23**_WHITE.TIF
SIZE: 2.1 MB

DOC N° **24** | NAME: A2_**24**_WHITE.TIF
SIZE: 1.1 MB

DOC N° **26** | NAME: A2_**26**_WHITE.TIF
SIZE: 1.9 MB

DOC N° **25** | NAME: A2_**25**_WHITE.TIF
SIZE: 1.2 MB

DOC N° **27** | NAME: A2_**27**_WHITE.TIF
SIZE: 2.6 MB

DOC N° **28** | NAME: A2_**28**_WHITE.TIF
SIZE: 2.5 MB

A2

STATIONERY
AND
OFFICE MATERIALS

DOC N° **29** | NAME: A2_**29**_WHITE.TIF
SIZE: 3.2 MB

DOC N° **30** | NAME: A2_**30**_WHITE.TIF
SIZE: 4.4 MB

DOC N° **31** | NAME: A2_**31**_WHITE.TIF
SIZE: 3.7 MB

DOC N° **32** | NAME: A2_**32**_WHITE.TIF
SIZE: 4 MB

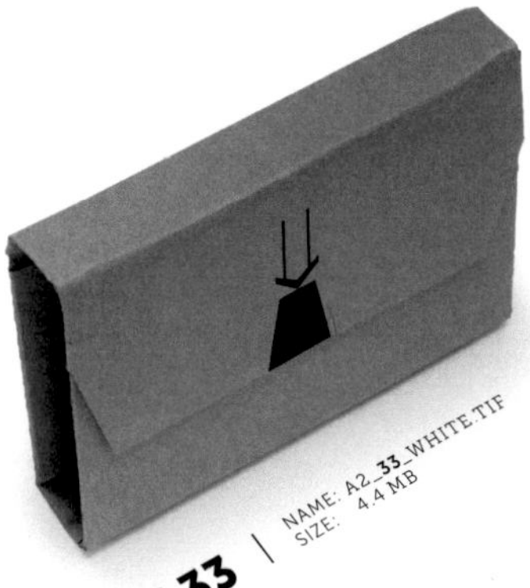

DOC N° **33** | NAME: A2_**33**_WHITE.TIF SIZE: 4.4 MB

DOC N° **36** | NAME: A2_**36**_WHITE.TIF SIZE: 3 MB

DOC N° **34** | NAME: A2_**34**_WHITE.TIF SIZE: 5.2 MB

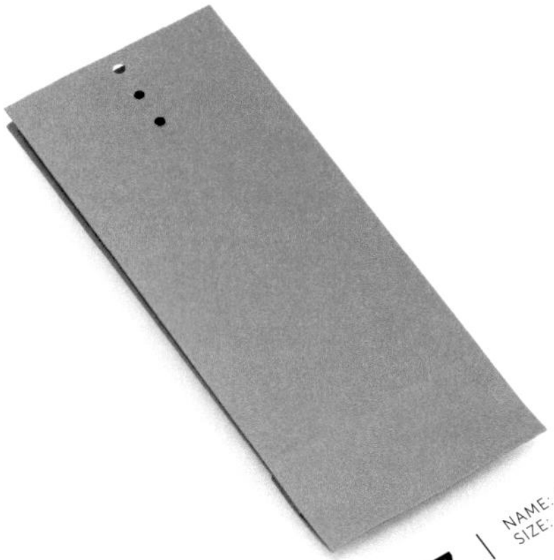

DOC N° **37** | NAME: A2_**37**_WHITE.TIF SIZE: 3.3 MB

DOC N° **35** | NAME: A2_**35**_WHITE.TIF SIZE: 5 MB

A2

STATIONERY
AND
OFFICE MATERIALS

DOC N° **38** | NAME: A2_**38**_WHITE.TIF
SIZE: 2.8 MB

DOC N° **39** | NAME: A2_**39**_WHITE.TIF
SIZE: 2.8 MB

DOC N° **40** | NAME: A2_**40**_WHITE.TIF
SIZE: 3.9 MB

DOC N° **41** | NAME: A2_**41**_WHITE.TIF
SIZE: 1.8 MB

DOC N° **42** | NAME: A2_**42**_WHITE.TIF SIZE: 2.5 MB

DOC N° **43** | NAME: A2_**43**_WHITE.TIF SIZE: 3 MB

DOC N° **44** | NAME: A2_**44**_WHITE.TIF SIZE: 2.9 MB

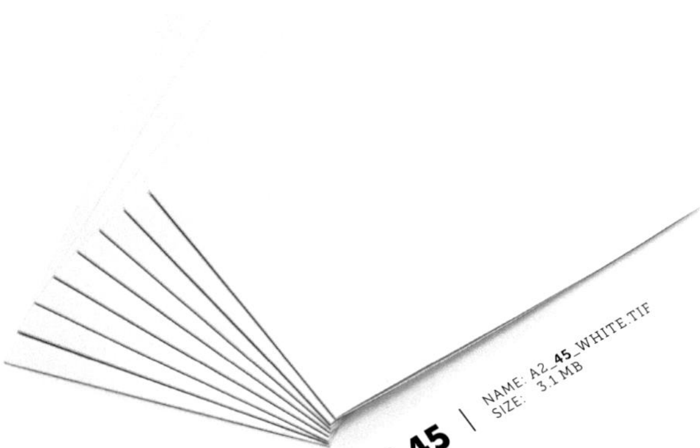

DOC N° **45** | NAME: A2_**45**_WHITE.TIF SIZE: 3.1 MB

DOC N° **46** | NAME: A2_**46**_WHITE.TIF SIZE: 2.6 MB

A3

BAGS

DOC N° **01** | NAME: A3_**01**_WHITE.TIF SIZE: 3.6 MB

A3

BAGS

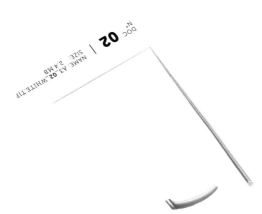

DOC N° **02** | NAME: A3_**02**_WHITE.TIF SIZE: 2.4 MB

DOC N° **03** | NAME: A3_**03**_WHITE.TIF SIZE: 3.6 MB

DOC N° **04** | NAME: A3_**04**_WHITE.TIF SIZE: 3.8 MB

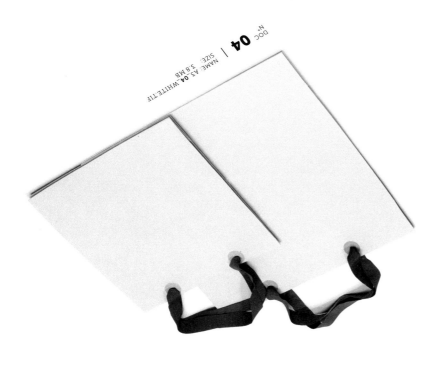

DOC N° **05** | NAME: A3_**05**_WHITE.TIF
SIZE: 3 MB

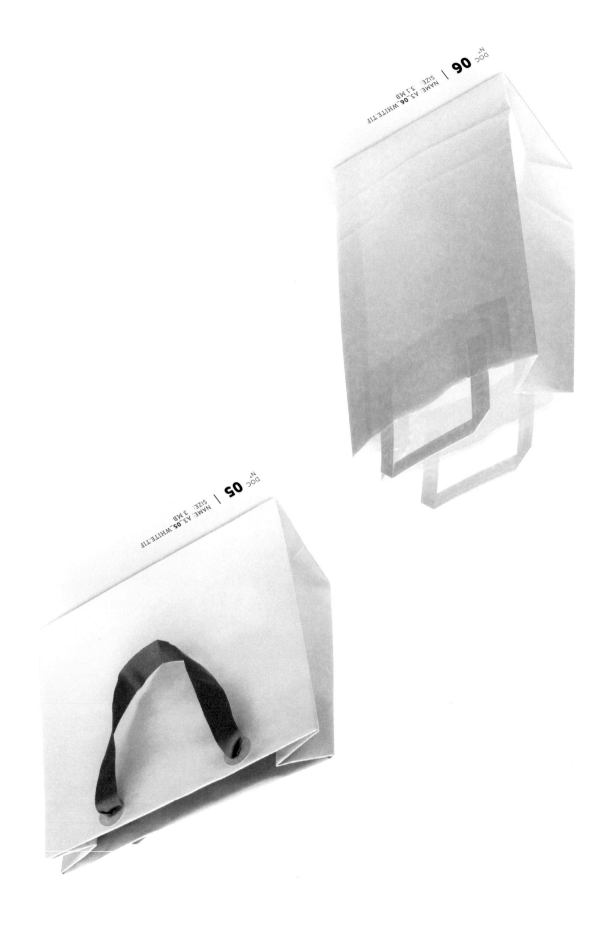

DOC N° **06** | NAME: A3_**06**_WHITE.TIF
SIZE: 3.1 MB

A3

BAGS

DOC N° **07** | NAME: A3_**07**_WHITE.TIF SIZE: 2.8 MB

DOC N° **08** | NAME: A3_**08**_WHITE.TIF SIZE: 2.6 MB

DOC N° **09** | NAME: A3_**09**_WHITE.TIF SIZE: 3.2 MB

DOC N° **10** | NAME: A3_**10**_WHITE.TIF SIZE: 2.6 MB

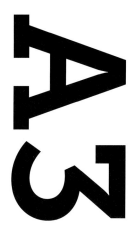

DOC N° **11** | NAME: A3_**11**_WHITE.TIF SIZE: 3.2 MB

DOC N° **12** | NAME: A3_**12**_WHITE.TIF SIZE: 3.7 MB

DOC N° **13** | NAME: A3_**13**_WHITE.TIF SIZE: 5 MB

DOC N° **14** | NAME: A3_**14**_WHITE.TIF SIZE: 3.8 MB

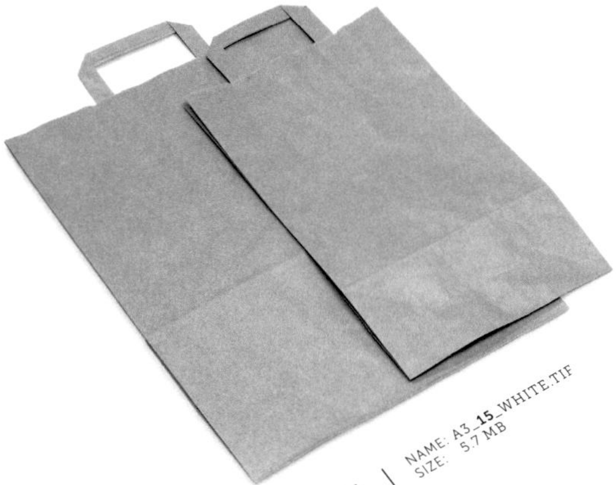

DOC N° **15** | NAME: A3_**15**_WHITE.TIF SIZE: 5.7 MB

DOC N° **16** | NAME: A3_**16**_WHITE.TIF SIZE: 2.8 MB

DOC N° **17** | NAME: A3_**17**_WHITE.TIF SIZE: 5 MB

DOC N° **18** | NAME: A3_**18**_WHITE.TIF SIZE: 3 MB

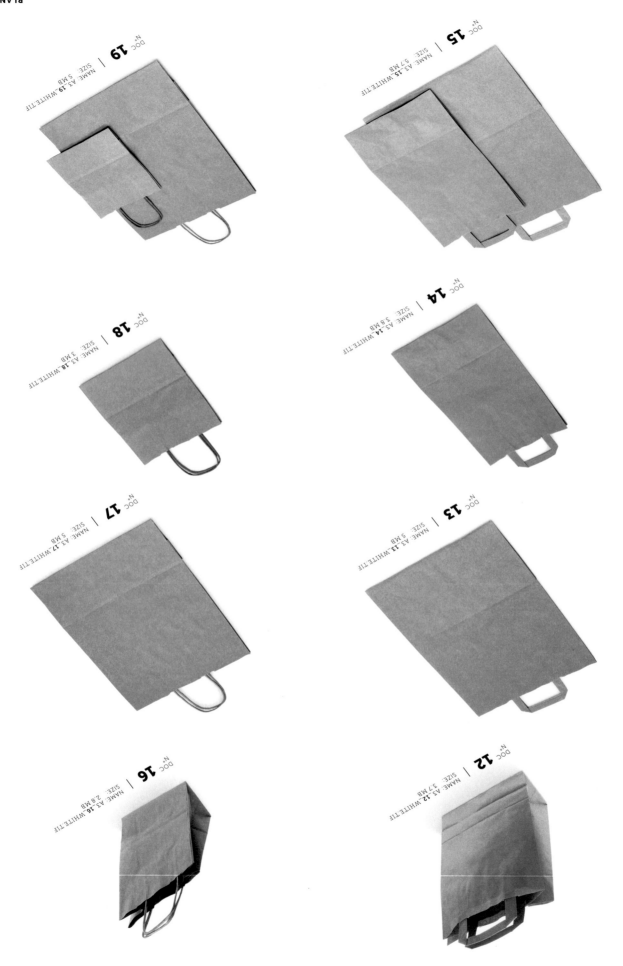

DOC N° **19** | NAME: A3_**19**_WHITE.TIF SIZE: 5 MB

A3

BAGS

DOC N° **20** | NAME: A3_**20**_WHITE.TIF
SIZE: 5.3 MB

DOC N° **21** | NAME: A3_**21**_WHITE.TIF
SIZE: 4.4 MB

DOC N° **22** | NAME: A3_**22**_WHITE.TIF SIZE: 4 MB

DOC N° **25** | NAME: A3_**25**_WHITE.TIF SIZE: 5.2 MB

DOC N° **23** | NAME: A3_**23**_WHITE.TIF SIZE: 4.2 MB

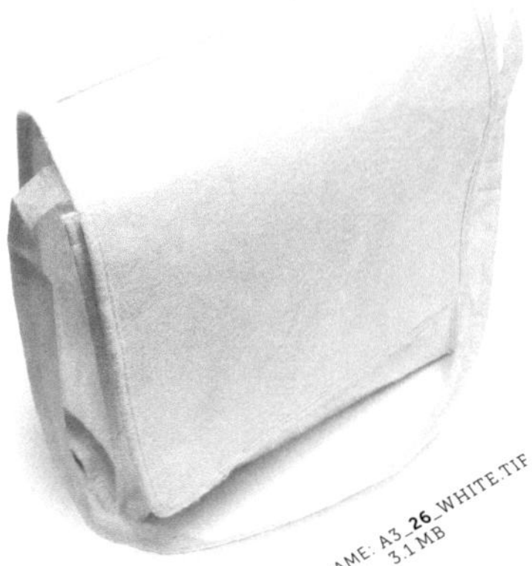

DOC N° **26** | NAME: A3_**26**_WHITE.TIF SIZE: 3.1 MB

DOC N° **24** | NAME: A3_**24**_WHITE.TIF SIZE: 4.5 MB

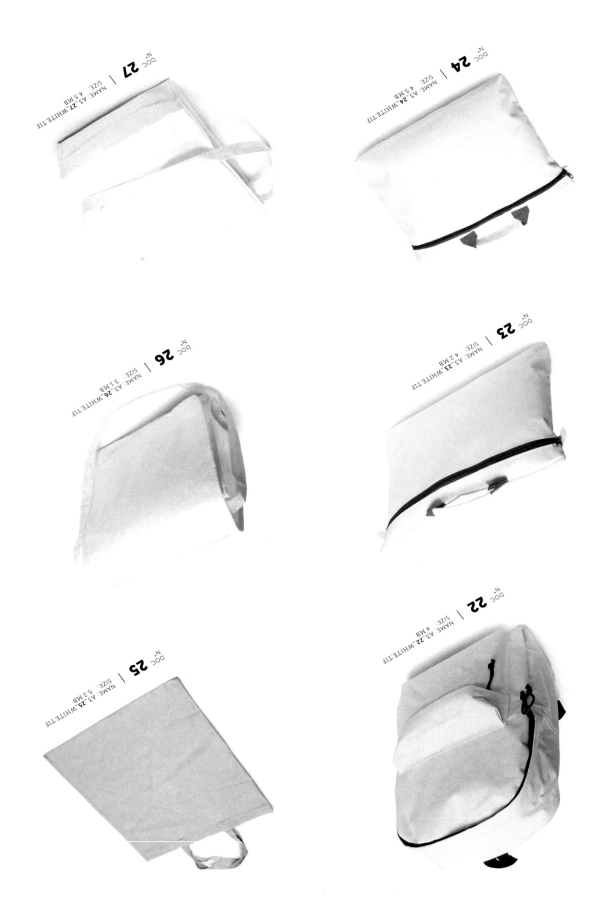

DOC N° **27** | NAME: A3_**27**_WHITE.TIF SIZE: 4.5 MB

A3

BAGS

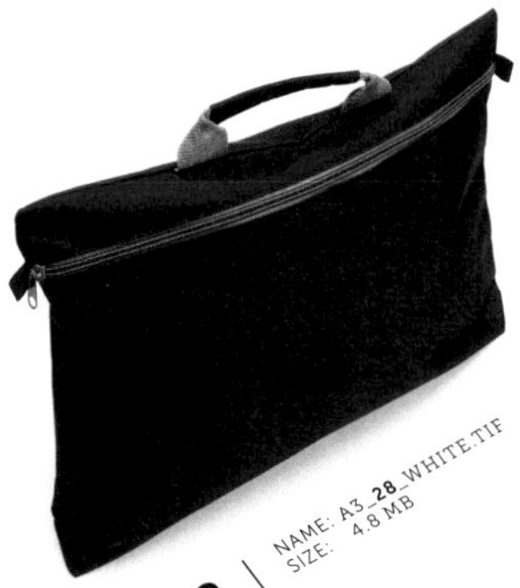

DOC N° **28** | NAME: A3_**28**_WHITE.TIF SIZE: 4.8 MB

DOC N° **29** | NAME: A3_**29**_WHITE.TIF SIZE: 4.9 MB

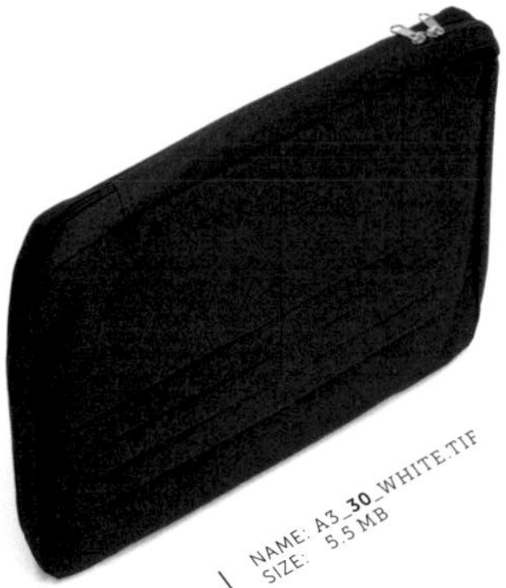

DOC N° **30** | NAME: A3_**30**_WHITE.TIF SIZE: 5.5 MB

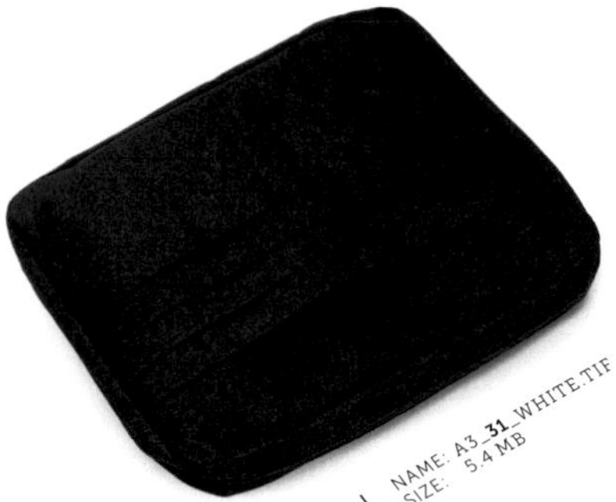

DOC N° **31** | NAME: A3_**31**_WHITE.TIF SIZE: 5.4 MB

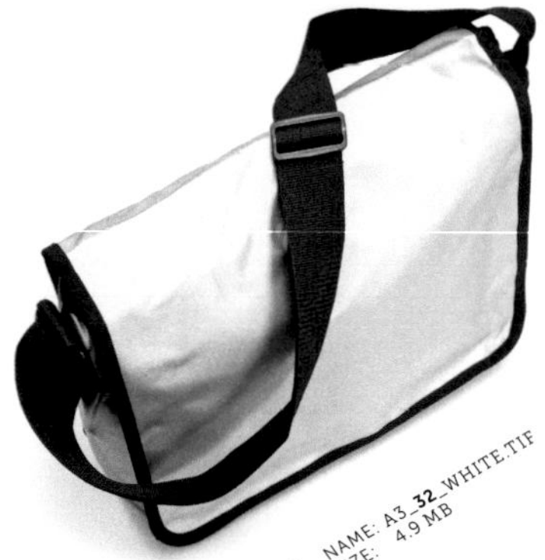

DOC N° **32** | NAME: A3_**32**_WHITE.TIF
SIZE: 4.9 MB

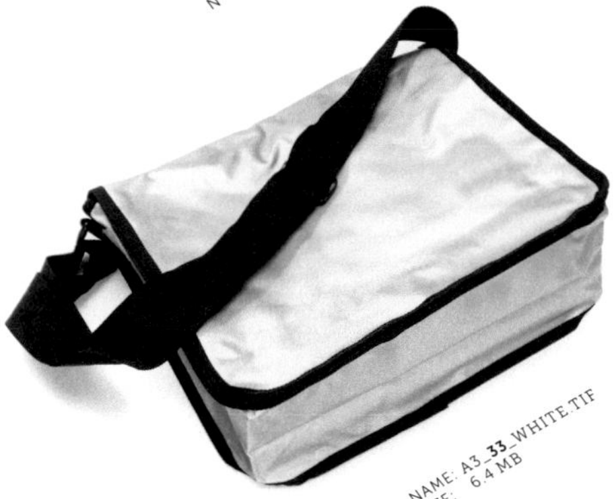

DOC N° **33** | NAME: A3_**33**_WHITE.TIF
SIZE: 6.4 MB

DOC N° **34** | NAME: A3_**34**_WHITE.TIF
SIZE: 6.6 MB

DOC N° **35** | NAME: A3_**35**_WHITE.TIF
SIZE: 6.9 MB

A4

PACKAGING

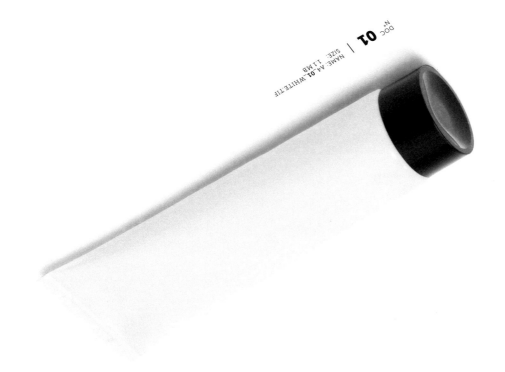

DOC N° **01** | NAME: A4_**01**_WHITE.TIF
SIZE: 1.1 MB

A4

PACKAGING

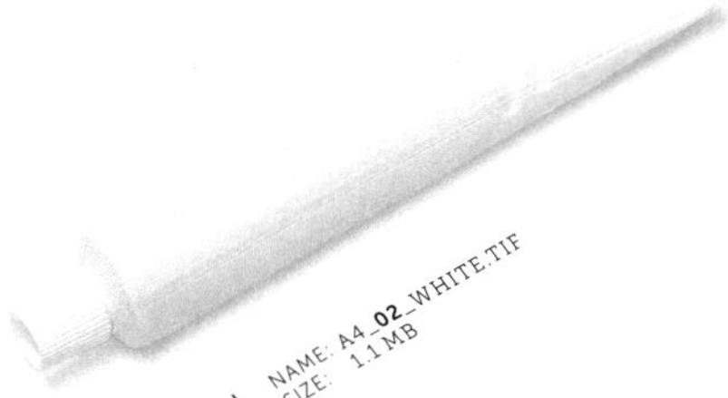

DOC N° **02** | NAME: A4_**02**_WHITE.TIF
SIZE: 1.1 MB

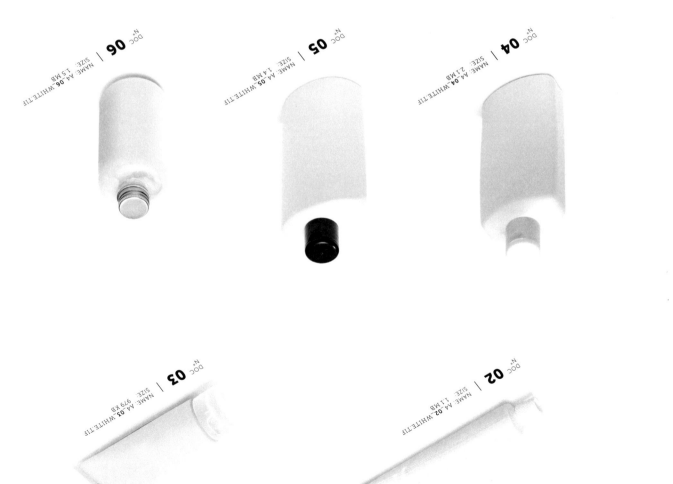

DOC N° **03** | NAME: A4_**03**_WHITE.TIF
SIZE: 979 KB

DOC N° **04** | NAME: A4_**04**_WHITE.TIF
SIZE: 2.1 MB

DOC N° **05** | NAME: A4_**05**_WHITE.TIF
SIZE: 1.4 MB

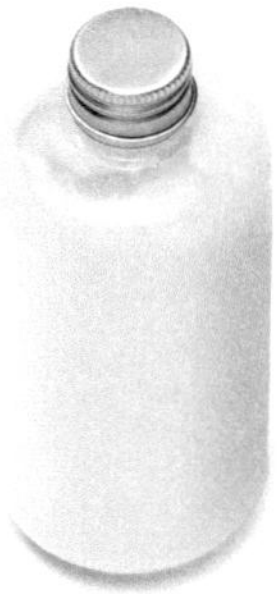

DOC N° **06** | NAME: A4_**06**_WHITE.TIF
SIZE: 1.5 MB

DOC N° **07** | NAME: A4_**07**_WHITE.TIF
SIZE: 889 KB

DOC N° **08** | NAME: A4_**08**_WHITE.TIF
SIZE: 1.1 MB

DOC N° **09** | NAME: A4_**09**_WHITE.TIF
SIZE: 577 KB

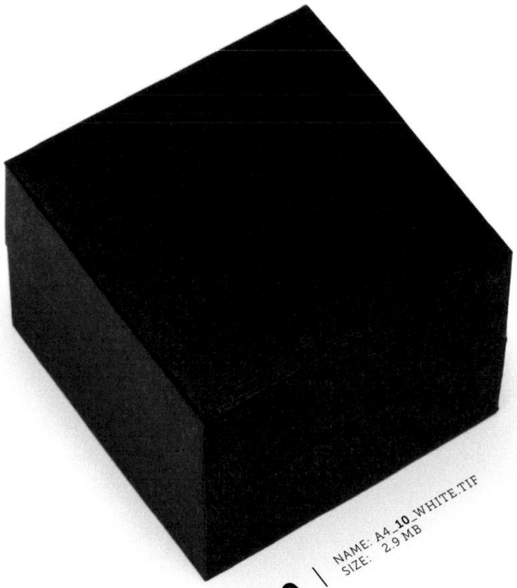

DOC N° **10** | NAME: A4_**10**_WHITE.TIF SIZE: 2.9 MB

DOC N° **11** | NAME: A4_**11**_WHITE.TIF SIZE: 2.9 MB

A4

PACKAGING

DOC Nº **12** | NAME: A4_**12**_WHITE.TIF
SIZE: 1.8 MB

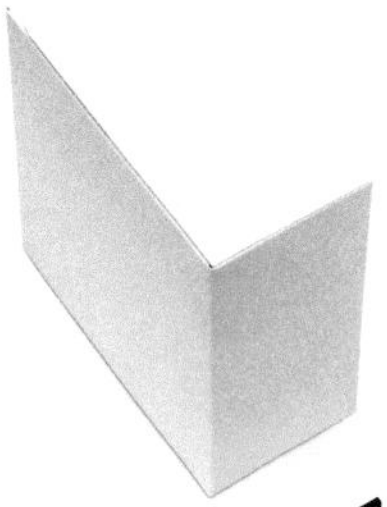

DOC Nº **13** | NAME: A4_**13**_WHITE.TIF
SIZE: 2.2 MB

DOC Nº **14** | NAME: A4_**14**_WHITE.TIF
SIZE: 3 MB

DOC Nº **15** | NAME: A4_**15**_WHITE.TIF
SIZE: 3.2 MB

DOC Nº **16** | NAME: A4_**16**_WHITE.TIF
SIZE: 3.8 MB

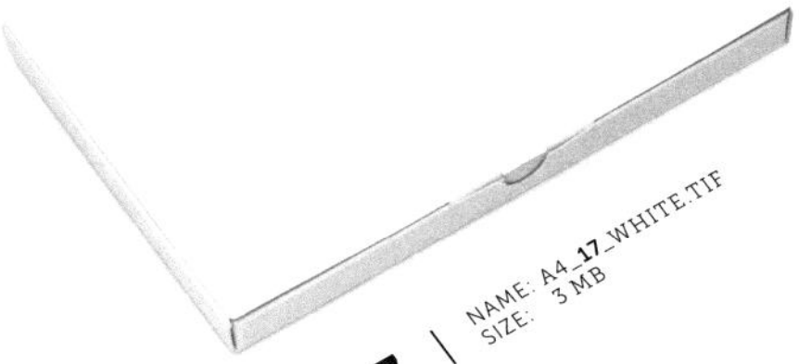

DOC Nº **17** | NAME: A4_**17**_WHITE.TIF
SIZE: 3 MB

DOC Nº **18** | NAME: A4_**18**_WHITE.TIF
SIZE: 2.9 MB

DOC Nº **19** | NAME: A4_**19**_WHITE.TIF
SIZE: 1.7 MB

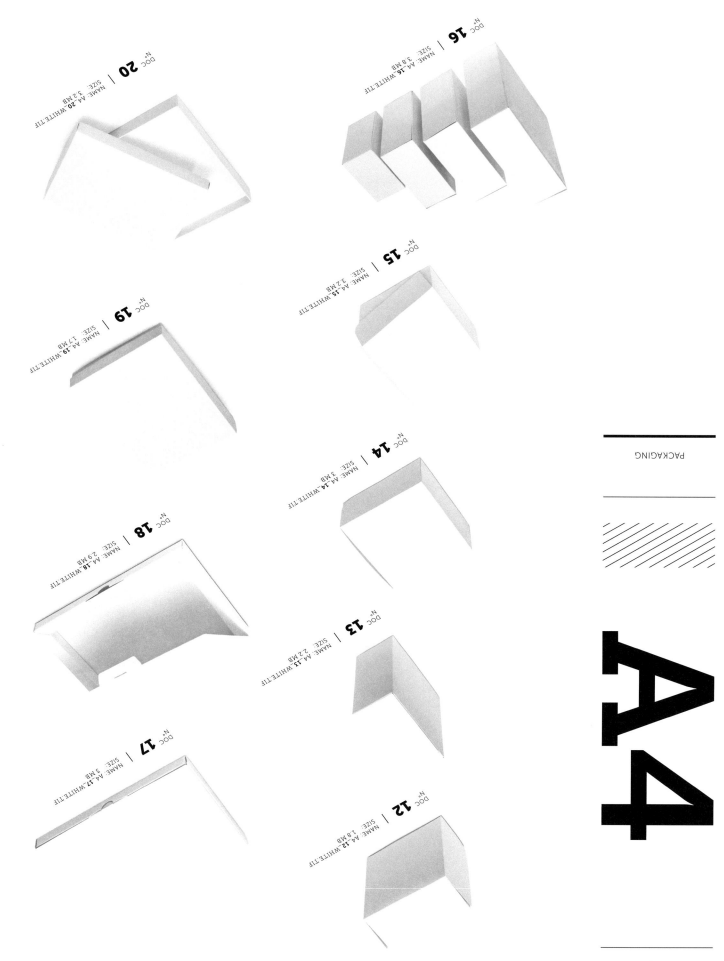

DOC Nº **20** | NAME: A4_**20**_WHITE.TIF
SIZE: 3.2 MB

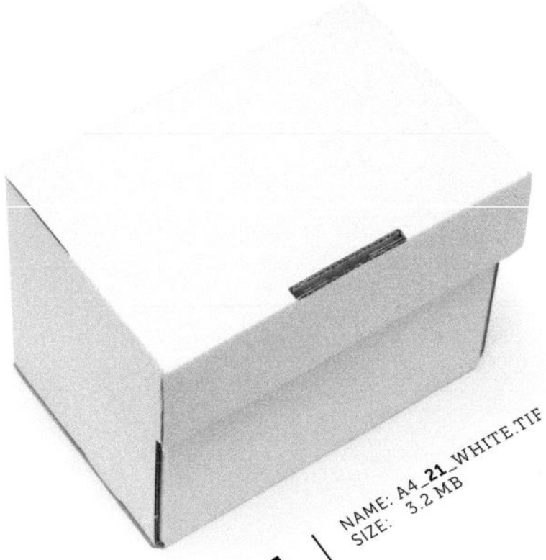

DOC N° **21** | NAME: A4_**21**_WHITE.TIF SIZE: 3.2 MB

DOC N° **22** | NAME: A4_**22**_WHITE.TIF SIZE: 4.8 MB

DOC N° **23** | NAME: A4_**23**_WHITE.TIF SIZE: 3 MB

DOC N° **24** | NAME: A4_**24**_WHITE.TIF SIZE: 2.9 MB

DOC N° **25** | NAME: A4_**25**_WHITE.TIF SIZE: 3.4 MB

DOC N° **26** | NAME: A4_**26**_WHITE.TIF SIZE: 913 KB

DOC N° **27** | NAME: A4_**27**_WHITE.TIF SIZE: 1.4 MB

DOC N° **28** | NAME: A4_**28**_WHITE.TIF SIZE: 1.6 MB

DOC N° **29** | NAME: A4_**29**_WHITE.TIF SIZE: 2.1 MB

A5

FOOD, DRINK
AND TABLEWARE

DOC N° **01** | NAME: A5_**01**_WHITE.TIF
SIZE: 1.6 MB

A5

FOOD, DRINK
AND TABLEWARE

DOC N° **02** | NAME: A5_**02**_WHITE.TIF
SIZE: 1.3 MB

DOC N° **03** | NAME: A5_**03**_WHITE.TIF
SIZE: 2.7 MB

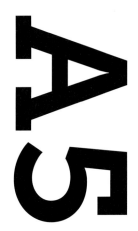

DOC N° **04** | NAME: A5_**04**_WHITE.TIF
SIZE: 2.7 MB

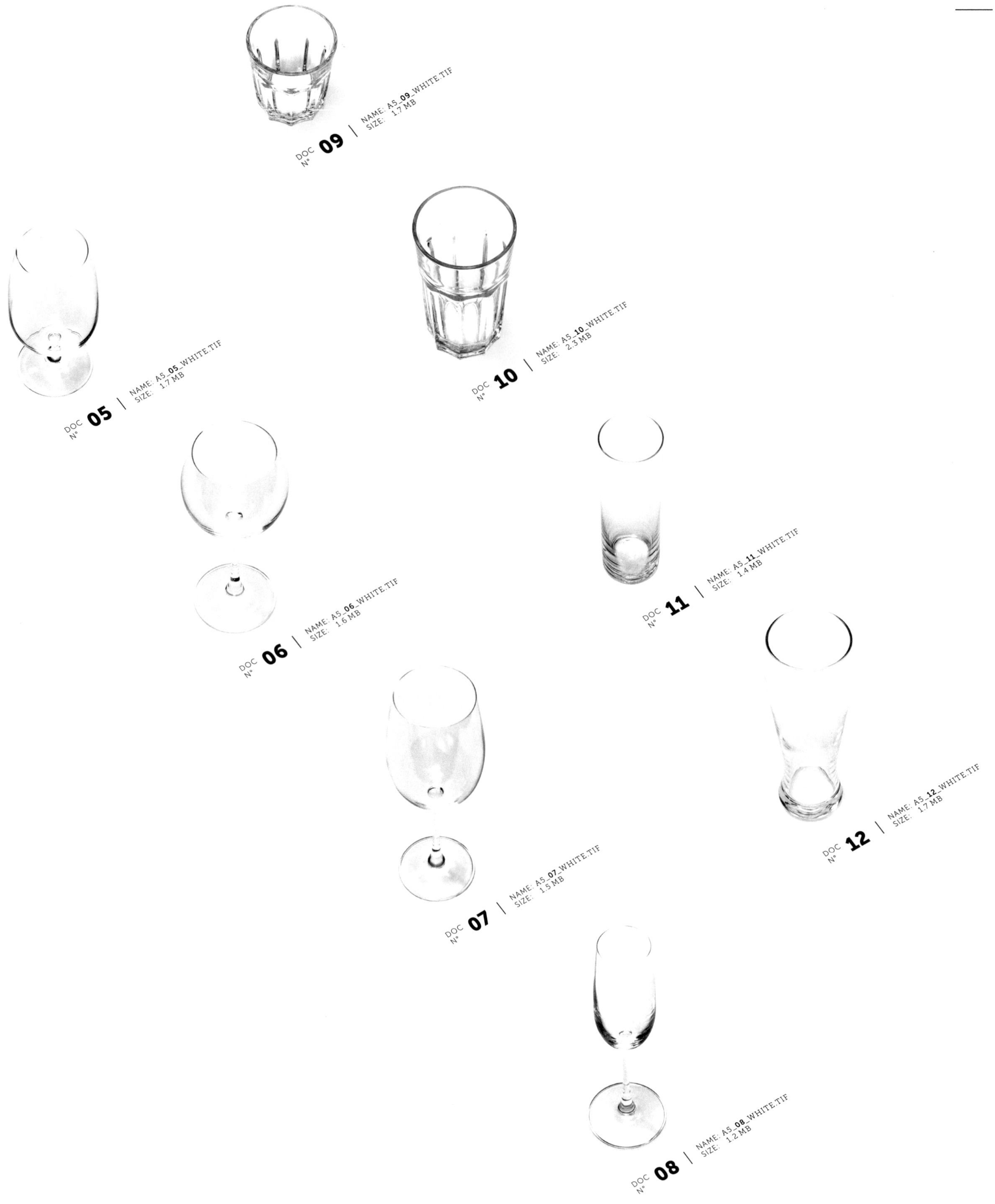
DOC N° 09 | NAME: A5_09_WHITE.TIF SIZE: 1.7 MB
DOC N° 05 | NAME: A5_05_WHITE.TIF SIZE: 1.7 MB
DOC N° 10 | NAME: A5_10_WHITE.TIF SIZE: 2.3 MB
DOC N° 06 | NAME: A5_06_WHITE.TIF SIZE: 1.6 MB
DOC N° 11 | NAME: A5_11_WHITE.TIF SIZE: 1.4 MB
DOC N° 07 | NAME: A5_07_WHITE.TIF SIZE: 1.5 MB
DOC N° 12 | NAME: A5_12_WHITE.TIF SIZE: 1.7 MB
DOC N° 08 | NAME: A5_08_WHITE.TIF SIZE: 1.2 MB

A5

FOOD, DRINK
AND TABLEWARE

DOC N° **13** | NAME: A5_**13**_WHITE.TIF SIZE: 2.9 MB

DOC N° **14** | NAME: A5_**14**_WHITE.TIF SIZE: 2.7 MB

DOC N° **15** | NAME: A5_**15**_WHITE.TIF SIZE: 2.7 MB

DOC N° **16** | NAME: A5_**16**_WHITE.TIF SIZE: 1.4 MB

DOC N° **17** | NAME: A5_**17**_WHITE.TIF SIZE: 3.2 MB

DOC N° **18** | NAME: A5_**18**_WHITE.TIF SIZE: 2.3 MB

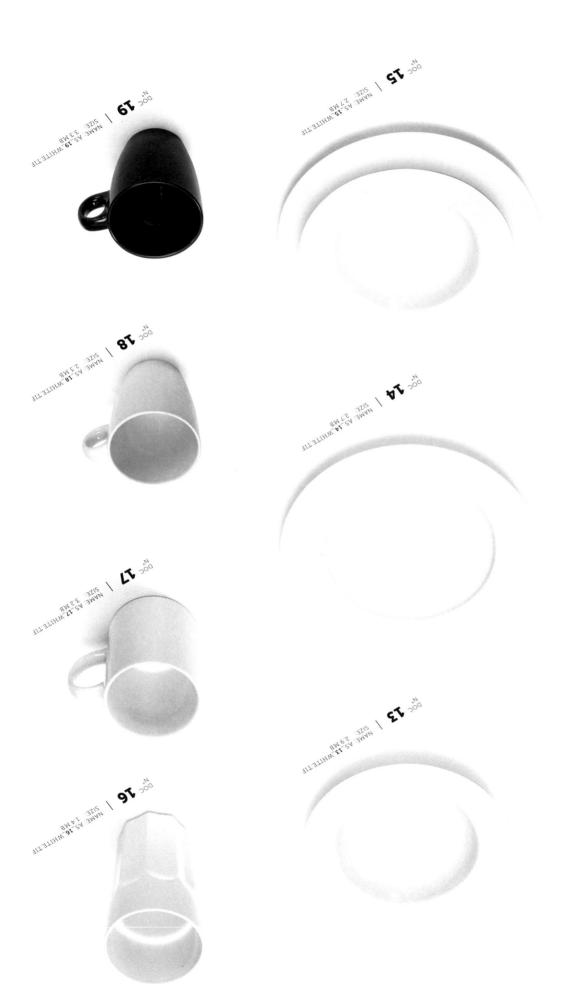

DOC N° **19** | NAME: A5_**19**_WHITE.TIF SIZE: 3.3 MB

DOC N° **20** | NAME: A5_**20**_WHITE.TIF
SIZE: 2.3 MB

A5

FOOD, DRINK
AND TABLEWARE

DOC N° **21** | NAME: A5_**21**_WHITE.TIF
SIZE: 2.3 MB

DOC N° **22** | NAME: A5_**22**_WHITE.TIF
SIZE: 1.9 MB

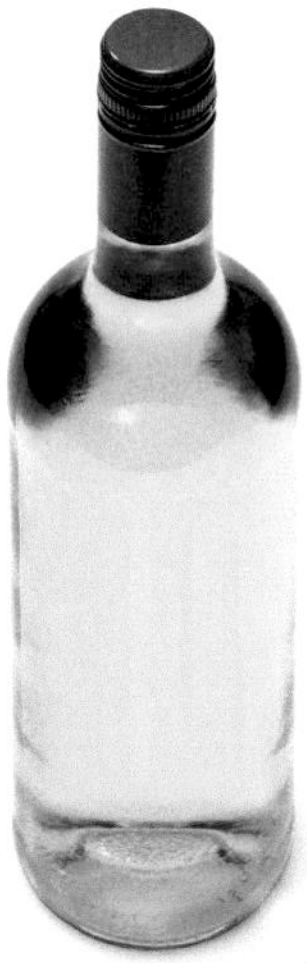

DOC N° **23** | NAME: A5_**23**_WHITE.TIF
SIZE: 1.7 MB

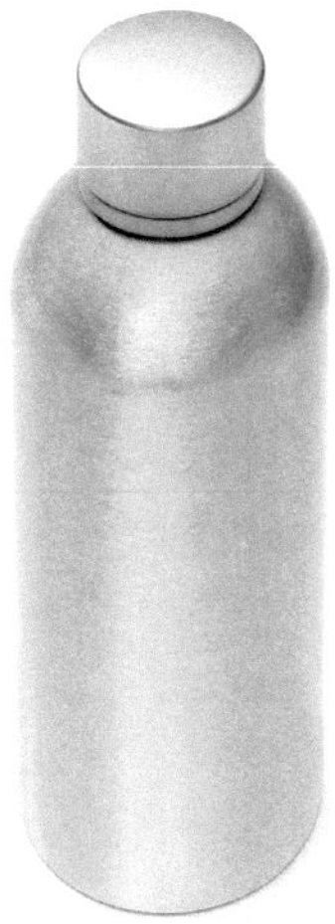

DOC N° **24** | NAME: A5_**24**_WHITE.TIF
SIZE: 1.7 MB

DOC N° **25** | NAME: A5_**25**_WHITE.TIF
SIZE: 2 MB

DOC N° **26** | NAME: A5_**26**_WHITE.TIF
SIZE: 1.7 MB

DOC N° **27** | NAME: A5_**27**_WHITE.TIF
SIZE: 1.7 MB

DOC N° **28** | NAME: A5_**28**_WHITE.TIF
SIZE: 621 KB

DOC N° **29** | NAME: A5_**29**_WHITE.TIF
SIZE: 687 KB

DOC N° **30** | NAME: A5_**30**_WHITE.TIF
SIZE: 1.2 MB

DOC N° **31** | NAME: A5_**31**_WHITE.TIF
SIZE: 1.2 MB

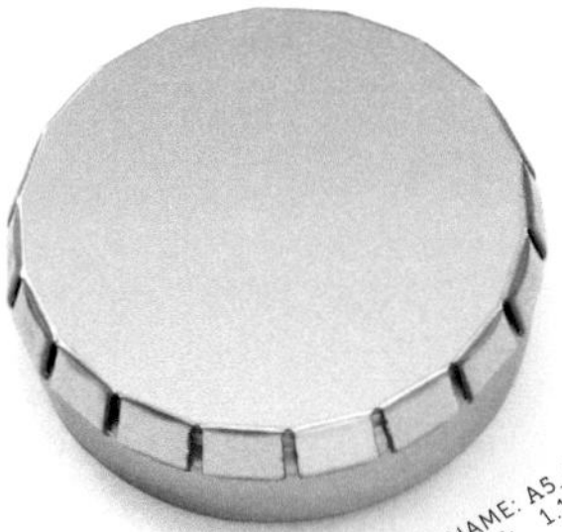

DOC N° **32** | NAME: A5_**32**_WHITE.TIF
SIZE: 1.1 MB

DOC N° **33** | NAME: A5_**33**_WHITE.TIF
SIZE: 1 MB

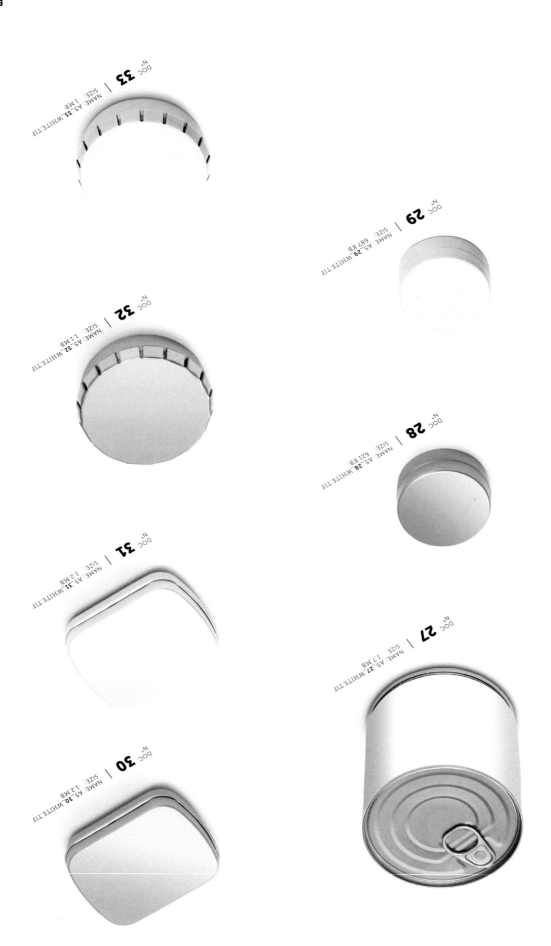

A5

FOOD, DRINK
AND TABLEWARE

DOC N° **34** | NAME: A5_**34**_WHITE.TIF
SIZE: 906 KB

DOC N° **38** | NAME: A5_**38**_WHITE.TIF
SIZE: 689 KB

DOC N° **35** | NAME: A5_**35**_WHITE.TIF
SIZE: 1.2 MB

DOC N° **39** | NAME: A5_**39**_WHITE.TIF
SIZE: 903 KB

DOC N° **36** | NAME: A5_**36**_WHITE.TIF
SIZE: 1.5 MB

DOC N° **40** | NAME: A5_**40**_WHITE.TIF
SIZE: 361 KB

DOC N° **37** | NAME: A5_**37**_WHITE.TIF
SIZE: 1.6 MB

DOC N° **41** | NAME: A5_**41**_WHITE.TIF
SIZE: 1.1 MB

DOC N° **42** | NAME: A5_**42**_WHITE.TIF SIZE: 2.4 MB

DOC N° **45** | NAME: A5_**45**_WHITE.TIF SIZE: 2.5 MB

DOC N° **44** | NAME: A5_**44**_WHITE.TIF SIZE: 2.3 MB

DOC N° **43** | NAME: A5_**43**_WHITE.TIF SIZE: 1.8 MB

DOC N° **48** | NAME: A5_**48**_WHITE.TIF SIZE: 931 KB

DOC N° **47** | NAME: A5_**47**_WHITE.TIF SIZE: 612 KB

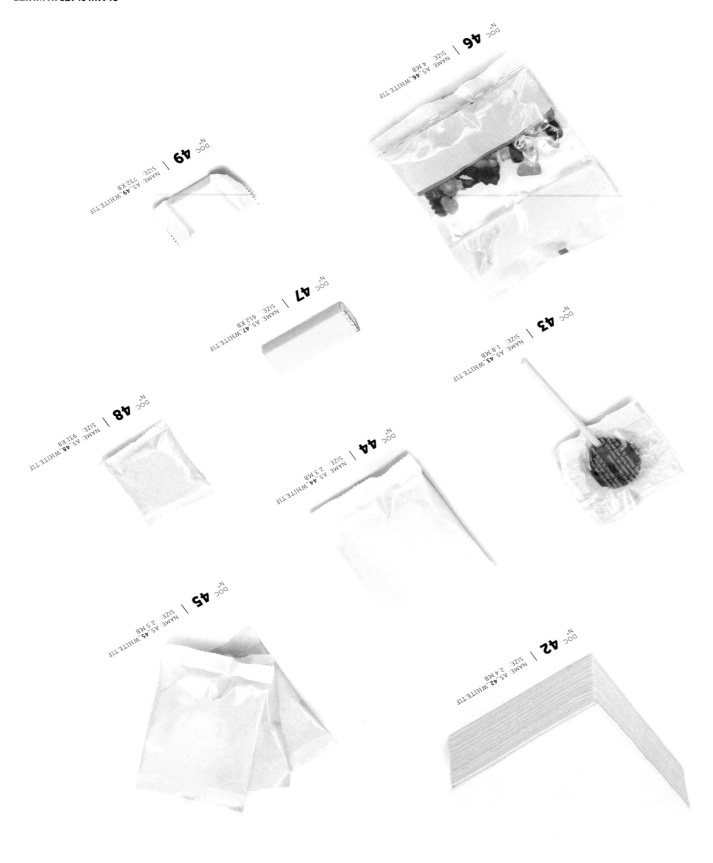

DOC N° **46** | NAME: A5_**46**_WHITE.TIF SIZE: 4 MB

DOC N° **49** | NAME: A5_**49**_WHITE.TIF SIZE: 732 KB

A6

NON-EDIBLE
GIVEAWAYS

DOC N° **01** | NAME: A6_**01**_WHITE.TIF
SIZE: 910 KB

A6

NON-EDIBLE GIVEAWAYS

DOC N° **02** | NAME: A6_**02**_WHITE.TIF SIZE: 927 KB

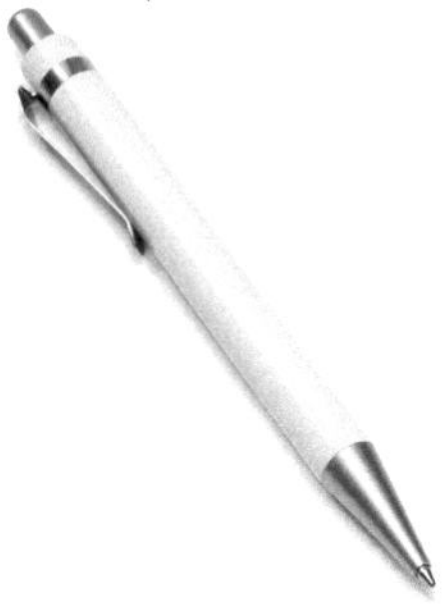

DOC N° **03** | NAME: A6_**03**_WHITE.TIF SIZE: 903 KB

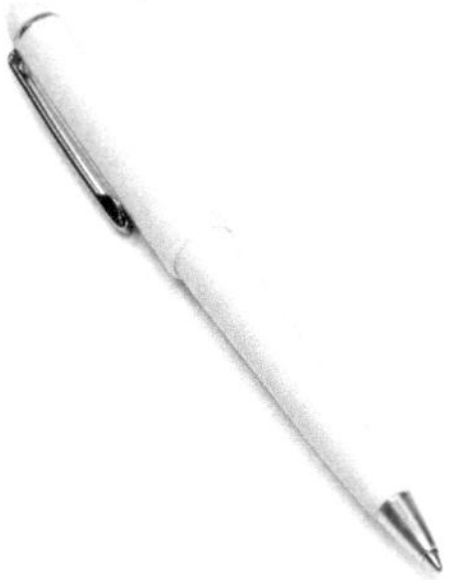

DOC N° **04** | NAME: A6_**04**_WHITE.TIF SIZE: 930 KB

DOC N° **05** | NAME: A6_**05**_WHITE.TIF SIZE: 985 KB

DOC N° **06** | NAME: A6_**06**_WHITE.TIF SIZE: 1 MB

DOC N° **07** | NAME: A6_**07**_WHITE.TIF SIZE: 1.1 MB

DOC N° **08** | NAME: A6_**08**_WHITE.TIF SIZE: 1.1 MB

DOC N° **09** | NAME: A6_**09**_WHITE.TIF SIZE: 1.1 MB

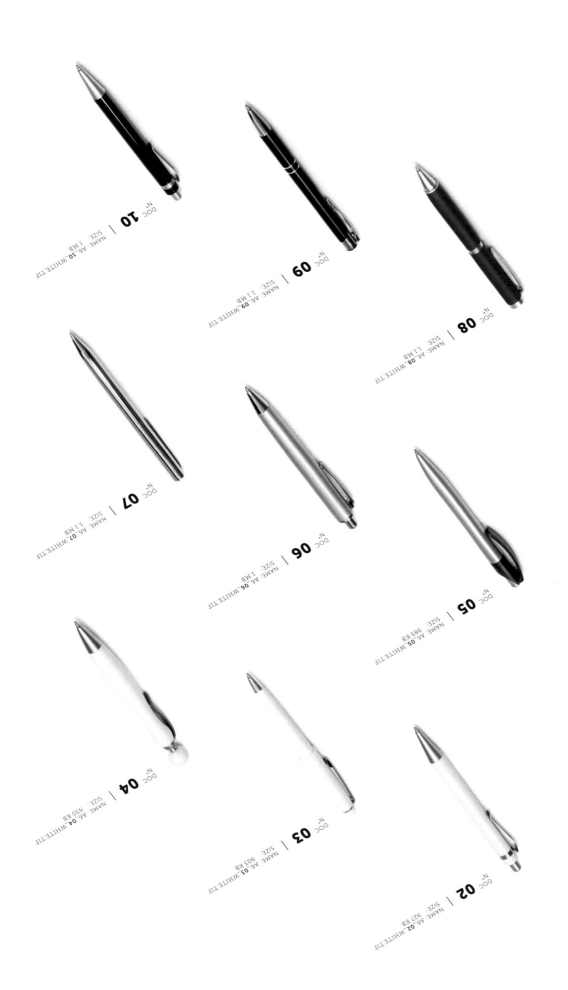

DOC N° **10** | NAME: A6_**10**_WHITE.TIF SIZE: 1 MB

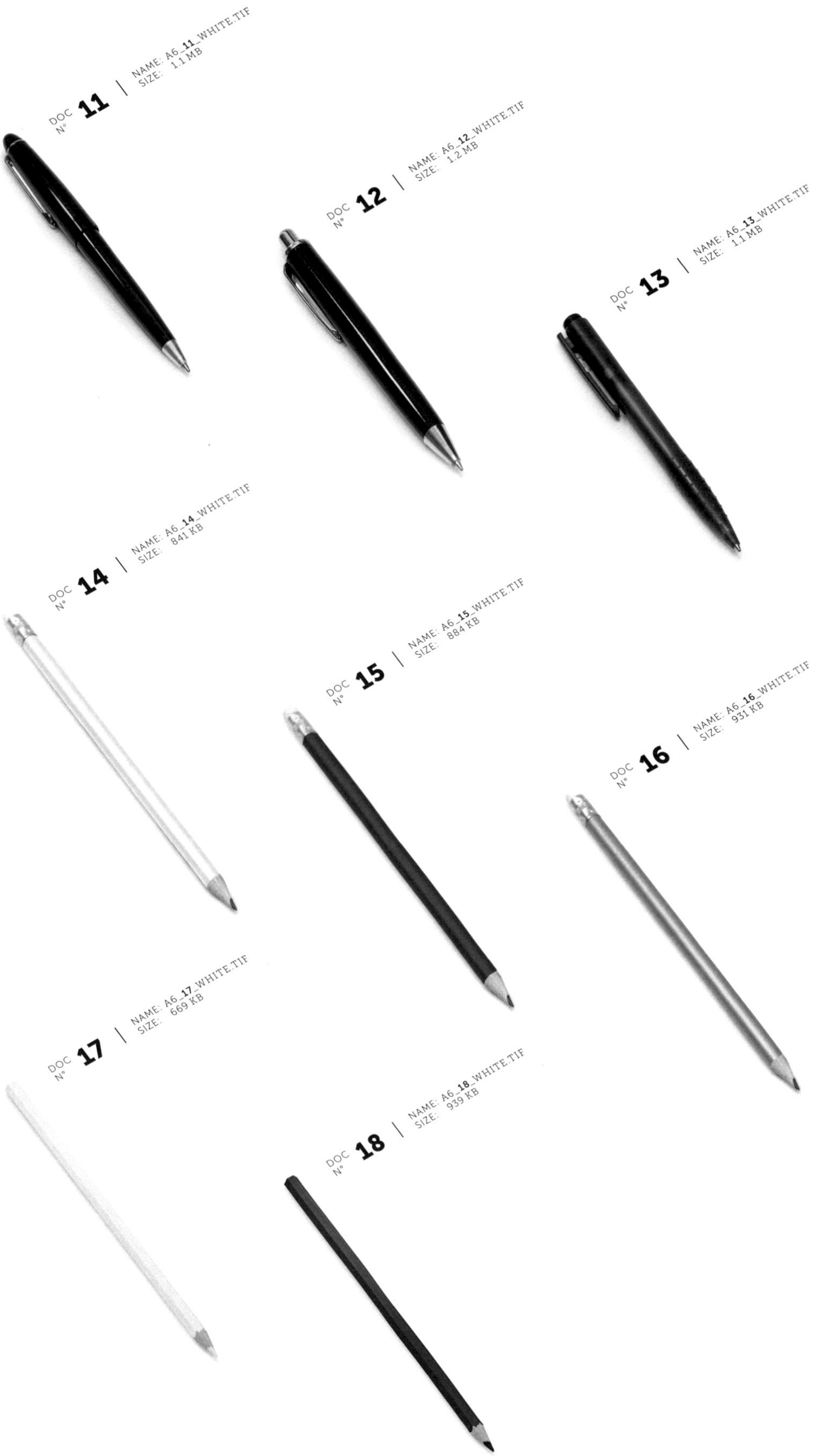
DOC N° 11 | NAME: A6_11_WHITE.TIF SIZE: 1.1 MB
DOC N° 12 | NAME: A6_12_WHITE.TIF SIZE: 1.2 MB
DOC N° 13 | NAME: A6_13_WHITE.TIF SIZE: 1.1 MB
DOC N° 14 | NAME: A6_14_WHITE.TIF SIZE: 841 KB
DOC N° 15 | NAME: A6_15_WHITE.TIF SIZE: 884 KB
DOC N° 16 | NAME: A6_16_WHITE.TIF SIZE: 931 KB
DOC N° 17 | NAME: A6_17_WHITE.TIF SIZE: 669 KB
DOC N° 18 | NAME: A6_18_WHITE.TIF SIZE: 939 KB

A6

NON-EDIBLE
GIVEAWAYS

DOC N° **19** | NAME: A6_**19**_WHITE.TIF
SIZE: 989 KB

DOC N° **20** | NAME: A6_**20**_WHITE.TIF
SIZE: 469 KB

DOC N° **21** | NAME: A6_**21**_WHITE.TIF
SIZE: 609 KB

DOC N° **22** | NAME: A6_**22**_WHITE.TIF
SIZE: 1.9 MB

DOC N° **23** | NAME: A6_**23**_WHITE.TIF
SIZE: 2.9 MB

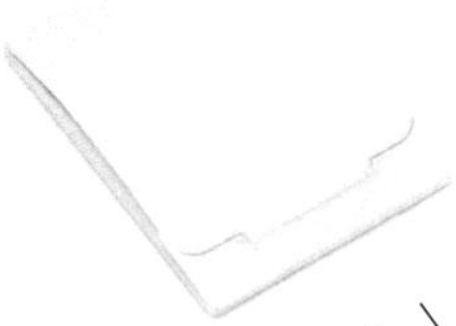

DOC N° **25** | NAME: A6_**25**_WHITE.TIF
SIZE: 436 KB

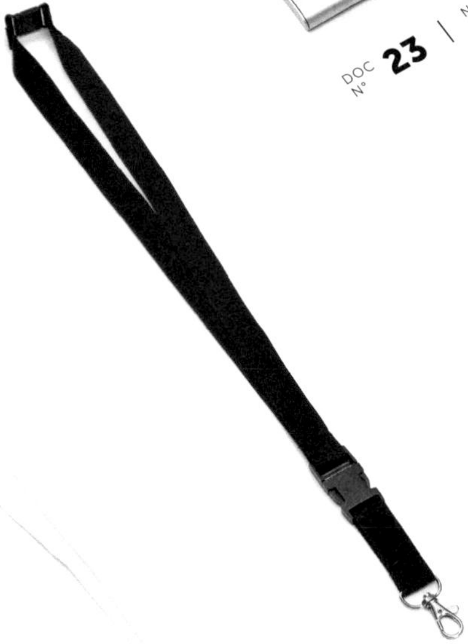

DOC N° **27** | NAME: A6_**27**_WHITE.TIF
SIZE: 1 MB

DOC N° **24** | NAME: A6_**24**_WHITE.TIF
SIZE: 748 KB

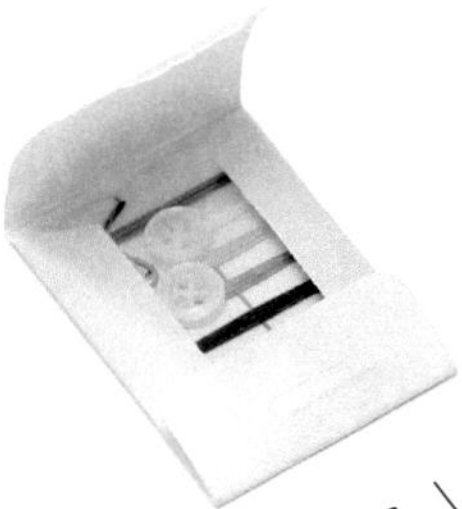

DOC N° **26** | NAME: A6_**26**_WHITE.TIF
SIZE: 641 KB

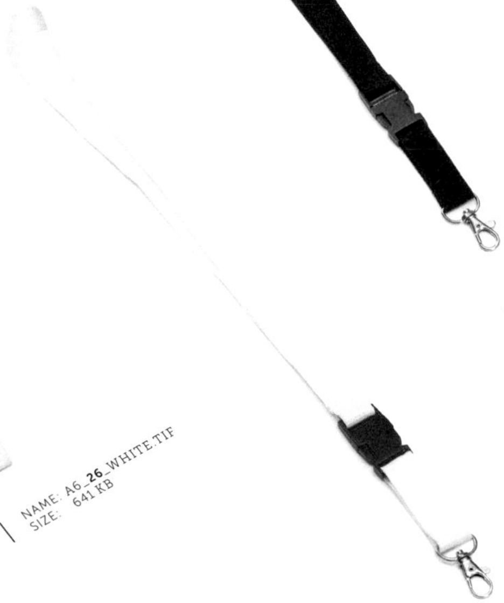

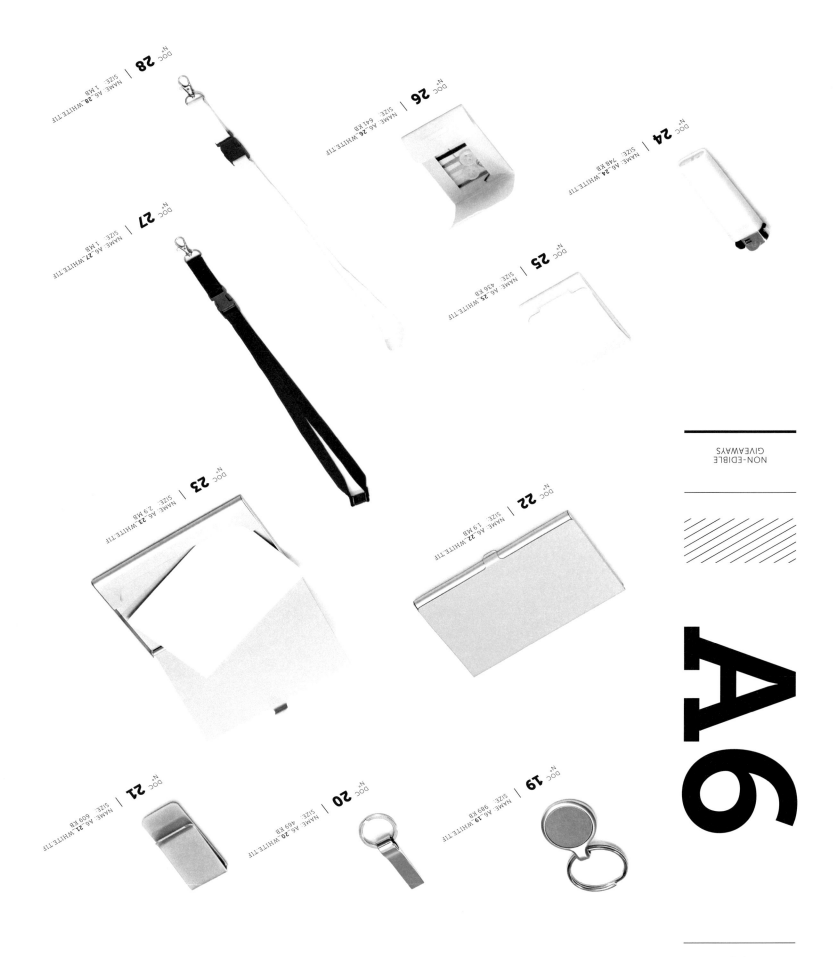

DOC N° **28** | NAME: A6_**28**_WHITE.TIF
SIZE: 1 MB

DOC N° **30** | NAME: A6_**30**_WHITE.TIF SIZE: 2.5 MB

DOC N° **29** | NAME: A6_**29**_WHITE.TIF SIZE: 4.6 MB

DOC N° **31** | NAME: A6_**31**_WHITE.TIF SIZE: 4.8 MB

A7

DOC N° **01** | NAME: A7_**01**_WHITE.TIF
SIZE: 4.8 MB

A7

DIGITAL MEDIA

DOC N° **02** | NAME: A7_**02**_WHITE.TIF
SIZE: 1.2 MB

DOC N° **03** | NAME: A7_**03**_WHITE.TIF
SIZE: 1.4 MB

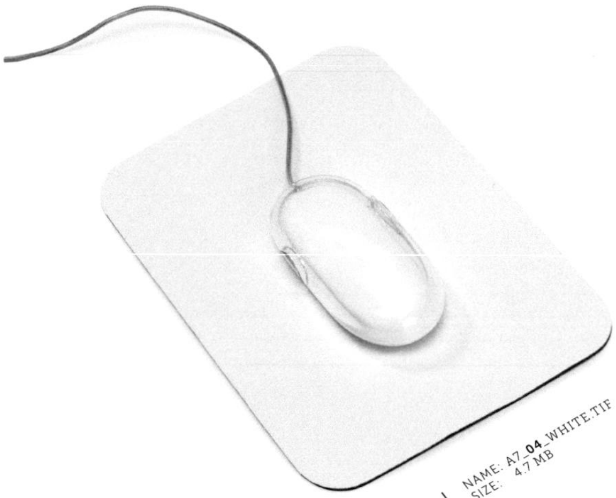

DOC N° **04** | NAME: A7_**04**_WHITE.TIF SIZE: 4.7 MB

DOC N° **08** | NAME: A7_**08**_WHITE.TIF SIZE: 864 KB

DOC N° **05** | NAME: A7_**05**_WHITE.TIF SIZE: 5.4 MB

DOC N° **09** | NAME: A7_**09**_WHITE.TIF SIZE: 605 KB

DOC N° **06** | NAME: A7_**06**_WHITE.TIF SIZE: 2.7 MB

DOC N° **10** | NAME: A7_**10**_WHITE.TIF SIZE: 643 KB

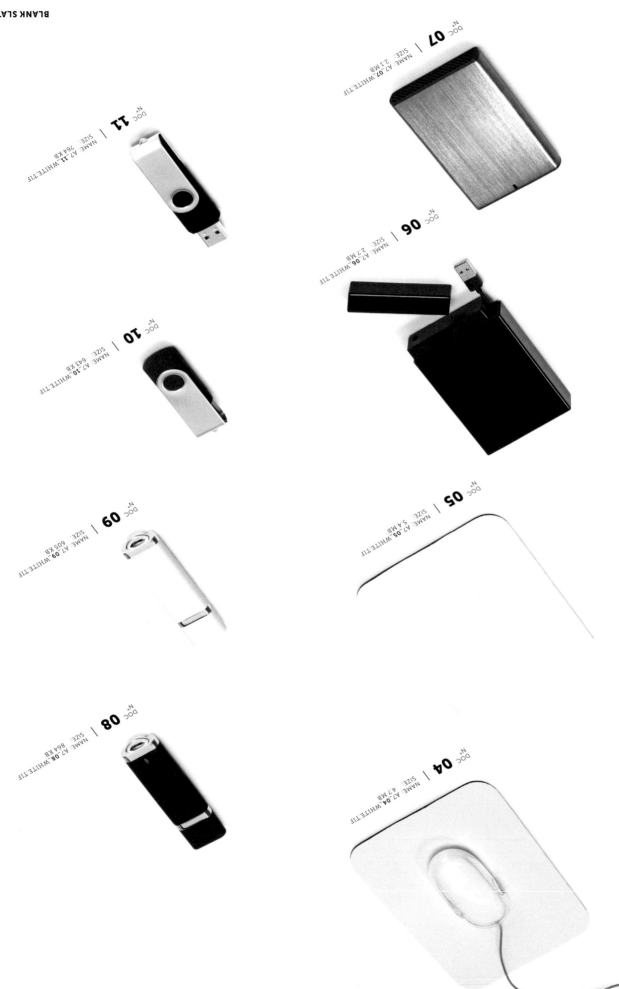

DOC N° **07** | NAME: A7_**07**_WHITE.TIF SIZE: 2.1 MB

DOC N° **11** | NAME: A7_**11**_WHITE.TIF SIZE: 764 KB

A7

DIGITAL MEDIA

DOC N° **12** | NAME: A7_**12**_WHITE.TIF SIZE: 3 MB

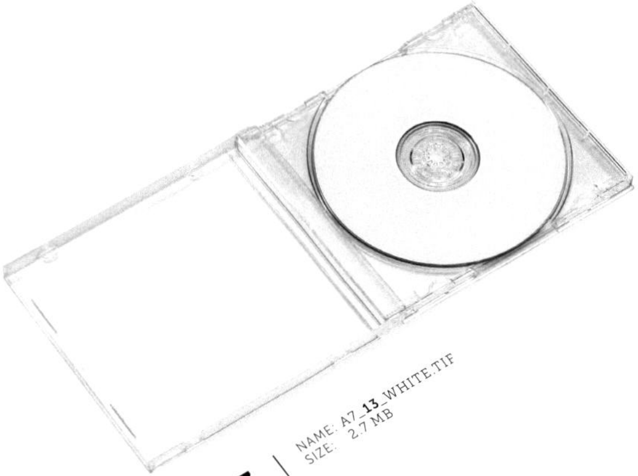

DOC N° **13** | NAME: A7_**13**_WHITE.TIF SIZE: 2.7 MB

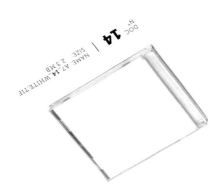

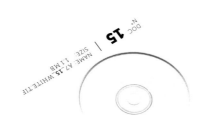

DOC N° **14** | NAME: A7_**14**_WHITE.TIF SIZE: 2.3 MB

DOC N° **15** | NAME: A7_**15**_WHITE.TIF SIZE: 1.1 MB

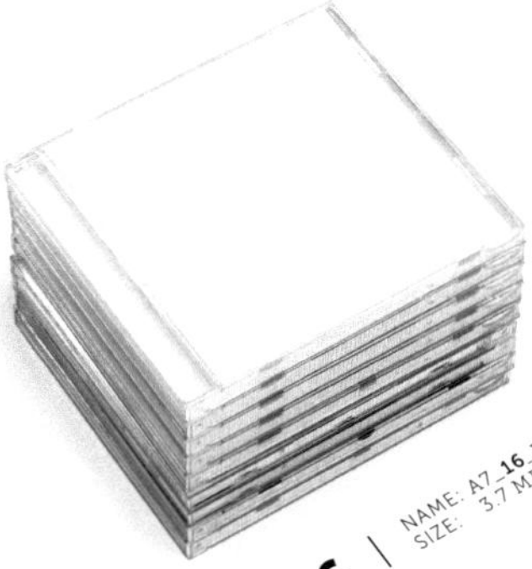

DOC N° **16** | NAME: A7_**16**_WHITE.TIF SIZE: 3.7 MB

DOC N° **17** | NAME: A7_**17**_WHITE.TIF SIZE: 4 MB

DOC N° **18** | NAME: A7_**18**_WHITE.TIF SIZE: 4 MB

DOC N° **19** | NAME: A7_**19**_WHITE.TIF SIZE: 3 MB

DOC N° **20** | NAME: A7_**20**_WHITE.TIF SIZE: 2.1 MB

DOC N° **21** | NAME: A7_**21**_WHITE.TIF SIZE: 2.1 MB

DOC N° **22** | NAME: A7_**22**_WHITE.TIF SIZE: 4.3 MB

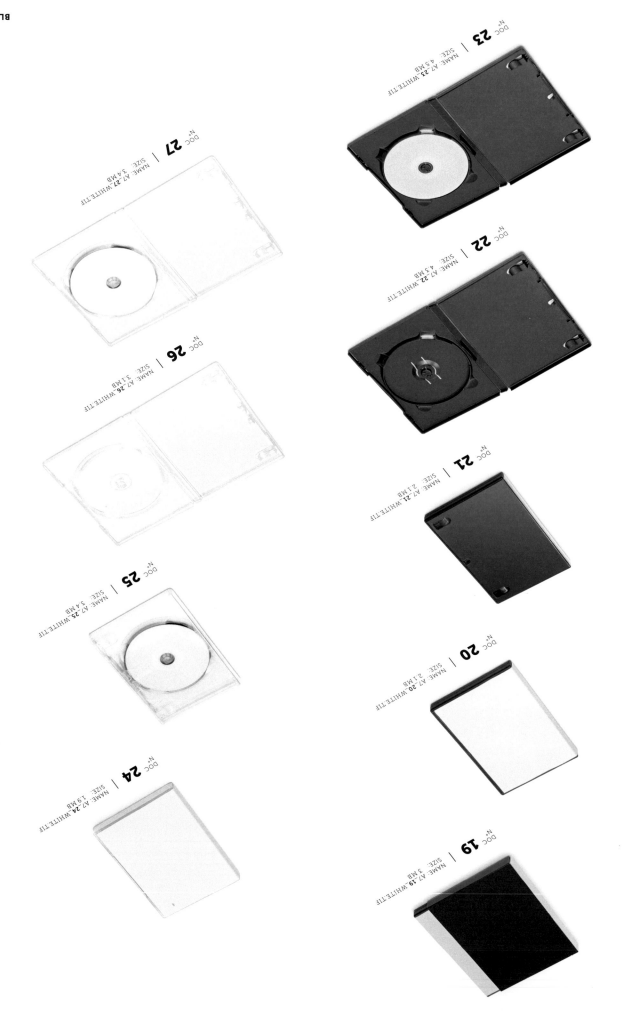

DOC N° **23** | NAME: A7_**23**_WHITE.TIF SIZE: 4.5 MB

DOC N° **24** | NAME: A7_**24**_WHITE.TIF SIZE: 1.9 MB

DOC N° **25** | NAME: A7_**25**_WHITE.TIF SIZE: 3.4 MB

DOC N° **26** | NAME: A7_**26**_WHITE.TIF SIZE: 3.1 MB

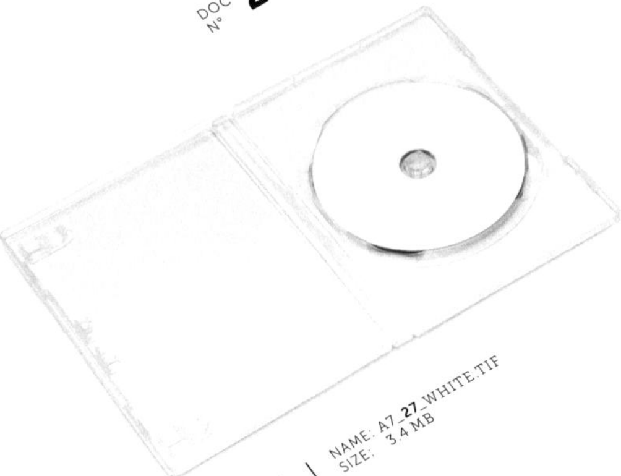

DOC N° **27** | NAME: A7_**27**_WHITE.TIF SIZE: 3.4 MB

A8

MISCELLANEOUS

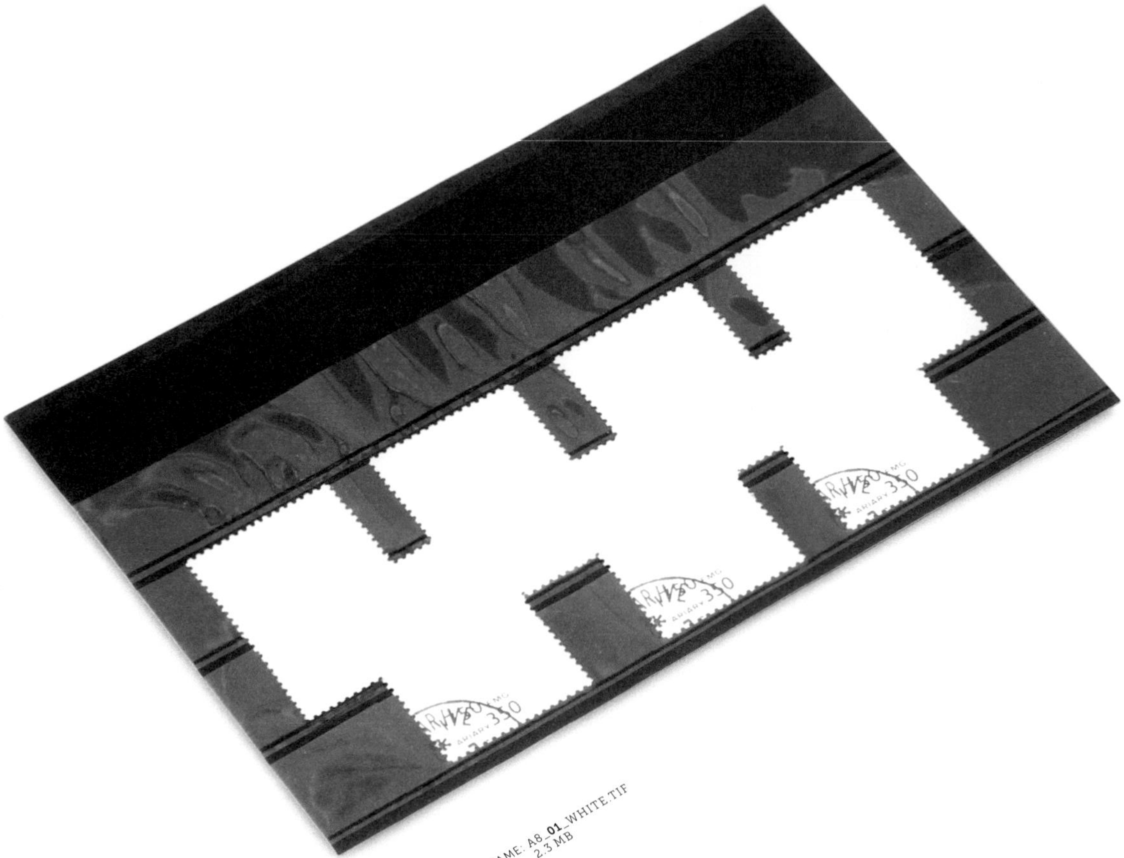

DOC N° **01** | NAME: A8_**01**_WHITE.TIF
SIZE: 2.3 MB

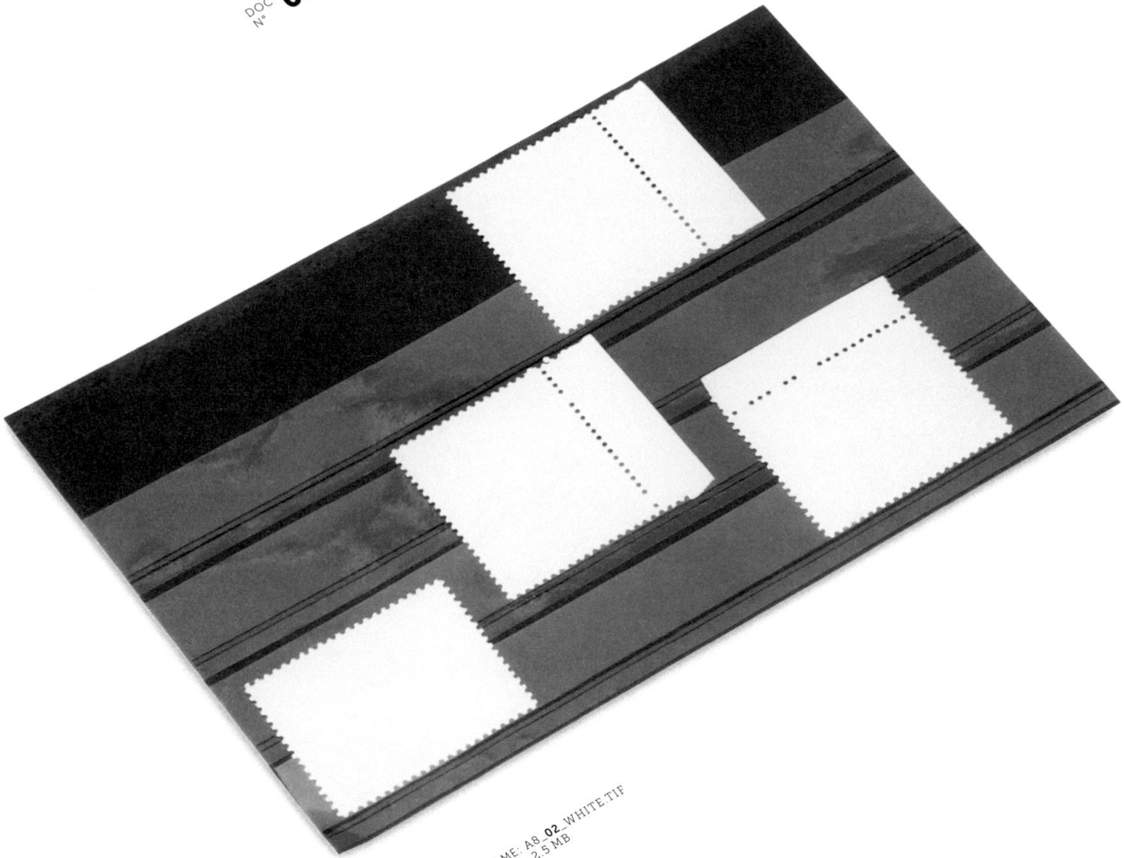

DOC N° **02** | NAME: A8_**02**_WHITE.TIF
SIZE: 2.5 MB

A8

MISCELLANEOUS

DOC N° **03** | NAME: A8_**03**_WHITE.TIF SIZE: 5 MB

DOC N° **04** | NAME: A8_**04**_WHITE.TIF SIZE: 4.2 MB

DOC N° **05** | NAME: A8_**05**_WHITE.TIF SIZE: 911 KB

DOC N° **06** | NAME: A8_**06**_WHITE.TIF SIZE: 1.3 MB

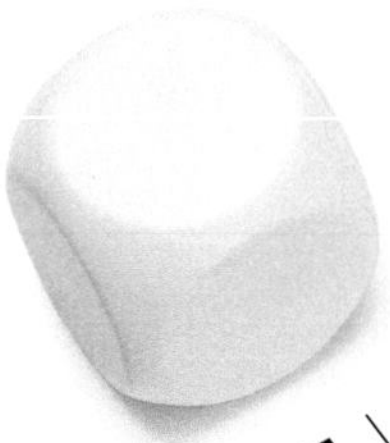

DOC N° **07** | NAME: A8_**07**_WHITE.TIF SIZE: 1.2 MB

DOC N° **08** | NAME: A8_**08**_WHITE.TIF SIZE: 826 KB

DOC N° **09** | NAME: A8_**09**_WHITE.TIF SIZE: 1.1 MB

DOC N° **10** | NAME: A8_**10**_WHITE.TIF SIZE: 1.9 MB

DOC N° **11** | NAME: A8_**11**_WHITE.TIF SIZE: 1.7 MB

DOC N° **12** | NAME: A8_**12**_WHITE.TIF SIZE: 1.4 MB

DOC N° **13** | NAME: A8_**13**_WHITE.TIF SIZE: 993 KB

DOC N° **14** | NAME: A8_**14**_WHITE.TIF SIZE: 614 KB

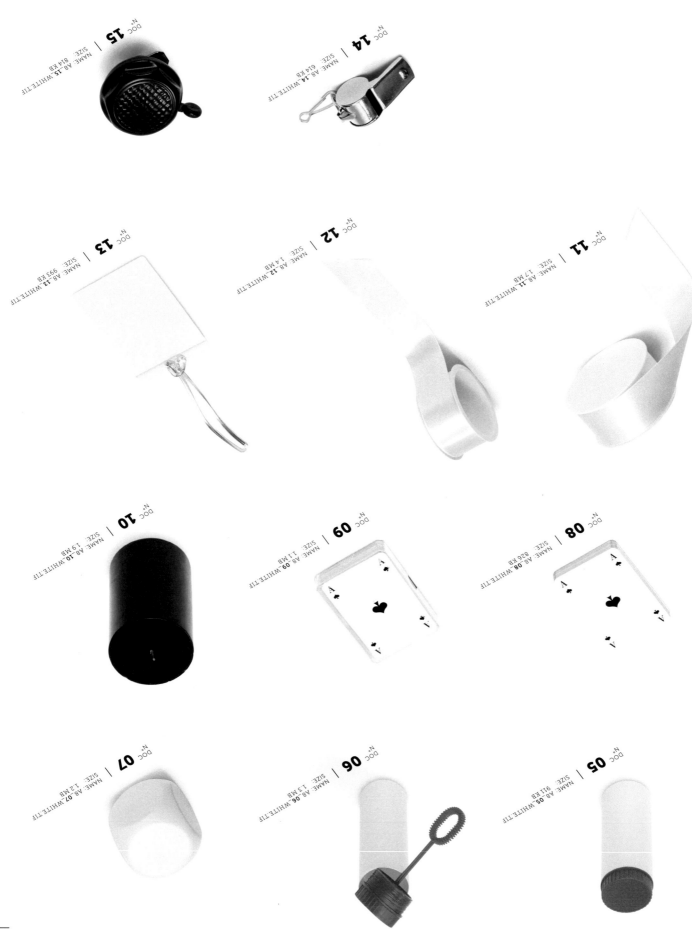

DOC N° **15** | NAME: A8_**15**_WHITE.TIF SIZE: 814 KB

S1

BROCHURES
BOOKS
NEWSPAPERS

DOC N° **01** | NAME: S1_**01**_WHITE.TIF
SIZE: 5.5 MB

S1

BROCHURES
BOOKS
NEWSPAPERS

DOC N° **02** | NAME: S1_**02**_WHITE.TIF
SIZE: 9 MB

DOC N° **03** | NAME: S1_**03**_WHITE.TIF
SIZE: 6.5 MB

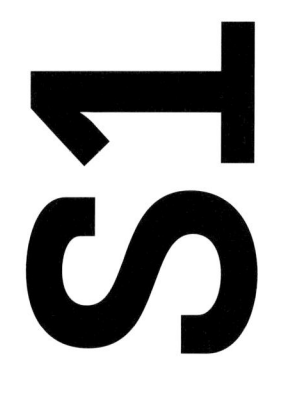

DOC N° **04** | NAME: S1_**04**_WHITE.TIF
SIZE: 7.5 MB

DOC N° **05** | NAME: S1_**05**_WHITE.TIF
SIZE: 6.6 MB

DOC N° **06** | NAME: S1_**06**_WHITE.TIF
SIZE: 6.7 MB

DOC N° **07** | NAME: S1_**07**_WHITE.TIF SIZE: 2.8 MB

DOC N° **08** | NAME: S1_**08**_WHITE.TIF SIZE: 3.2 MB

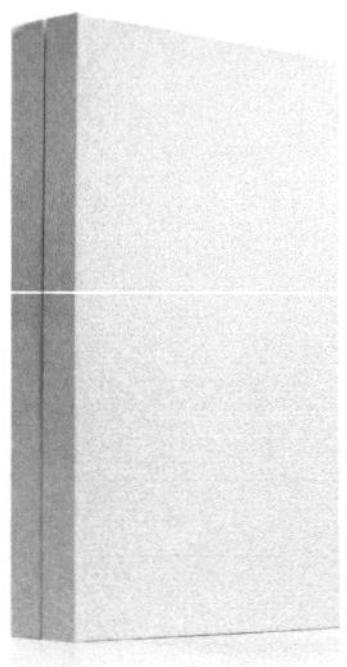

DOC N° **09** | NAME: S1_**09**_WHITE.TIF SIZE: 3.5 MB

DOC N° **10** | NAME: S1_**10**_WHITE.TIF SIZE: 2.8 MB

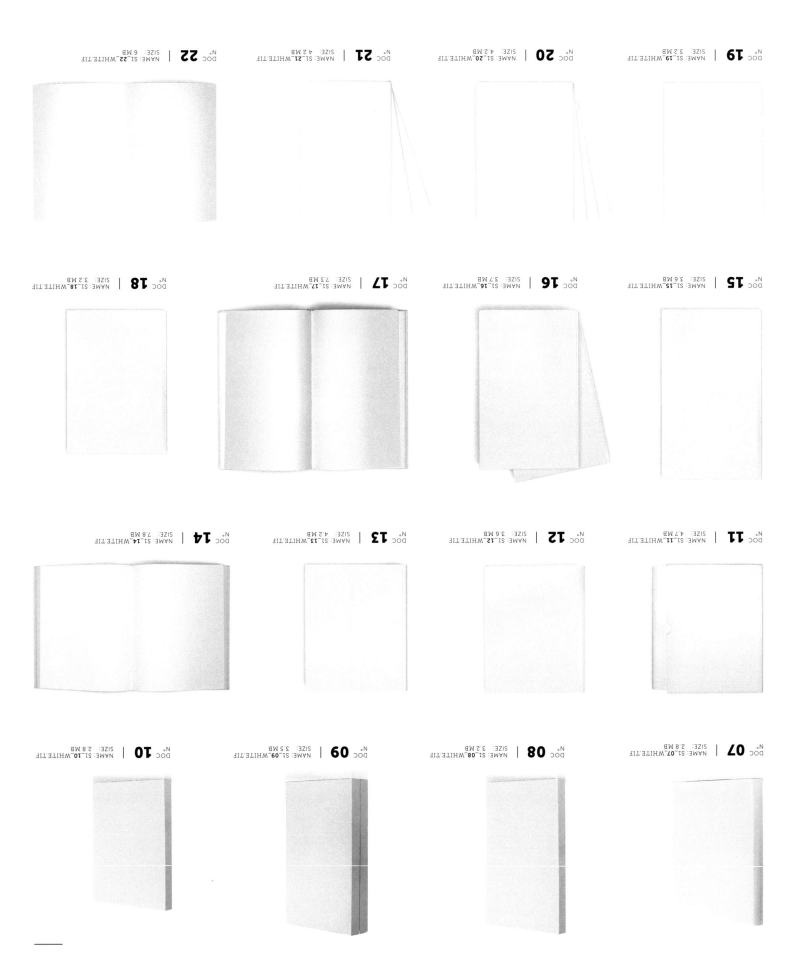

DOC N° **11** | NAME: S1_**11**_WHITE.TIF SIZE: 4.7 MB

DOC N° **12** | NAME: S1_**12**_WHITE.TIF SIZE: 3.6 MB

DOC N° **13** | NAME: S1_**13**_WHITE.TIF SIZE: 4.2 MB

DOC N° **14** | NAME: S1_**14**_WHITE.TIF SIZE: 7.8 MB

DOC N° **15** | NAME: S1_**15**_WHITE.TIF SIZE: 3.6 MB

DOC N° **16** | NAME: S1_**16**_WHITE.TIF SIZE: 3.7 MB

DOC N° **17** | NAME: S1_**17**_WHITE.TIF SIZE: 7.3 MB

DOC N° **18** | NAME: S1_**18**_WHITE.TIF SIZE: 3.2 MB

DOC N° **19** | NAME: S1_**19**_WHITE.TIF SIZE: 3.2 MB

DOC N° **20** | NAME: S1_**20**_WHITE.TIF SIZE: 4.2 MB

DOC N° **21** | NAME: S1_**21**_WHITE.TIF SIZE: 4.2 MB

DOC N° **22** | NAME: S1_**22**_WHITE.TIF SIZE: 6 MB

S1

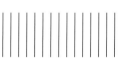

BROCHURES
BOOKS
NEWSPAPERS

DOC N° **23** | NAME: S1_**23**_WHITE.TIF
SIZE: 4.6 MB

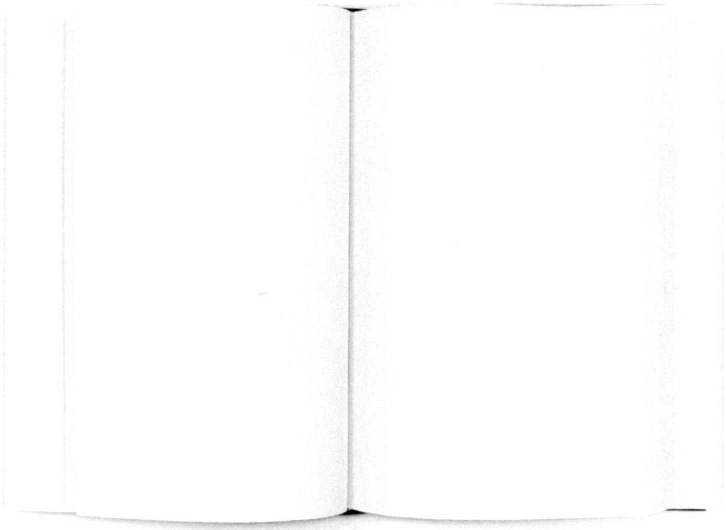

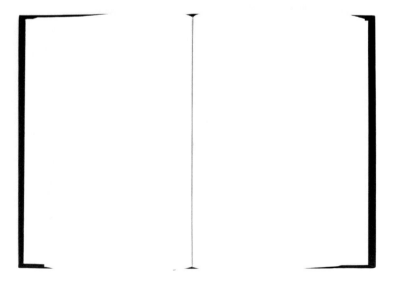

DOC N° **24** | NAME: S1_**24**_WHITE.TIF
SIZE: 5.2 MB

DOC N° **25** | NAME: S1_**25**_WHITE.TIF
SIZE: 3.3 MB

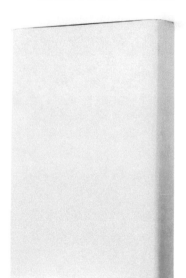

DOC N° **26** | NAME: S1_**26**_WHITE.TIF
SIZE: 2.9 MB

DOC N° **27** | NAME: S1_**27**_WHITE.TIF
SIZE: 4.5 MB

S1

BROCHURES
BOOKS
NEWSPAPERS

DOC N° **28** | NAME: S1_**28**_WHITE.TIF
SIZE: 4.7 MB

DOC N° **29** | NAME: S1_**29**_WHITE.TIF
SIZE: 6.1 MB

DOC N° **30** | NAME: S1_**30**_WHITE.TIF
SIZE: 2.6 MB

DOC N° **31** | NAME: S1_**31**_WHITE.TIF
SIZE: 4 MB

DOC N° **32** | NAME: S1_**32**_WHITE.TIF
SIZE: 4.3 MB

DOC N° **33** | NAME: S1_**33**_WHITE.TIF
SIZE: 5.6 MB

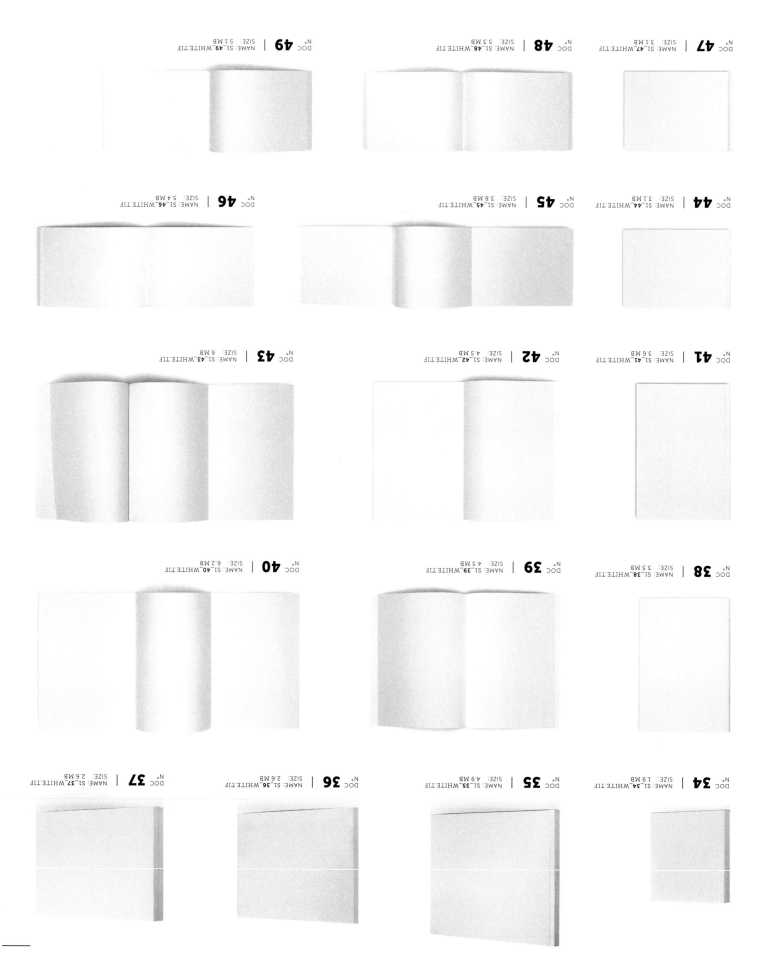

DOC N° **34** | NAME: S1_**34**_WHITE.TIF SIZE: 1.9 MB

DOC N° **35** | NAME: S1_**35**_WHITE.TIF SIZE: 4.9 MB

DOC N° **36** | NAME: S1_**36**_WHITE.TIF SIZE: 2.6 MB

DOC N° **37** | NAME: S1_**37**_WHITE.TIF SIZE: 2.6 MB

DOC N° **38** | NAME: S1_**38**_WHITE.TIF SIZE: 3.5 MB

DOC N° **39** | NAME: S1_**39**_WHITE.TIF SIZE: 4.5 MB

DOC N° **40** | NAME: S1_**40**_WHITE.TIF SIZE: 6.2 MB

DOC N° **41** | NAME: S1_**41**_WHITE.TIF SIZE: 3.6 MB

DOC N° **42** | NAME: S1_**42**_WHITE.TIF SIZE: 4.5 MB

DOC N° **43** | NAME: S1_**43**_WHITE.TIF SIZE: 6 MB

DOC N° **44** | NAME: S1_**44**_WHITE.TIF SIZE: 3.1 MB

DOC N° **45** | NAME: S1_**45**_WHITE.TIF SIZE: 3.8 MB

DOC N° **46** | NAME: S1_**46**_WHITE.TIF SIZE: 5.4 MB

DOC N° **47** | NAME: S1_**47**_WHITE.TIF SIZE: 3.1 MB

DOC N° **48** | NAME: S1_**48**_WHITE.TIF SIZE: 5.3 MB

DOC N° **49** | NAME: S1_**49**_WHITE.TIF SIZE: 5.1 MB

82

STATIONERY
AND
OFFICE MATERIALS

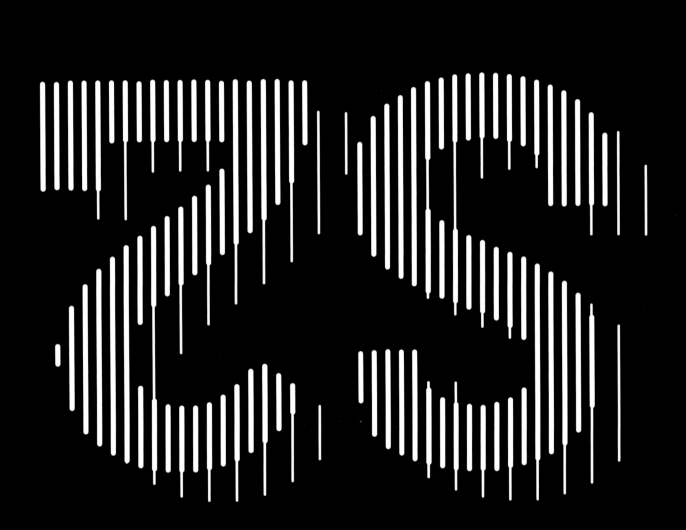

DOC N° **01** | NAME: S2_**01**_WHITE.TIF
SIZE: 4.6 MB

DOC N° **02** | NAME: S2_**02**_WHITE.TIF
SIZE: 4.6 MB

S2

STATIONERY
AND
OFFICE MATERIALS

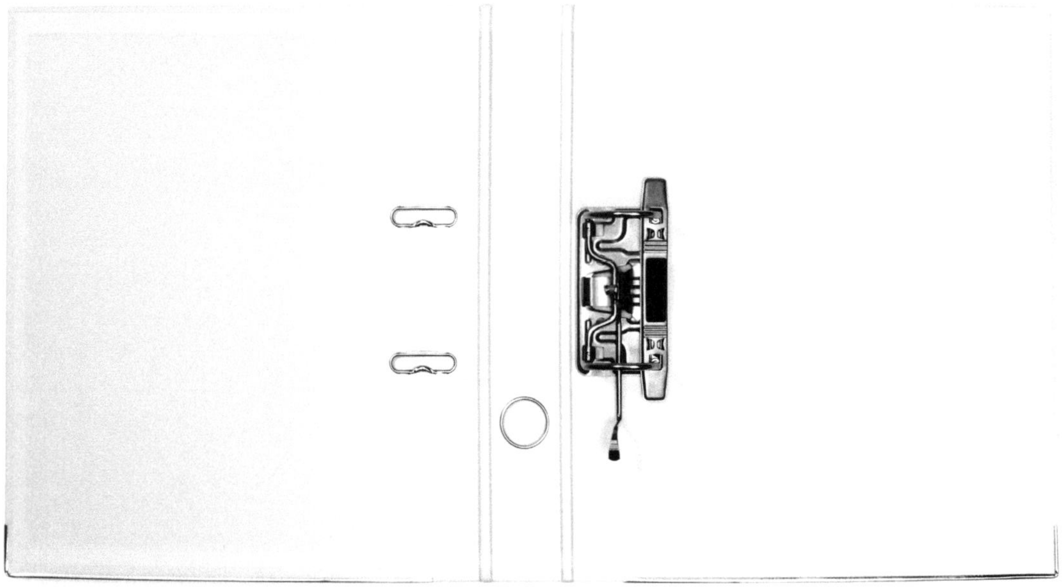

DOC N° **03** | NAME: S2_**03**_WHITE.TIF
SIZE: 6.3 MB

DOC N° **07** | NAME: S2_**07**_WHITE.TIF
SIZE: 4 MB

DOC N° **08** | NAME: S2_**08**_WHITE.TIF
SIZE: 3.8 MB

DOC N° **09** | NAME: S2_**09**_WHITE.TIF
SIZE: 2.9 MB

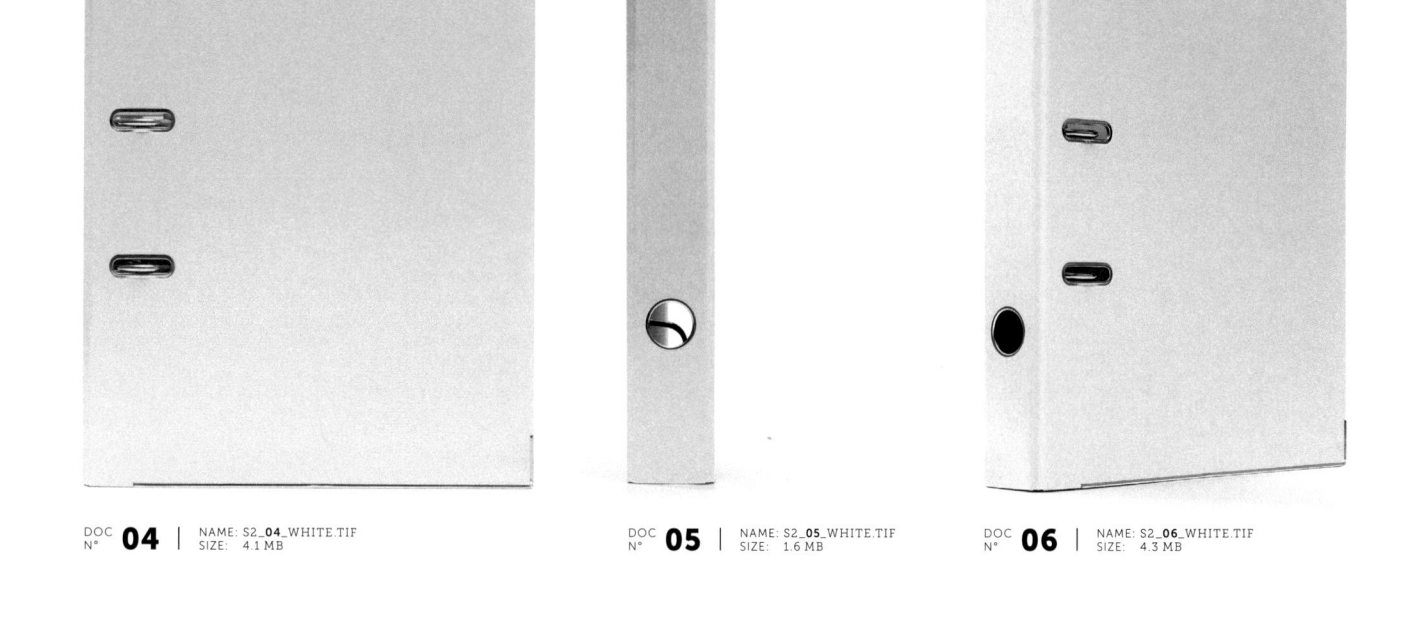

DOC N° **04** | NAME: S2_**04**_WHITE.TIF
SIZE: 4.1 MB

DOC N° **05** | NAME: S2_**05**_WHITE.TIF
SIZE: 1.6 MB

DOC N° **06** | NAME: S2_**06**_WHITE.TIF
SIZE: 4.3 MB

DOC N° **10** | NAME: S2_**10**_WHITE.TIF
SIZE: 2 MB

DOC N° **12** | NAME: S2_**12**_WHITE.TIF
SIZE: 2.8 MB

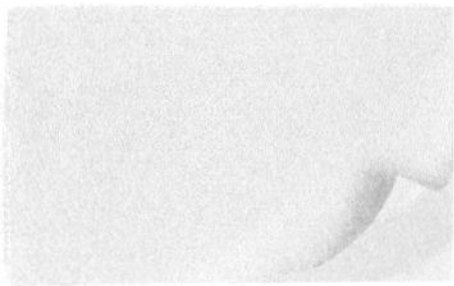

DOC N° **13** | NAME: S2_**13**_WHITE.TIF
SIZE: 2.9 MB

DOC N° **11** | NAME: S2_**11**_WHITE.TIF
SIZE: 2.1 MB

S2

STATIONERY
AND
OFFICE MATERIALS

DOC N° **14** | NAME: S2_**14**_WHITE.TIF SIZE: 5 MB

DOC N° **15** | NAME: S2_**15**_WHITE.TIF SIZE: 4.7 MB

DOC N° **16** | NAME: S2_**16**_WHITE.TIF SIZE: 5 MB

DOC N° **17** | NAME: S2_**17**_WHITE.TIF SIZE: 5.1 MB

DOC N° **18** | NAME: S2_**18**_WHITE.TIF SIZE: 4.6 MB

DOC N° **19** | NAME: S2_**19**_WHITE.TIF SIZE: 4.9 MB

DOC N° **20** | NAME: S2_**20**_WHITE.TIF SIZE: 6.2 MB

DOC N° **21** | NAME: S2_**21**_WHITE.TIF SIZE: 6.9 MB

DOC N° **22** | NAME: S2_**22**_WHITE.TIF SIZE: 7 MB

DOC N° **23** | NAME: S2_**23**_WHITE.TIF SIZE: 1.2 MB

DOC N° **24** | NAME: S2_**24**_WHITE.TIF SIZE: 4.8 MB

DOC N° **25** | NAME: S2_**25**_WHITE.TIF SIZE: 4.1 MB

DOC N° **26** | NAME: S2_**26**_WHITE.TIF SIZE: 5.3 MB

DOC N° **27** | NAME: S2_**27**_WHITE.TIF SIZE: 5.1 MB

DOC N° **28** | NAME: S2_**28**_WHITE.TIF SIZE: 6.2 MB

DOC N° **29** | NAME: S2_**29**_WHITE.TIF SIZE: 5.8 MB

DOC N° **30** | NAME: S2_**30**_WHITE.TIF SIZE: 3.8 MB

DOC N° **31** | NAME: S2_**31**_WHITE.TIF SIZE: 4 MB

DOC N° **32** | NAME: S2_**32**_WHITE.TIF SIZE: 5.5 MB

DOC N° **33** | NAME: S2_**33**_WHITE.TIF SIZE: 6.6 MB

DOC N° **34** | NAME: S2_**34**_WHITE.TIF SIZE: 8.9 MB

DOC N° **35** | NAME: S2_**35**_WHITE.TIF SIZE: 10.2 MB

DOC N° **36** | NAME: S2_**36**_WHITE.TIF SIZE: 6.9 MB

DOC N° **37** | NAME: S2_**37**_WHITE.TIF SIZE: 7.1 MB

DOC N° **38** | NAME: S2_**38**_WHITE.TIF SIZE: 7.9 MB

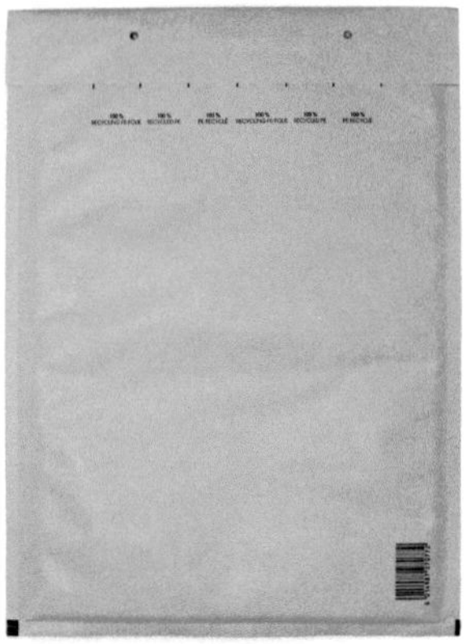

DOC N° **39** | NAME: S2_**39**_WHITE.TIF SIZE: 8.7 MB

S2

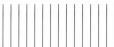

STATIONERY
AND
OFFICE MATERIALS

DOC N° **40** | NAME: S2_**40**_WHITE.TIF SIZE: 8.5 MB

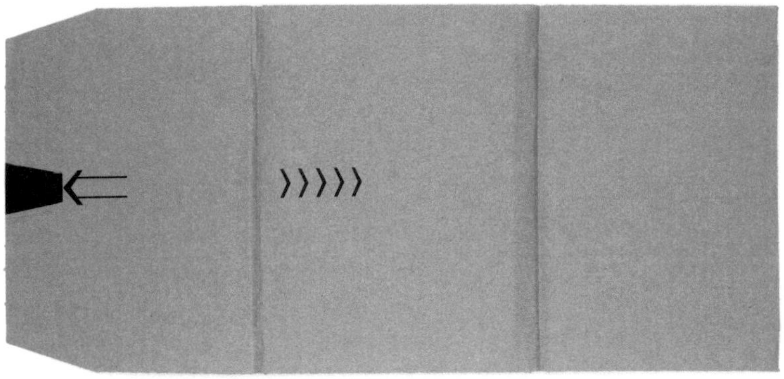

DOC N° **41** | NAME: S2_**41**_WHITE.TIF SIZE: 7.6 MB

DOC N° **42** | NAME: S2_**42**_WHITE.TIF SIZE: 9.5 MB

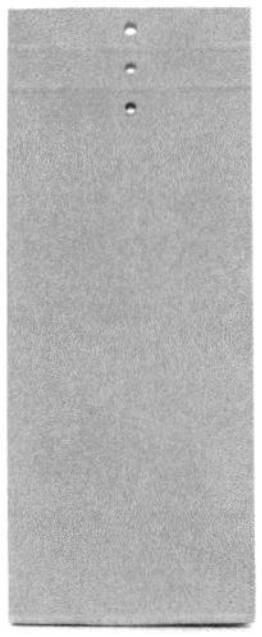

DOC N° **43** | NAME: S2_**43**_WHITE.TIF SIZE: 3.2 MB

DOC N° **44** | NAME: S2_**44**_WHITE.TIF SIZE: 3.3 MB

DOC N° **45** | NAME: S2_**45**_WHITE.TIF
SIZE: 5.5 MB

DOC N° **46** | NAME: S2_**46**_WHITE.TIF
SIZE: 5.6 MB

DOC N° **47** | NAME: S2_**47**_WHITE.TIF
SIZE: 3 MB

S3

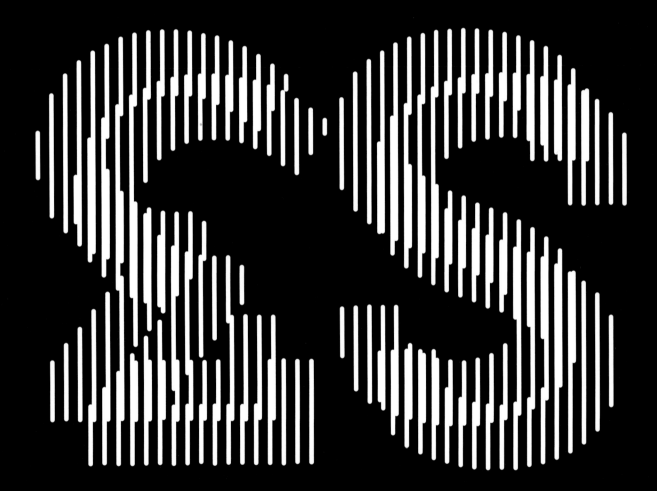

BAGS

DOC N° **01** | NAME: S3_**01**_WHITE.TIF
SIZE: 3 MB

S3

BAGS

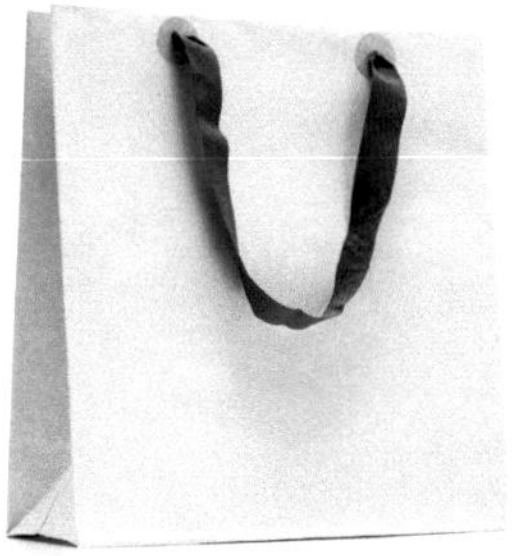

DOC N° **02** | NAME: S3_**02**_WHITE.TIF SIZE: 6 MB

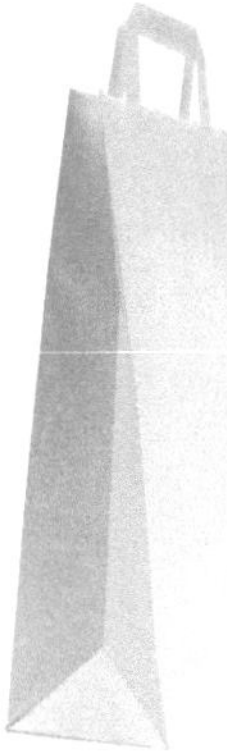

DOC N° **03** | NAME: S3_**03**_WHITE.TIF SIZE: 2 MB

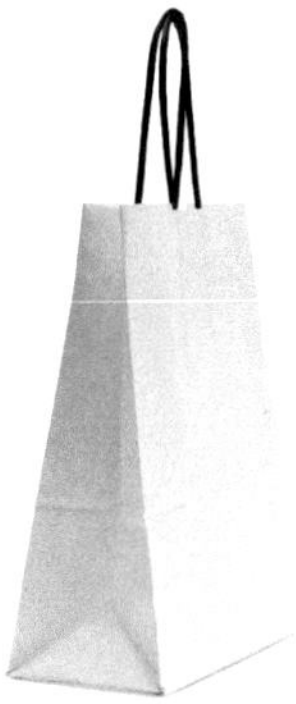

DOC N° **04** | NAME: S3_**04**_WHITE.TIF SIZE: 2 MB

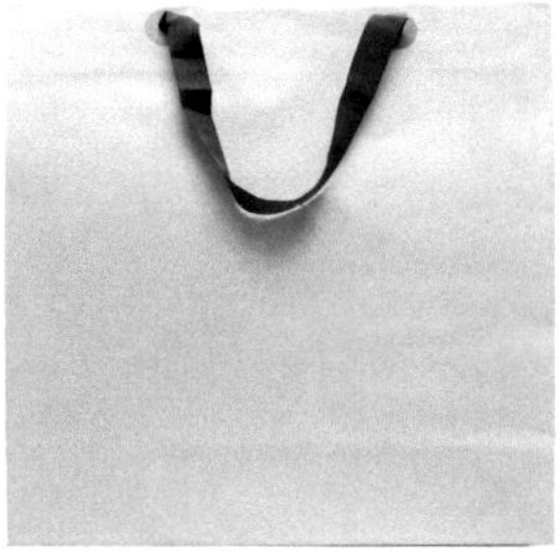

DOC N° **05** | NAME: S3_**05**_WHITE.TIF SIZE: 5.4 MB

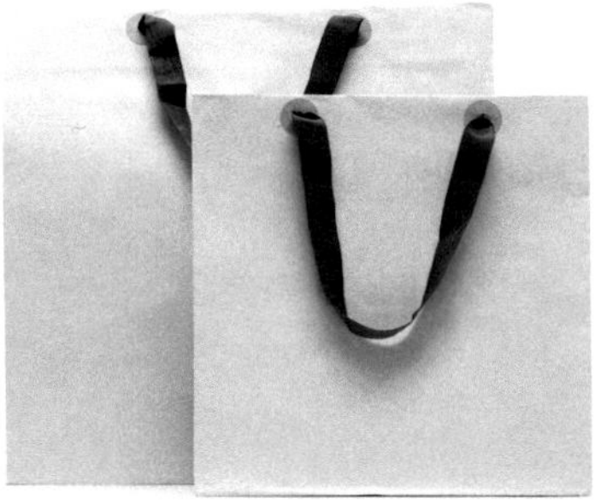

DOC N° **06** | NAME: S3_**06**_WHITE.TIF SIZE: 7.8 MB

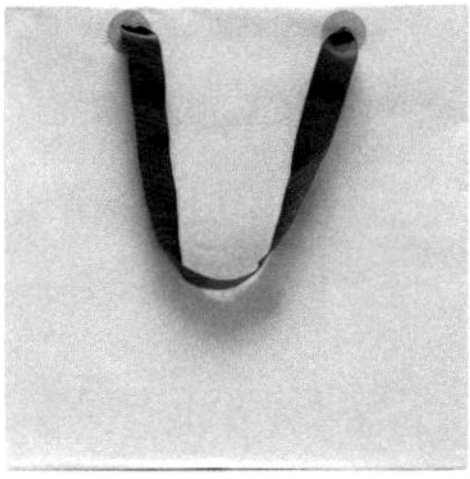

DOC N° **07** | NAME: S3_**07**_WHITE.TIF SIZE: 5 MB

DOC N° **08** | NAME: S3_**08**_WHITE.TIF SIZE: 3.3 MB

DOC N° **09** | NAME: S3_**09**_WHITE.TIF SIZE: 2.8 MB

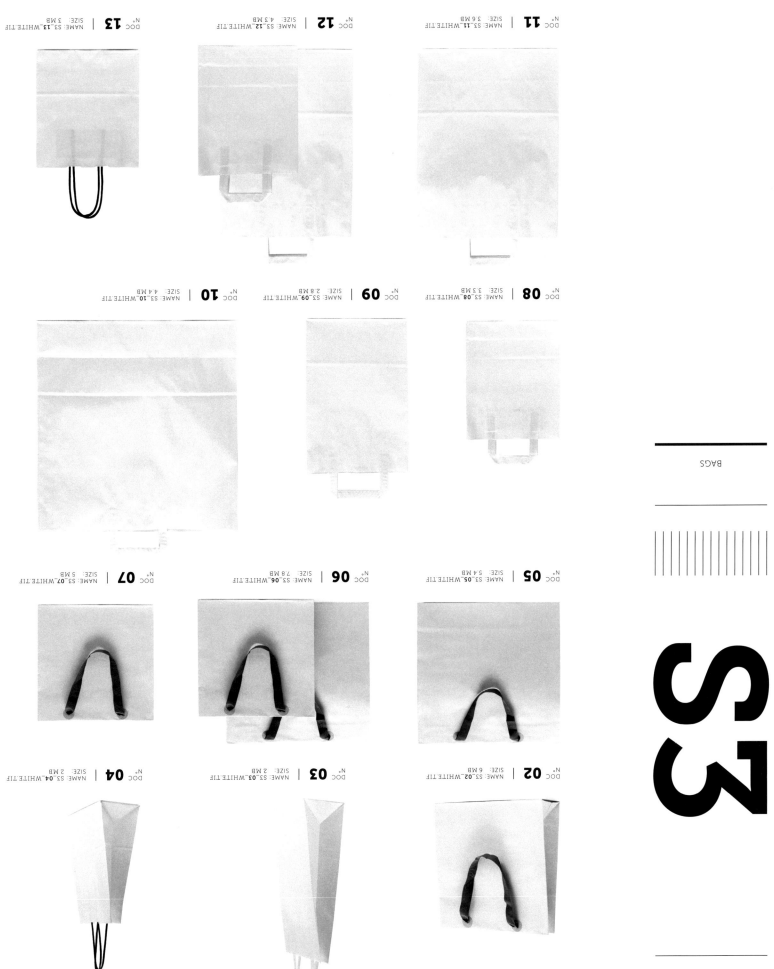

DOC N° **10** | NAME: S3_**10**_WHITE.TIF SIZE: 4.4 MB

DOC N° **11** | NAME: S3_**11**_WHITE.TIF SIZE: 3.6 MB

DOC N° **12** | NAME: S3_**12**_WHITE.TIF SIZE: 4.3 MB

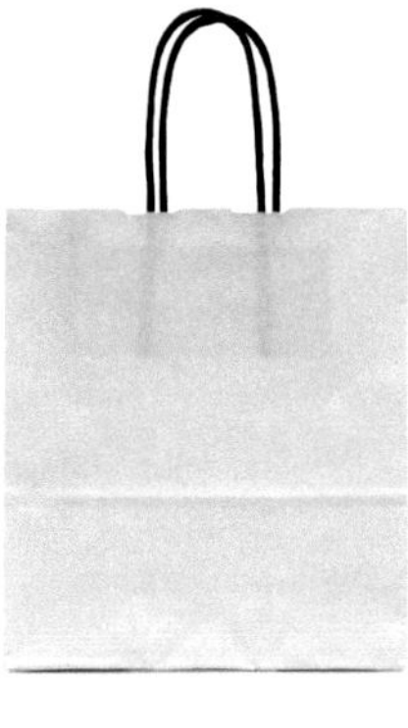

DOC N° **13** | NAME: S3_**13**_WHITE.TIF SIZE: 3 MB

DOC N° **14** | NAME: S3_**14**_WHITE.TIF SIZE: 3.9 MB

DOC N° **15** | NAME: S3_**15**_WHITE.TIF SIZE: 3 MB

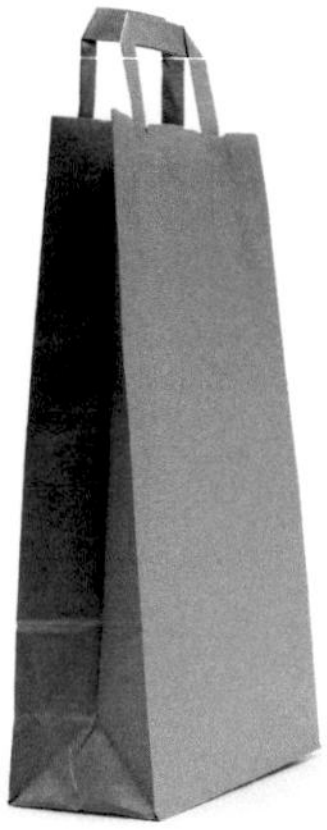

DOC N° **16** | NAME: S3_**16**_WHITE.TIF SIZE: 3.6 MB

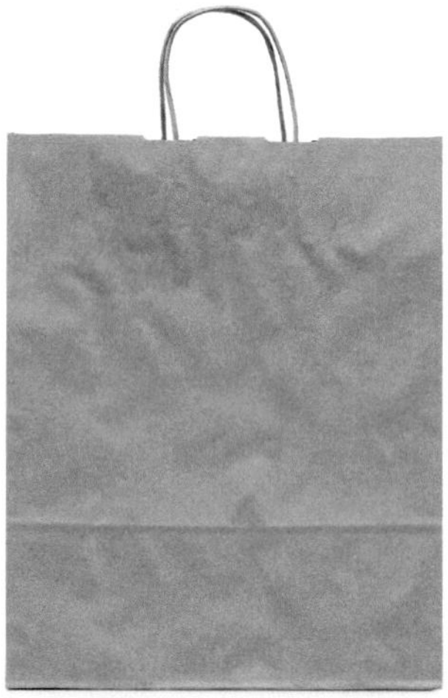

DOC N° **17** | NAME: S3_**17**_WHITE.TIF SIZE: 5.2 MB

DOC N° **18** | NAME: S3_**18**_WHITE.TIF SIZE: 5.3 MB

DOC N° **19** | NAME: S3_**19**_WHITE.TIF SIZE: 3.5 MB

DOC N° **20** | NAME: S3_**20**_WHITE.TIF SIZE: 5.5 MB

DOC N° **21** | NAME: S3_**21**_WHITE.TIF SIZE: 6.6 MB

DOC N° **22** | NAME: S3_**22**_WHITE.TIF SIZE: 4.3 MB

S3

BAGS

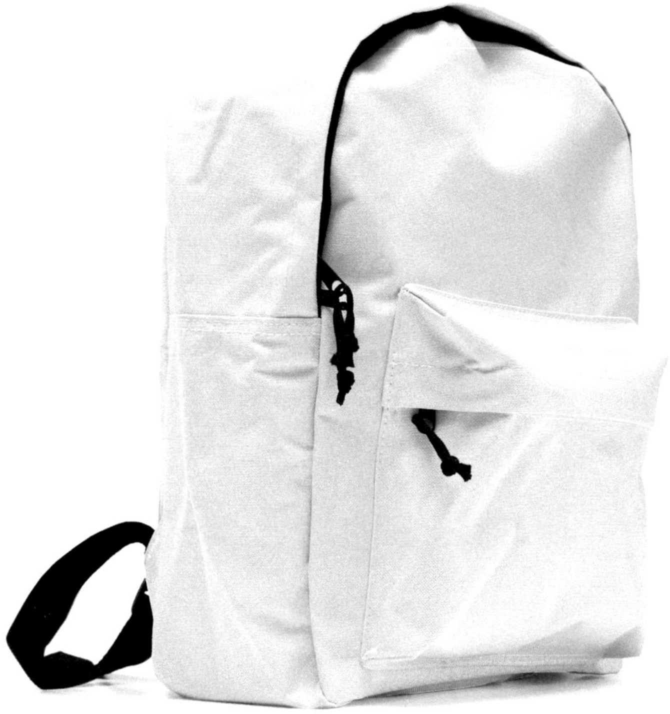

DOC N° **23** | NAME: S3_**23**_WHITE.TIF
SIZE: 7.4 MB

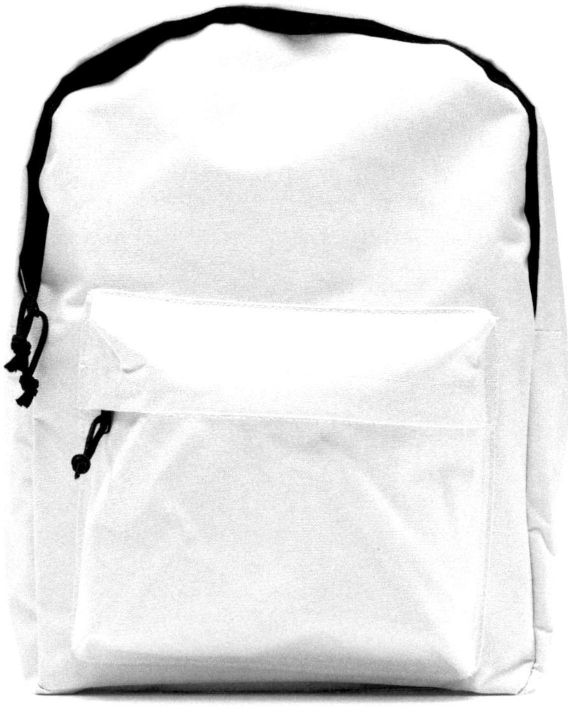

DOC N° **24** | NAME: S3_**24**_WHITE.TIF
SIZE: 7.1 MB

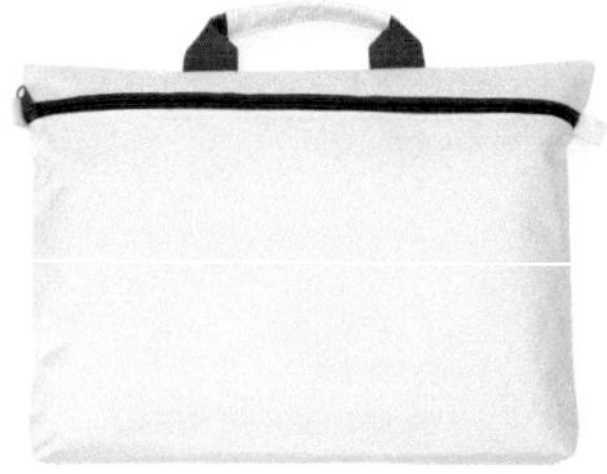

DOC N° **25** | NAME: S3_**25**_WHITE.TIF SIZE: 6.3 MB

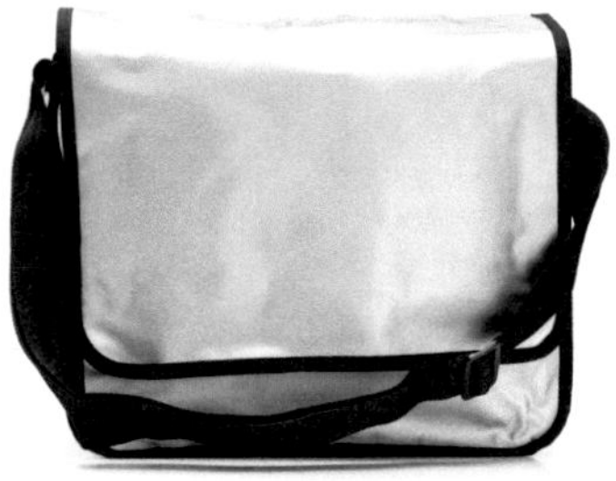

DOC N° **26** | NAME: S3_**26**_WHITE.TIF SIZE: 7.7 MB

DOC N° **27** | NAME: S3_**27**_WHITE.TIF SIZE: 8.1 MB

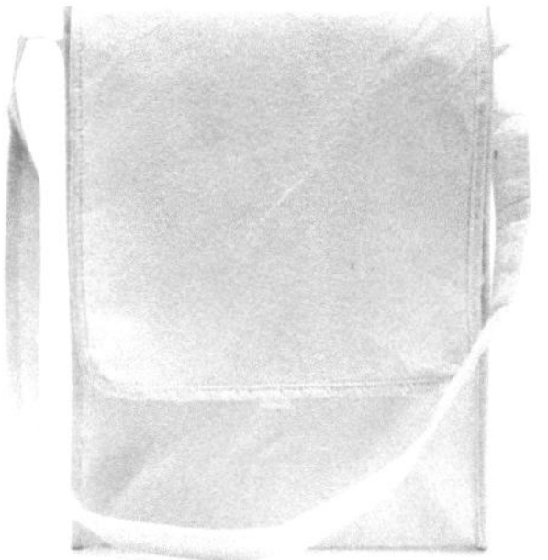

DOC N° **28** | NAME: S3_**28**_WHITE.TIF SIZE: 5.7 MB

DOC N° **29** | NAME: S3_**29**_WHITE.TIF SIZE: 8.3 MB

DOC N° **30** | NAME: S3_**30**_WHITE.TIF SIZE: 10.4 MB

DOC N° **31** | NAME: S3_**31**_WHITE.TIF SIZE: 10.8 MB

DOC N° **32** | NAME: S3_**32**_WHITE.TIF SIZE: 10.2 MB

DOC N° **33** | NAME: S3_**33**_WHITE.TIF SIZE: 4.3 MB

DOC N° **34** | NAME: S3_**34**_WHITE.TIF SIZE: 6.2 MB

DOC N° **35** | NAME: S3_**35**_WHITE.TIF SIZE: 5 MB

S4

PACKAGING

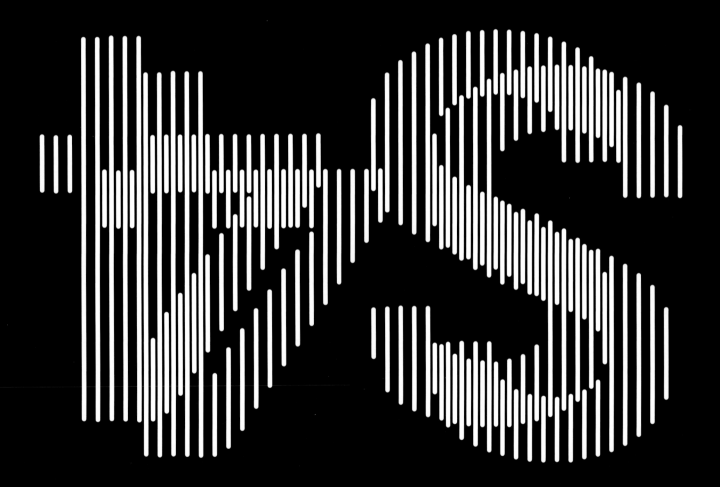

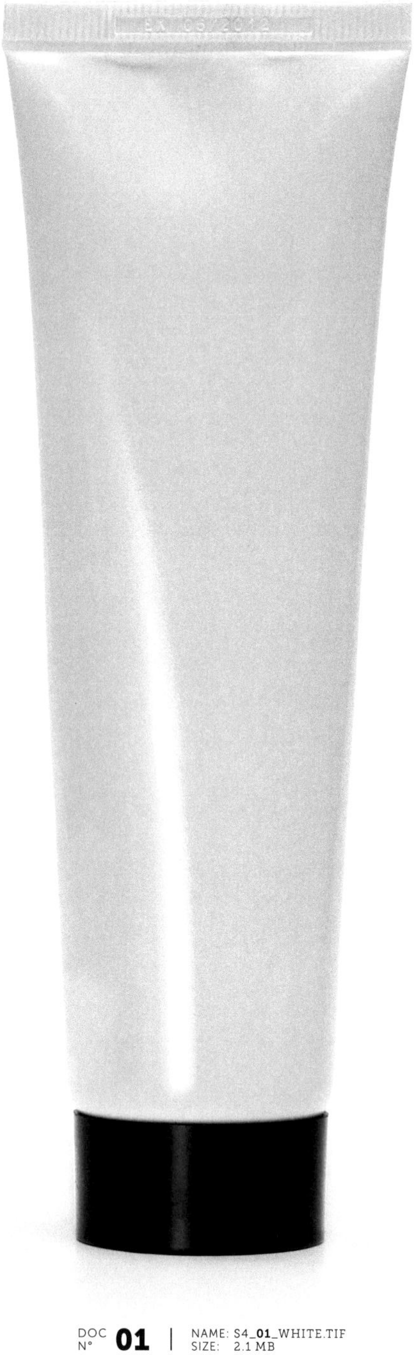

DOC N° **01** | NAME: S4_**01**_WHITE.TIF
SIZE: 2.1 MB

S4

PACKAGING

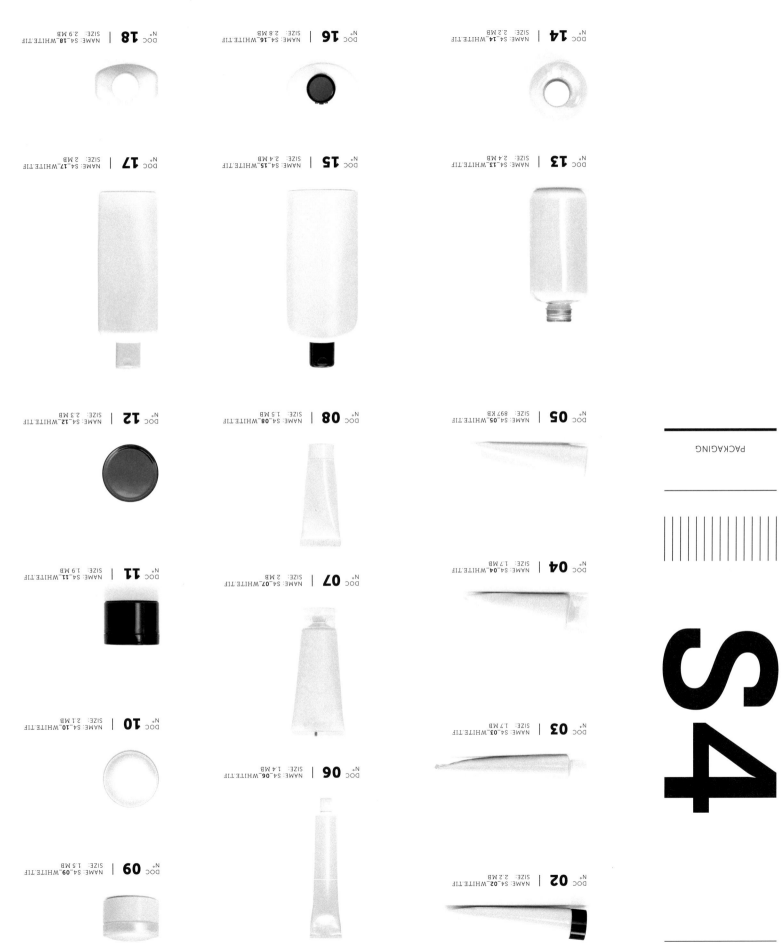

DOC N° **02** | NAME: S4_**02**_WHITE.TIF
SIZE: 2.2 MB

DOC N° **03** | NAME: S4_**03**_WHITE.TIF
SIZE: 1.7 MB

DOC N° **04** | NAME: S4_**04**_WHITE.TIF
SIZE: 1.7 MB

DOC N° **05** | NAME: S4_**05**_WHITE.TIF
SIZE: 897 KB

DOC N° **06** | NAME: S4_**06**_WHITE.TIF
SIZE: 1.4 MB

DOC N° **07** | NAME: S4_**07**_WHITE.TIF
SIZE: 2 MB

DOC N° **08** | NAME: S4_**08**_WHITE.TIF
SIZE: 1.5 MB

DOC N° **09** | NAME: S4_**09**_WHITE.TIF
SIZE: 1.5 MB

DOC N° **10** | NAME: S4_**10**_WHITE.TIF
SIZE: 2.1 MB

DOC N° **11** | NAME: S4_**11**_WHITE.TIF
SIZE: 1.9 MB

DOC N° **12** | NAME: S4_**12**_WHITE.TIF
SIZE: 2.3 MB

DOC N° **13** | NAME: S4_**13**_WHITE.TIF
SIZE: 2.4 MB

DOC N° **14** | NAME: S4_**14**_WHITE.TIF
SIZE: 2.2 MB

DOC N° **15** | NAME: S4_**15**_WHITE.TIF
SIZE: 2.4 MB

DOC N° **16** | NAME: S4_**16**_WHITE.TIF
SIZE: 2.8 MB

DOC N° **17** | NAME: S4_**17**_WHITE.TIF
SIZE: 2 MB

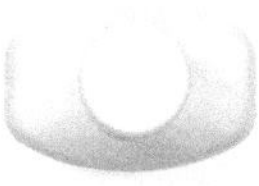

DOC N° **18** | NAME: S4_**18**_WHITE.TIF
SIZE: 2.9 MB

DOC N° **19** | NAME: S4_**19**_WHITE.TIF
SIZE: 5.5 MB

DOC N° **20** | NAME: S4_**20**_WHITE.TIF
SIZE: 3.7 MB

DOC N° **21** | NAME: S4_**21**_WHITE.TIF
SIZE: 4.1 MB

DOC N° **22** | NAME: S4_**22**_WHITE.TIF
SIZE: 2.7 MB

S4

PACKAGING

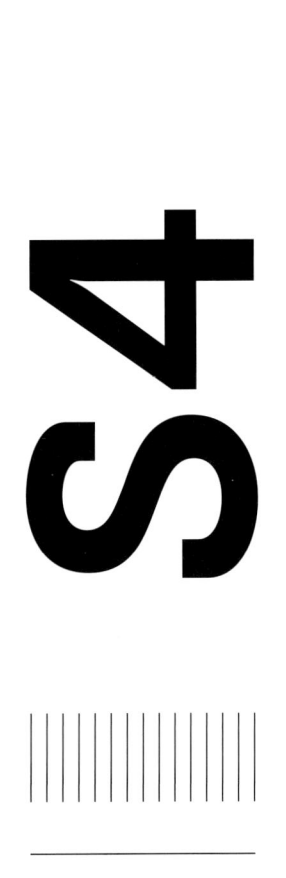

DOC N° **23** | NAME: S4_23_WHITE.TIF
SIZE: 3.6 MB

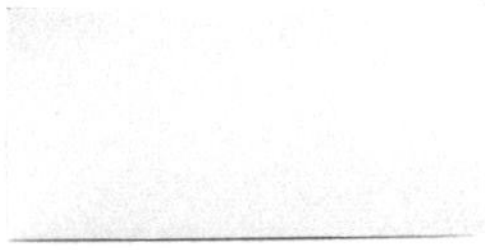

DOC N° **24** | NAME: S4_24_WHITE.TIF
SIZE: 3 MB

DOC N° **25** | NAME: S4_25_WHITE.TIF
SIZE: 3.5 MB

DOC N° **26** | NAME: S4_26_WHITE.TIF
SIZE: 3.7 MB

DOC N° **27** | NAME: S4_27_WHITE.TIF
SIZE: 2.4 MB

DOC N° **28** | NAME: S4_28_WHITE.TIF
SIZE: 2.8 MB

DOC N° **29** | NAME: S4_29_WHITE.TIF
SIZE: 2 MB

DOC N° **30** | NAME: S4_30_WHITE.TIF
SIZE: 3.6 MB

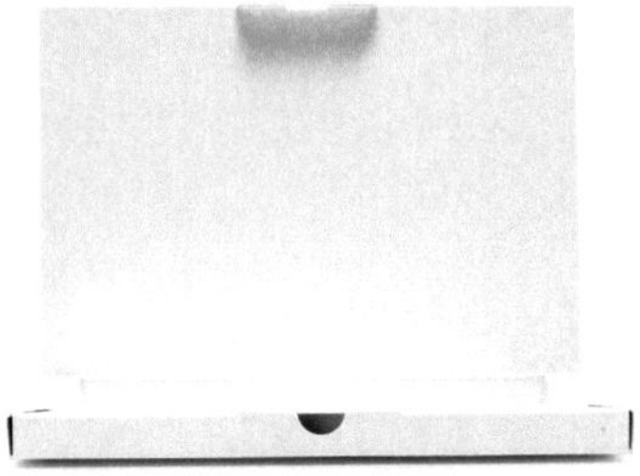

DOC N° **31** | NAME: S4_31_WHITE.TIF
SIZE: 5 MB

DOC N° **32** | NAME: S4_32_WHITE.TIF
SIZE: 1.7 MB

DOC N° **33** | NAME: S4_**33**_WHITE.TIF SIZE: 3.1 MB

DOC N° **34** | NAME: S4_**34**_WHITE.TIF SIZE: 2.1 MB

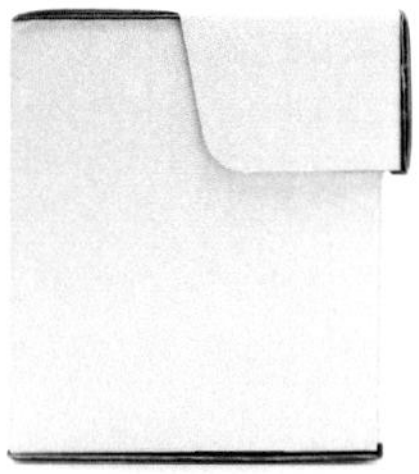

DOC N° **35** | NAME: S4_**35**_WHITE.TIF SIZE: 2.5 MB

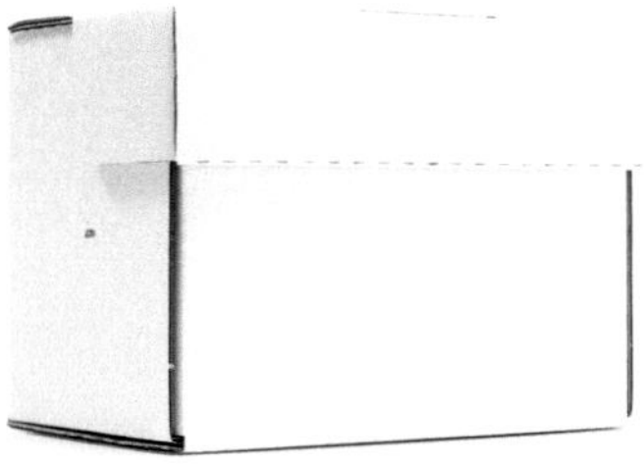

DOC N° **36** | NAME: S4_**36**_WHITE.TIF SIZE: 3.4 MB

DOC N° **37** | NAME: S4_**37**_WHITE.TIF SIZE: 2 MB

DOC N° **39** | NAME: S4_**39**_WHITE.TIF SIZE: 3.4 MB

DOC N° **41** | NAME: S4_**41**_WHITE.TIF SIZE: 3.6 MB

DOC N° **42** | NAME: S4_**42**_WHITE.TIF SIZE: 2.1 MB

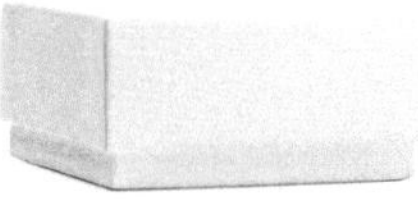

DOC N° **43** | NAME: S4_**43**_WHITE.TIF SIZE: 2.7 MB

DOC N° **38** | NAME: S4_**38**_WHITE.TIF SIZE: 1.1 MB

DOC N° **40** | NAME: S4_**40**_WHITE.TIF SIZE: 4.5 MB

DOC N° **44** | NAME: S4_**44**_WHITE.TIF SIZE: 5.4 MB

DOC N° **45** | NAME: S4_**45**_WHITE.TIF SIZE: 2.4 MB

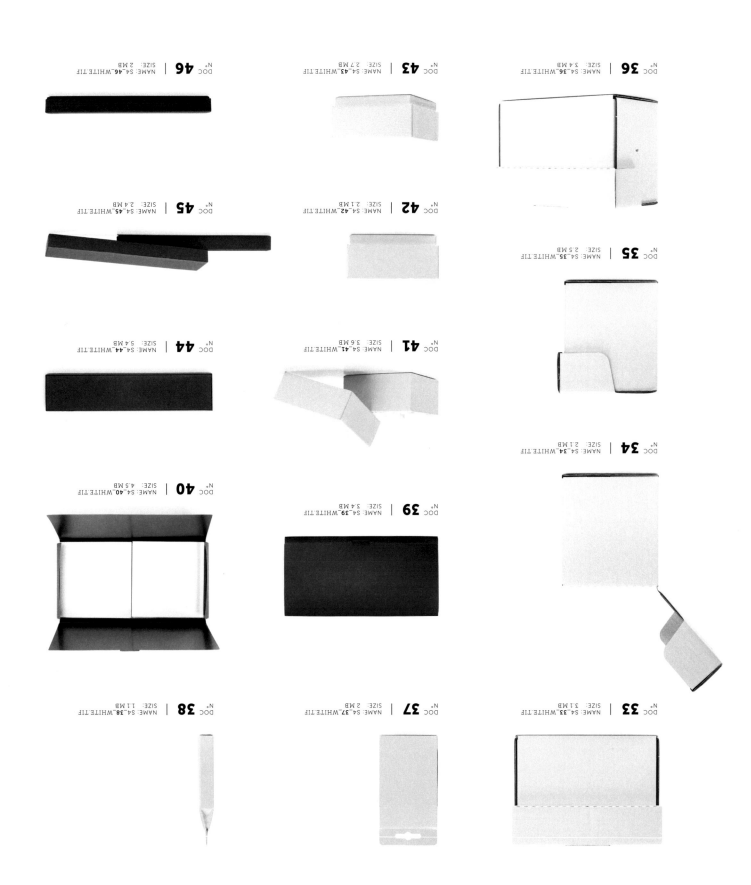

DOC N° **46** | NAME: S4_**46**_WHITE.TIF SIZE: 2 MB

S5

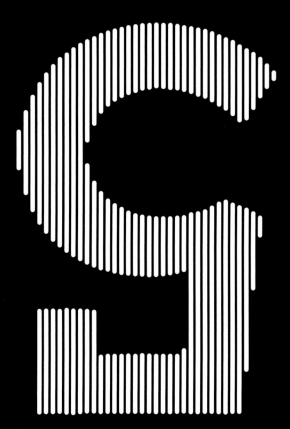

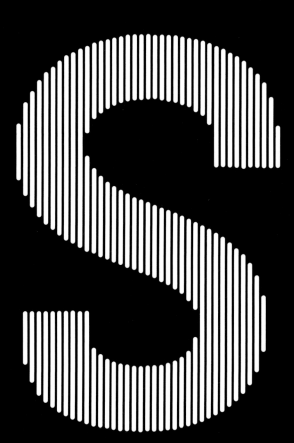

FOOD, DRINK
AND TABLEWARE

DOC N° **01** | NAME: S5_**01**_WHITE.TIF
SIZE: 1.8 MB

S5

FOOD, DRINK
AND TABLEWARE

DOC N° **02** | NAME: S5_**02**_WHITE.TIF
SIZE: 2.1 MB

DOC N° **03** | NAME: S5_**03**_WHITE.TIF
SIZE: 3 MB

DOC N° **04** | NAME: S5_**04**_WHITE.TIF
SIZE: 3.6 MB

DOC N° **05** | NAME: S5_**05**_WHITE.TIF
SIZE: 1.8 MB

DOC N° **06** | NAME: S5_**06**_WHITE.TIF SIZE: 1.5 MB

DOC N° **07** | NAME: S5_**07**_WHITE.TIF SIZE: 1.9 MB

DOC N° **08** | NAME: S5_**08**_WHITE.TIF SIZE: 1.5 MB

DOC N° **09** | NAME: S5_**09**_WHITE.TIF SIZE: 2.7 MB

DOC N° **10** | NAME: S5_**10**_WHITE.TIF SIZE: 1.5 MB

DOC N° **11** | NAME: S5_**11**_WHITE.TIF SIZE: 1.8 MB

DOC N° **12** | NAME: S5_**12**_WHITE.TIF SIZE: 2.9 MB

DOC N° **13** | NAME: S5_**13**_WHITE.TIF SIZE: 2.6 MB

DOC N° **14** | NAME: S5_**14**_WHITE.TIF SIZE: 1.6 MB

S5

FOOD, DRINK
AND TABLEWARE

DOC N° **15** | NAME: S5_**15**_WHITE.TIF SIZE: 2.7 MB

DOC N° **17** | NAME: S5_**17**_WHITE.TIF SIZE: 3.7 MB

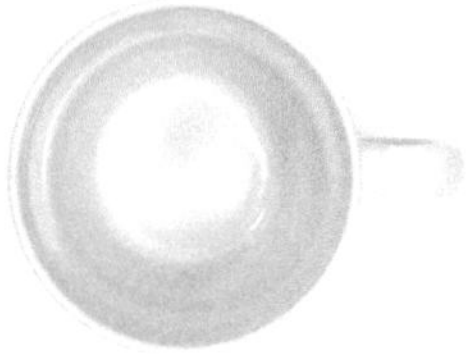

DOC N° **16** | NAME: S5_**16**_WHITE.TIF SIZE: 2.9 MB

DOC N° **18** | NAME: S5_**18**_WHITE.TIF SIZE: 4.1 MB

DOC N° **19** | NAME: S5_**19**_WHITE.TIF SIZE: 2.1 MB

DOC N° **21** | NAME: S5_**21**_WHITE.TIF SIZE: 3.2 MB

DOC N° **20** | NAME: S5_**20**_WHITE.TIF SIZE: 2.3 MB

DOC N° **22** | NAME: S5_**22**_WHITE.TIF SIZE: 3.2 MB

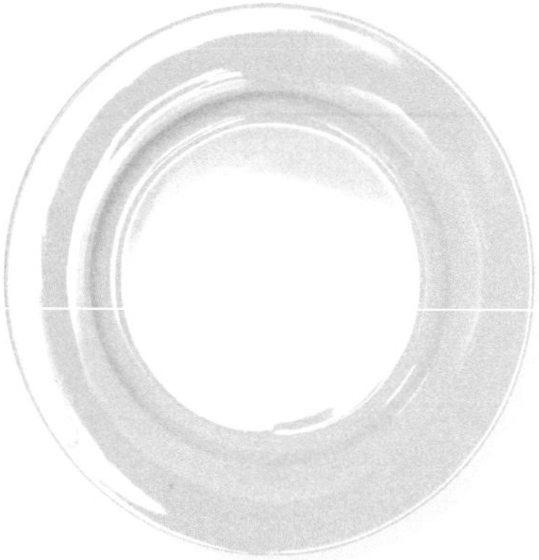

DOC N° **23** | NAME: S5_**23**_WHITE.TIF
SIZE: 3.8 MB

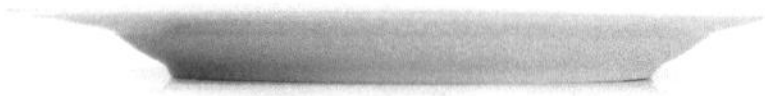

DOC N° **24** | NAME: S5_**24**_WHITE.TIF
SIZE: 1.4 MB

DOC N° **25** | NAME: S5_**25**_WHITE.TIF
SIZE: 3.3 MB

DOC N° **26** | NAME: S5_**26**_WHITE.TIF
SIZE: 2.1 MB

DOC N° **27** | NAME: S5_**27**_WHITE.TIF
SIZE: 2.5 MB

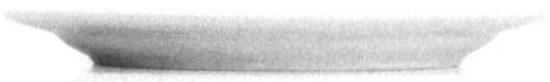

DOC N° **28** | NAME: S5_**28**_WHITE.TIF
SIZE: 1.4 MB

S5

FOOD, DRINK
AND TABLEWARE

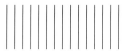

DOC N° **29** | NAME: S5_**29**_WHITE.TIF
SIZE: 2.8 MB

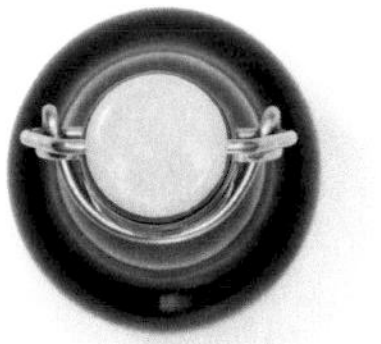

DOC N° **30** | NAME: S5_**30**_WHITE.TIF SIZE: 3.1 MB

DOC N° **31** | NAME: S5_**31**_WHITE.TIF SIZE: 2.2 MB

DOC N° **32** | NAME: S5_**32**_WHITE.TIF SIZE: 2 MB

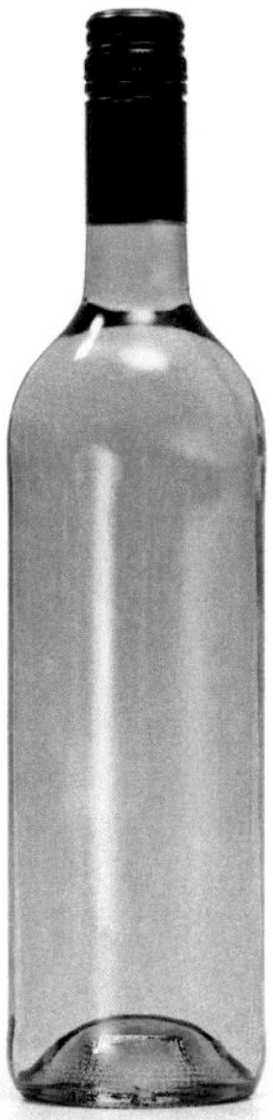

DOC N° **33** | NAME: S5_**33**_WHITE.TIF SIZE: 2.3 MB

DOC N° **34** | NAME: S5_**34**_WHITE.TIF SIZE: 2 MB

DOC N° **35** | NAME: S5_**35**_WHITE.TIF SIZE: 2 MB

DOC N° **36** | NAME: S5_**36**_WHITE.TIF SIZE: 2.3 MB

DOC N° **37** | NAME: S5_**37**_WHITE.TIF SIZE: 2.6 MB

DOC N° **38** | NAME: S5_**38**_WHITE.TIF SIZE: 2.9 MB

DOC N° **39** | NAME: S5_**39**_WHITE.TIF SIZE: 1.5 MB

DOC N° **40** | NAME: S5_**40**_WHITE.TIF SIZE: 3.4 MB

DOC N° **41** | NAME: S5_**41**_WHITE.TIF SIZE: 4.1 MB

S5

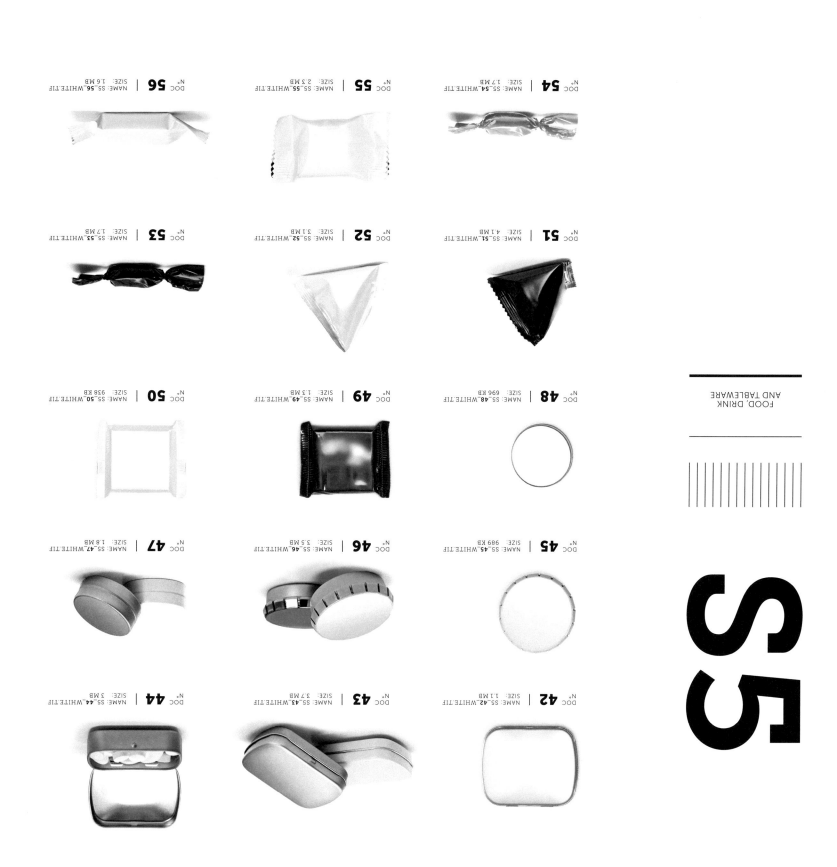

FOOD, DRINK
AND TABLEWARE

DOC N° **42** | NAME: S5_**42**_WHITE.TIF SIZE: 1.1 MB

DOC N° **43** | NAME: S5_**43**_WHITE.TIF SIZE: 3.7 MB

DOC N° **44** | NAME: S5_**44**_WHITE.TIF SIZE: 3 MB

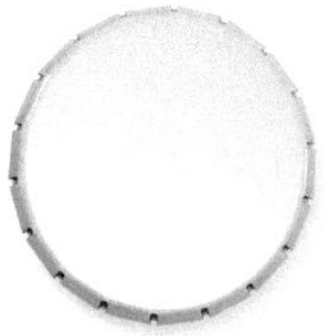

DOC N° **45** | NAME: S5_**45**_WHITE.TIF SIZE: 989 KB

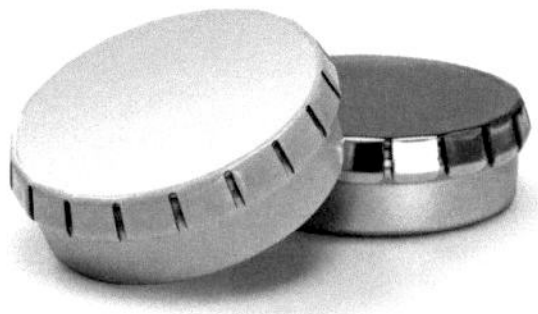

DOC N° **46** | NAME: S5_**46**_WHITE.TIF SIZE: 3.5 MB

DOC N° **47** | NAME: S5_**47**_WHITE.TIF SIZE: 1.8 MB

DOC N° **48** | NAME: S5_**48**_WHITE.TIF SIZE: 696 KB

DOC N° **49** | NAME: S5_**49**_WHITE.TIF SIZE: 1.3 MB

DOC N° **50** | NAME: S5_**50**_WHITE.TIF SIZE: 938 KB

DOC N° **51** | NAME: S5_**51**_WHITE.TIF SIZE: 4.1 MB

DOC N° **52** | NAME: S5_**52**_WHITE.TIF SIZE: 3.1 MB

DOC N° **53** | NAME: S5_**53**_WHITE.TIF SIZE: 1.7 MB

DOC N° **54** | NAME: S5_**54**_WHITE.TIF SIZE: 1.7 MB

DOC N° **55** | NAME: S5_**55**_WHITE.TIF SIZE: 2.3 MB

DOC N° **56** | NAME: S5_**56**_WHITE.TIF SIZE: 1.6 MB

DOC N° **57** | NAME: S5_**57**_WHITE.TIF
SIZE: 6.9 MB

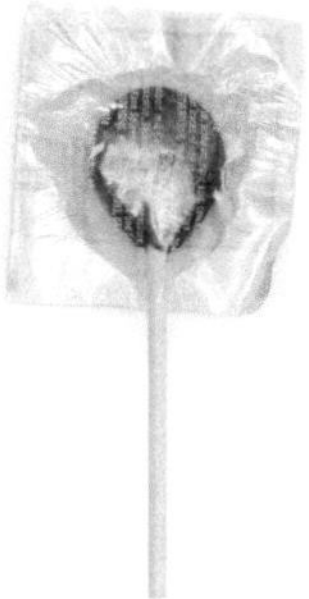

DOC N° **60** | NAME: S5_**60**_WHITE.TIF
SIZE: 1.9 MB

DOC N° **61** | NAME: S5_**61**_WHITE.TIF
SIZE: 875 KB

DOC N° **62** | NAME: S5_**62**_WHITE.TIF
SIZE: 641 KB

DOC N° **59** | NAME: S5_**59**_WHITE.TIF
SIZE: 4.2 MB

DOC N° **58** | NAME: S5_**58**_WHITE.TIF
SIZE: 4.6 MB

DOC N° **63** | NAME: S5_**63**_WHITE.TIF
SIZE: 1.8 MB

S6

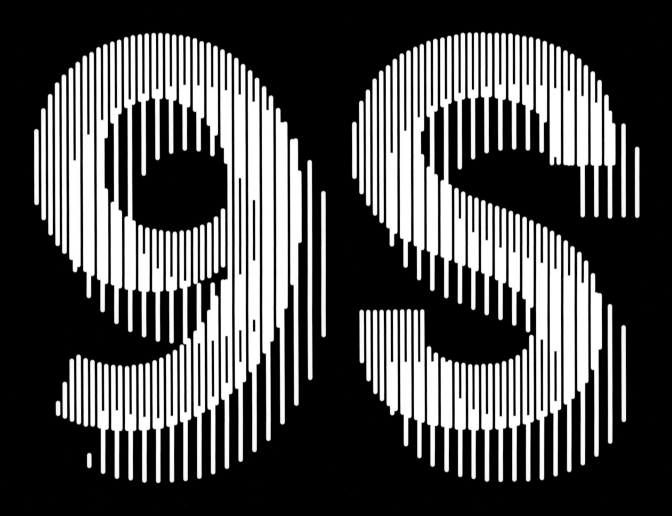

NON-EDIBLE
GIVEAWAYS

DOC N° **01** | NAME: S6_**01**_WHITE.TIF
SIZE: 804 KB

S6

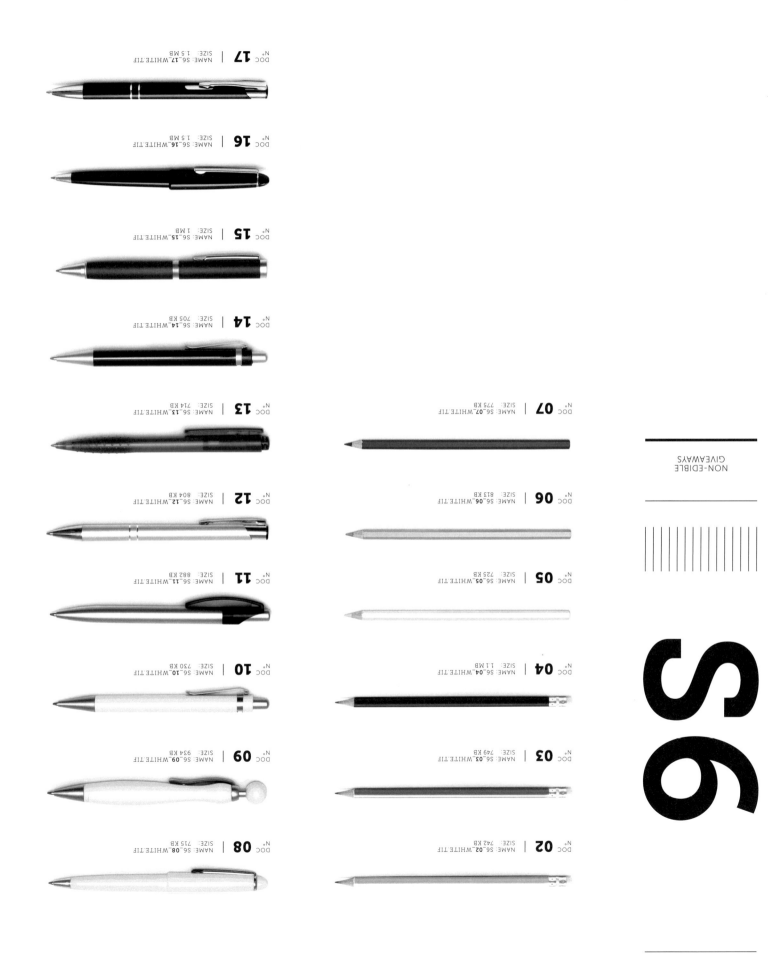

NON-EDIBLE GIVEAWAYS

DOC N° **02** | NAME: S6_**02**_WHITE.TIF
SIZE: 742 KB

DOC N° **03** | NAME: S6_**03**_WHITE.TIF
SIZE: 749 KB

DOC N° **04** | NAME: S6_**04**_WHITE.TIF
SIZE: 1.1 MB

DOC N° **05** | NAME: S6_**05**_WHITE.TIF
SIZE: 725 KB

DOC N° **06** | NAME: S6_**06**_WHITE.TIF
SIZE: 813 KB

DOC N° **07** | NAME: S6_**07**_WHITE.TIF
SIZE: 775 KB

DOC N° **08** | NAME: S6_**08**_WHITE.TIF
SIZE: 715 KB

DOC N° **09** | NAME: S6_**09**_WHITE.TIF
SIZE: 934 KB

DOC N° **10** | NAME: S6_**10**_WHITE.TIF
SIZE: 730 KB

DOC N° **11** | NAME: S6_**11**_WHITE.TIF
SIZE: 882 KB

DOC N° **12** | NAME: S6_**12**_WHITE.TIF
SIZE: 804 KB

DOC N° **13** | NAME: S6_**13**_WHITE.TIF
SIZE: 714 KB

DOC N° **14** | NAME: S6_**14**_WHITE.TIF
SIZE: 705 KB

DOC N° **15** | NAME: S6_**15**_WHITE.TIF
SIZE: 1 MB

DOC N° **16** | NAME: S6_**16**_WHITE.TIF
SIZE: 1.5 MB

DOC N° **17** | NAME: S6_**17**_WHITE.TIF
SIZE: 1.5 MB

DOC N° **18** | NAME: S6_**18**_WHITE.TIF
SIZE: 1.8 MB

DOC N° **19** | NAME: S6_**19**_WHITE.TIF
SIZE: 3.6 MB

DOC N° **20** | NAME: S6_**20**_WHITE.TIF
SIZE: 982 KB

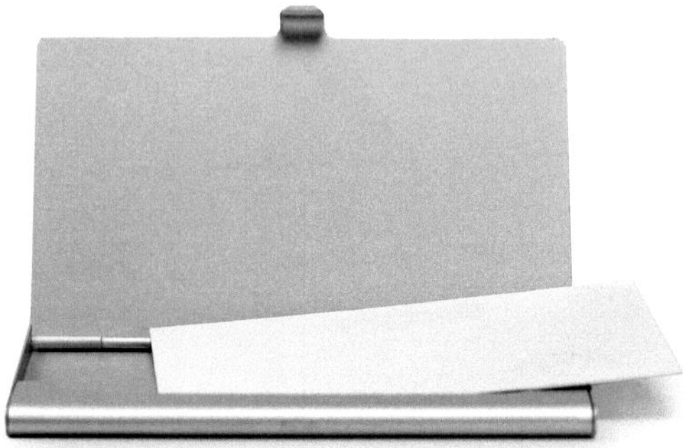

DOC N° **21** | NAME: S6_**21**_WHITE.TIF
SIZE: 3.1 MB

S6

NON-EDIBLE GIVEAWAYS

DOC N° **22** | NAME: S6_**22**_WHITE.TIF
SIZE: 887 KB

DOC N° **23** | NAME: S6_**23**_WHITE.TIF
SIZE: 794 KB

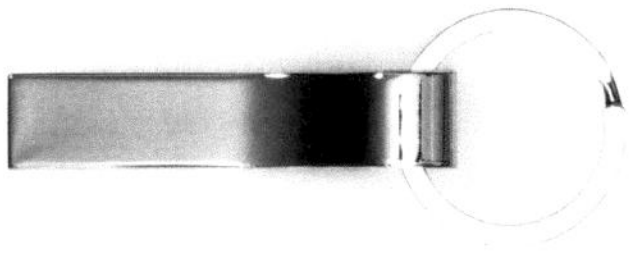

DOC N° **24** | NAME: S6_**24**_WHITE.TIF
SIZE: 936 KB

DOC N° **25** | NAME: S6_**25**_WHITE.TIF
SIZE: 996 KB

DOC N° **26** | NAME: S6_**26**_WHITE.TIF
SIZE: 1.5 MB

DOC N° **27** | NAME: S6_**27**_WHITE.TIF
SIZE: 1.1 MB

DOC N° **28** | NAME: S6_**28**_WHITE.TIF
SIZE: 1.1 MB

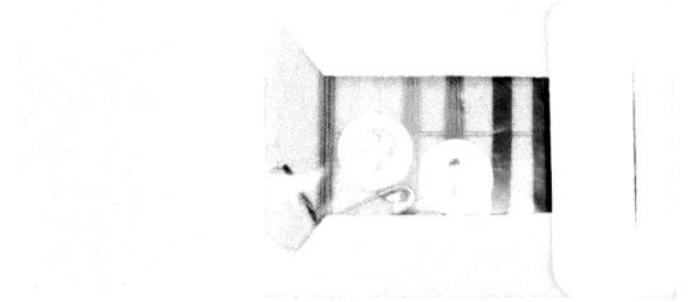

DOC N° **29** | NAME: S6_**29**_WHITE.TIF
SIZE: 3.7 MB

DOC N° **30** | NAME: S6_**30**_WHITE.TIF
SIZE: 1.8 MB

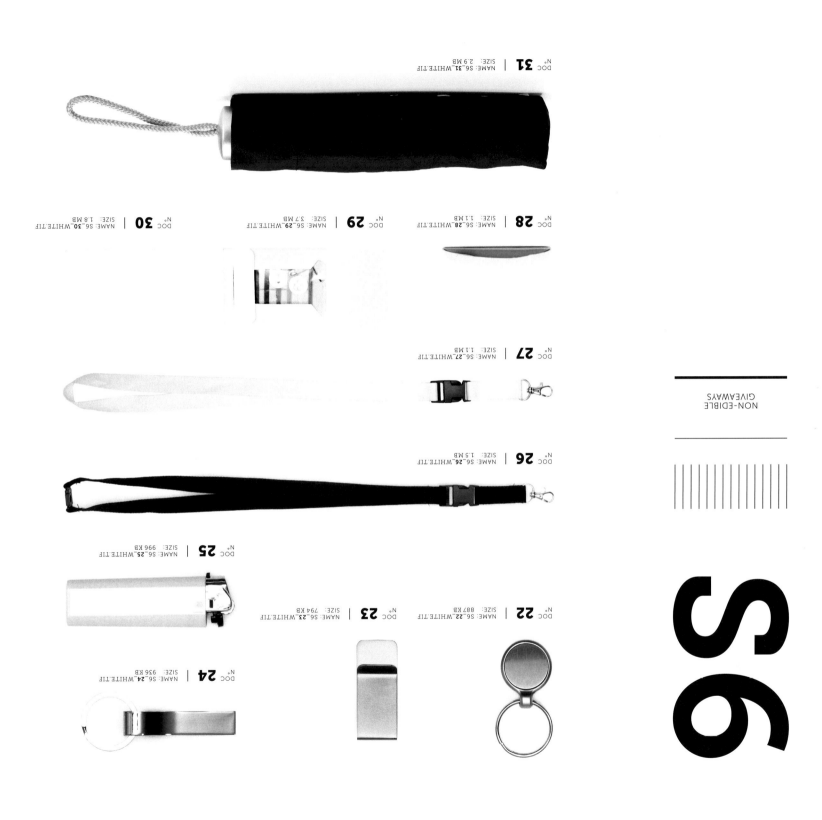

DOC N° **31** | NAME: S6_**31**_WHITE.TIF
SIZE: 2.9 MB

DOC N° **32** | NAME: S6_**32**_WHITE.TIF SIZE: 4.5 MB

DOC N° **35** | NAME: S6_**35**_WHITE.TIF SIZE: 5.2 MB

DOC N° **33** | NAME: S6_**33**_WHITE.TIF SIZE: 5.5 MB

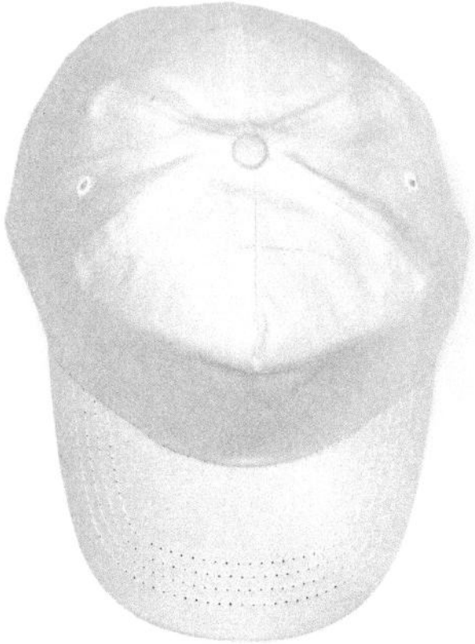

DOC N° **36** | NAME: S6_**36**_WHITE.TIF SIZE: 4.7 MB

DOC N° **34** | NAME: S6_**34**_WHITE.TIF SIZE: 5.4 MB

DOC N° **37** | NAME: S6_**37**_WHITE.TIF SIZE: 4.5 MB

S7

DIGITAL MEDIA

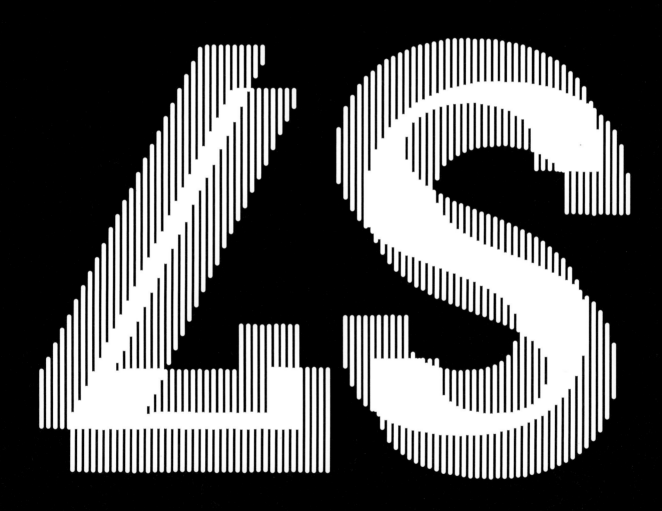

DOC N° **01** | NAME: S7_**01**_WHITE.TIF
SIZE: 5 MB

S7

DIGITAL MEDIA

DOC N° **02** | NAME: S7_**02**_WHITE.TIF SIZE: 2.9 MB

DOC N° **03** | NAME: S7_**03**_WHITE.TIF SIZE: 426 KB

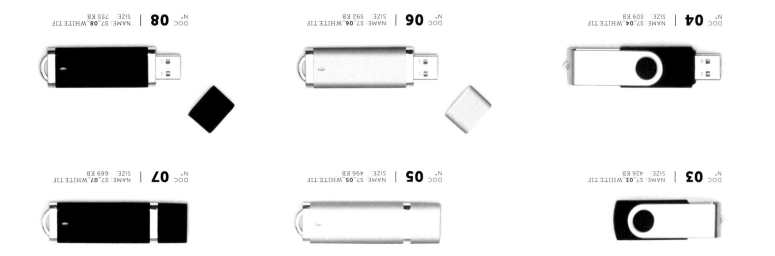

DOC N° **05** | NAME: S7_**05**_WHITE.TIF SIZE: 496 KB

DOC N° **07** | NAME: S7_**07**_WHITE.TIF SIZE: 669 KB

DOC N° **04** | NAME: S7_**04**_WHITE.TIF SIZE: 509 KB

DOC N° **06** | NAME: S7_**06**_WHITE.TIF SIZE: 592 KB

DOC N° **08** | NAME: S7_**08**_WHITE.TIF SIZE: 755 KB

DOC N° **09** | NAME: S7_**09**_WHITE.TIF SIZE: 9.7 MB

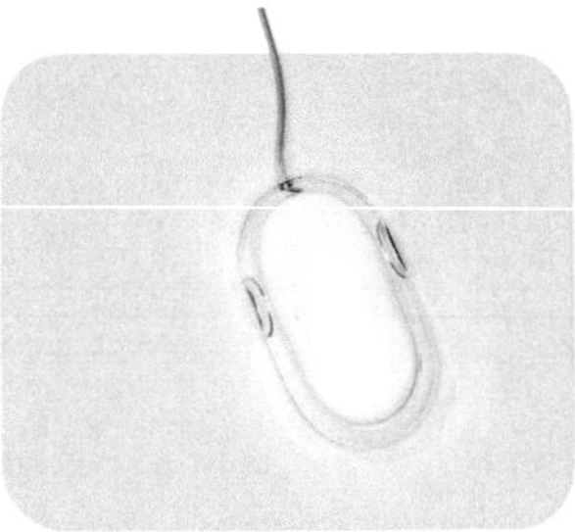

DOC N° **10** | NAME: S7_**10**_WHITE.TIF SIZE: 10 MB

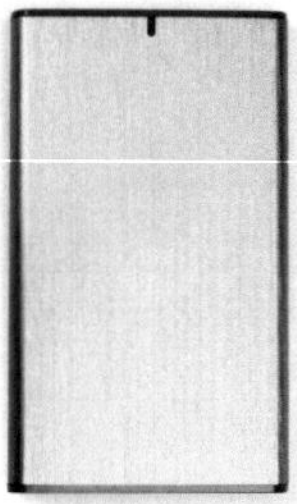

DOC N° **11** | NAME: S7_**11**_WHITE.TIF SIZE: 4.5 MB

DOC N° **12** | NAME: S7_**12**_WHITE.TIF SIZE: 4.2 MB

DOC N° **13** | NAME: S7_**13**_WHITE.TIF SIZE: 5.4 MB

DOC N° **14** | NAME: S7_**14**_WHITE.TIF SIZE: 3.7 MB

DOC N° **15** | NAME: S7_**15**_WHITE.TIF SIZE: 4.1 MB

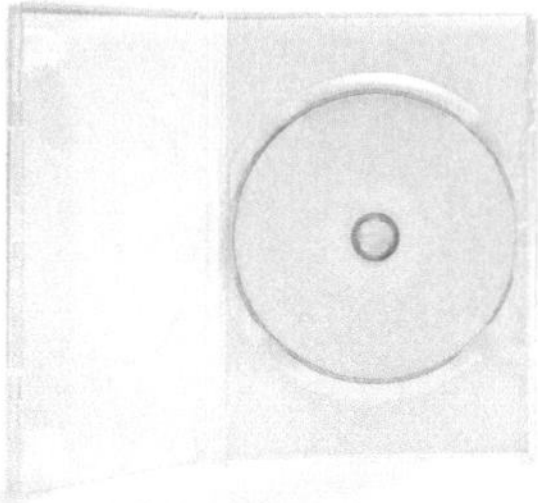

DOC N° **16** | NAME: S7_**16**_WHITE.TIF SIZE: 4.8 MB

DOC N° **17** | NAME: S7_**17**_WHITE.TIF SIZE: 2.5 MB

DOC N° **18** | NAME: S7_**18**_WHITE.TIF SIZE: 2.8 MB

DOC N° **19** | NAME: S7_**19**_WHITE.TIF SIZE: 3 MB

DOC N° **20** | NAME: S7_**20**_WHITE.TIF SIZE: 2.1 MB

DOC N° **21** | NAME: S7_**21**_WHITE.TIF SIZE: 6.2 MB

DOC N° **22** | NAME: S7_**22**_WHITE.TIF SIZE: 6.1 MB

DOC N° **23** | NAME: S7_**23**_WHITE.TIF SIZE: 5.3 MB

DOC N° **24** | NAME: S7_**24**_WHITE.TIF SIZE: 4.9 MB

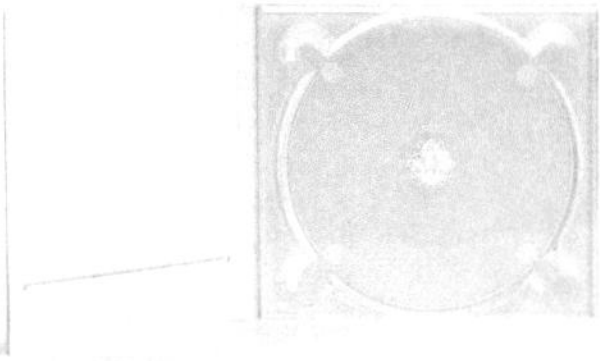

DOC N° **25** | NAME: S7_**25**_WHITE.TIF SIZE: 4.4 MB

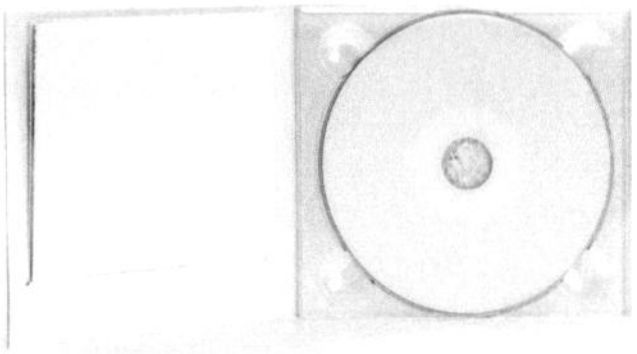

DOC N° **26** | NAME: S7_**26**_WHITE.TIF SIZE: 5.3 MB

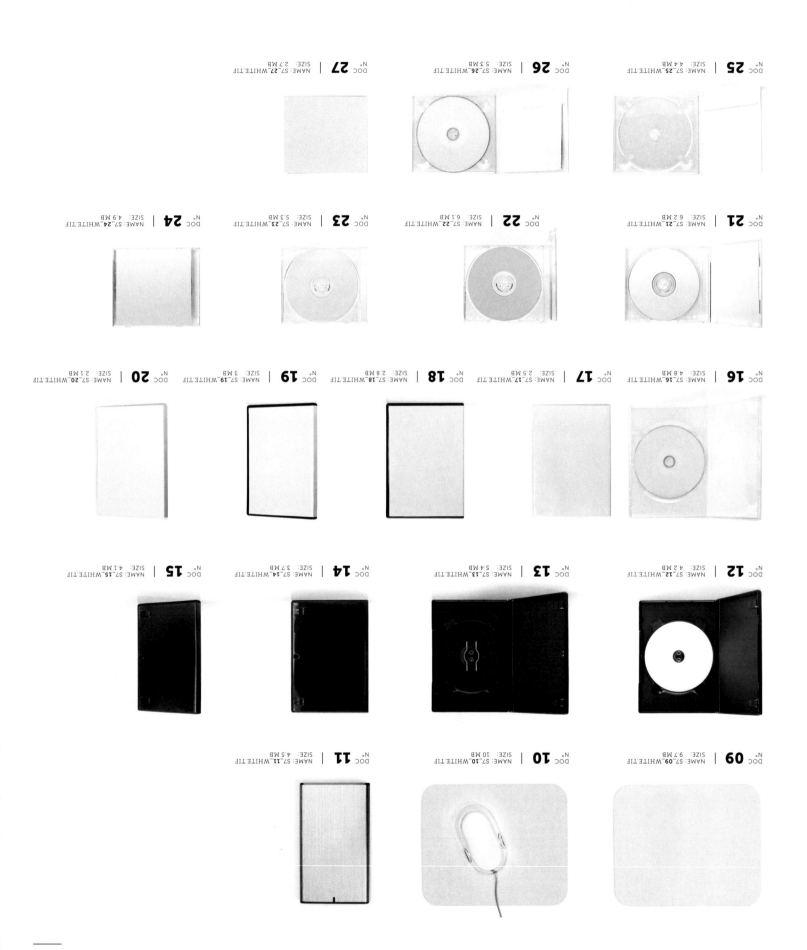

DOC N° **27** | NAME: S7_**27**_WHITE.TIF SIZE: 2.7 MB

S8

MISCELLANEOUS

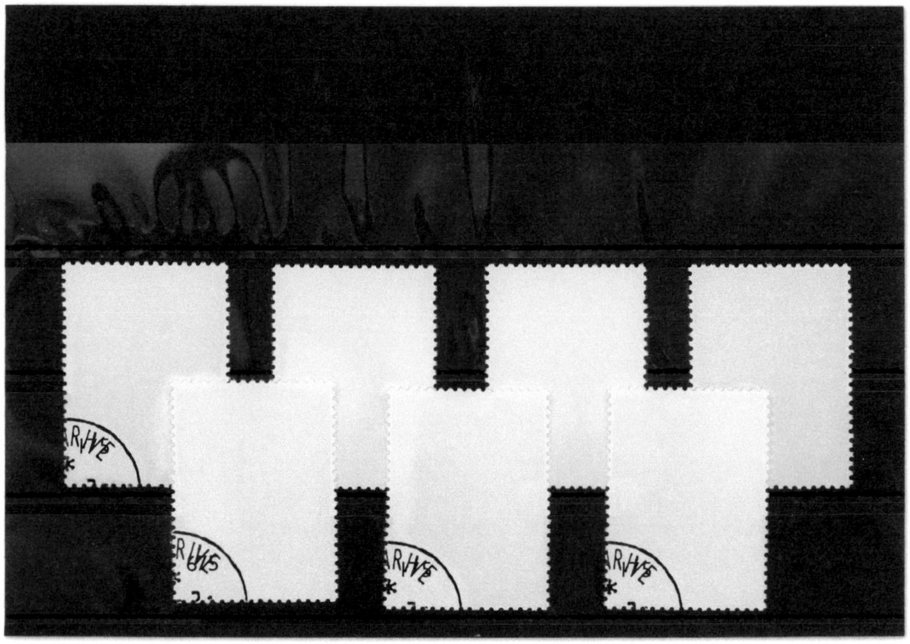

DOC N° **01** | NAME: S8_**01**_WHITE.TIF
SIZE: 8.2 MB

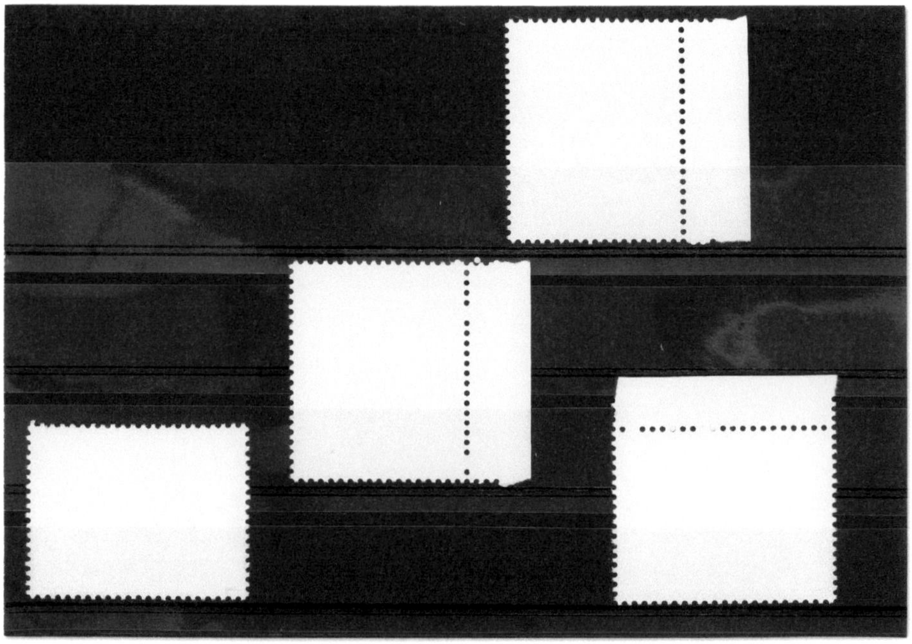

DOC N° **02** | NAME: S8_**02**_WHITE.TIF
SIZE: 8.1 MB

S8

MISCELLANEOUS

DOC N° **03** | NAME: S8_**03**_WHITE.TIF
SIZE: 4.3 MB

DOC N° **04** | NAME: S8_**04**_WHITE.TIF
SIZE: 1.4 MB

DOC N° **05** | NAME: S8_**05**_WHITE.TIF
SIZE: 3.3 MB

DOC N° **06** | NAME: S8_**06**_WHITE.TIF
SIZE: 1.7 MB

DOC N° **07** | NAME: S8_**07**_WHITE.TIF
SIZE: 4.6 MB

DOC N° **08** | NAME: S8_**08**_WHITE.TIF SIZE: 2.4 MB

DOC N° **09** | NAME: S8_**09**_WHITE.TIF SIZE: 2.2 MB

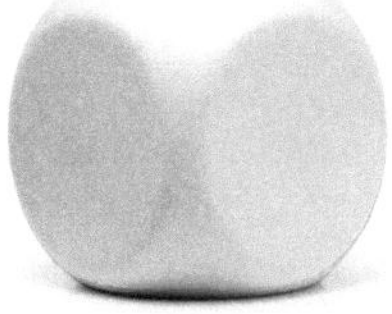

DOC N° **10** | NAME: S8_**10**_WHITE.TIF SIZE: 2.3 MB

DOC N° **11** | NAME: S8_**11**_WHITE.TIF SIZE: 2.8 MB

DOC N° **12** | NAME: S8_**12**_WHITE.TIF SIZE: 1.9 MB

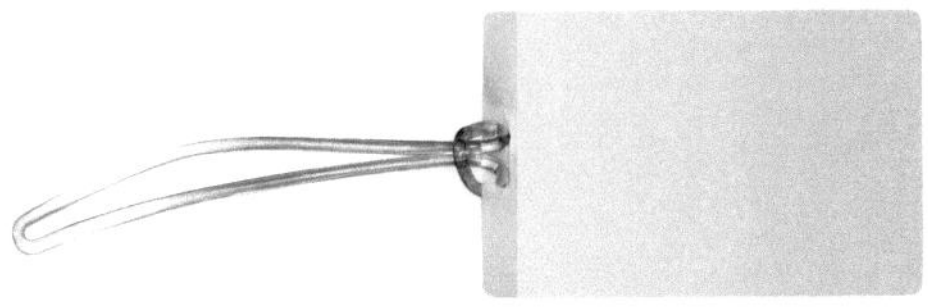

DOC N° **13** | NAME: S8_**13**_WHITE.TIF SIZE: 2.4 MB

DOC N° **14** | NAME: S8_**14**_WHITE.TIF SIZE: 797 KB

DOC N° **15** | NAME: S8_**15**_WHITE.TIF SIZE: 735 KB

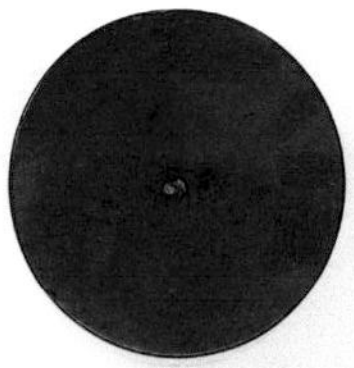

DOC N° **16** | NAME: S8_**16**_WHITE.TIF SIZE: 1.7 MB

DOC N° **19** | NAME: S8_**19**_WHITE.TIF SIZE: 804 KB

DOC N° **18** | NAME: S8_**18**_WHITE.TIF SIZE: 1 MB

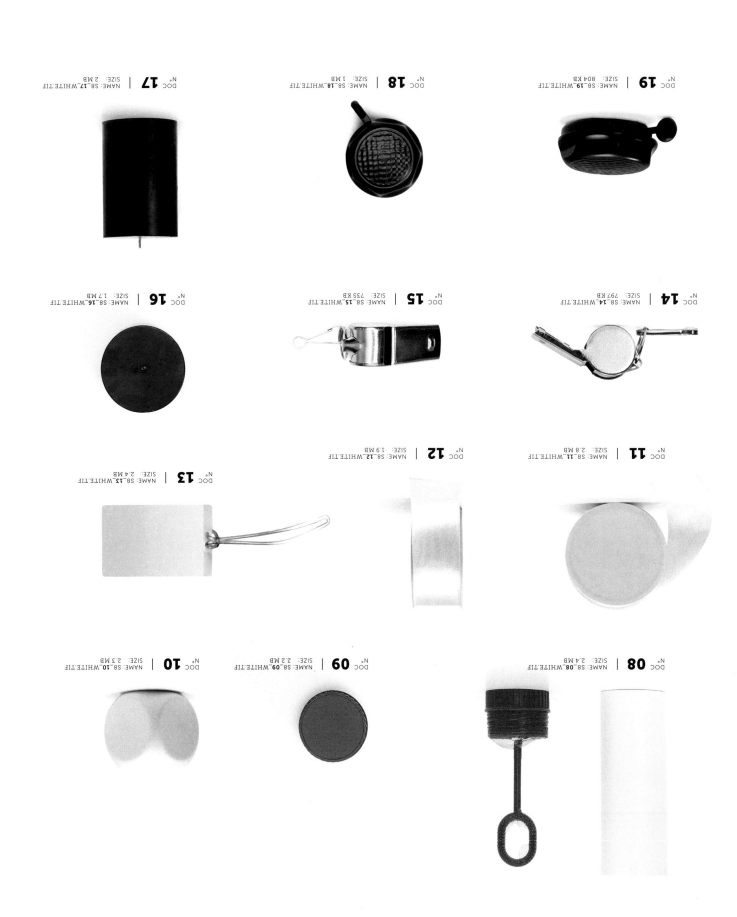

DOC N° **17** | NAME: S8_**17**_WHITE.TIF SIZE: 2 MB

BLANK SLATE
ENVIRONMENT
DOC N° 01
NAME: ENVIR_01.TIF
SIZE: 53.9 MB

9-10

No design truly comes to life on a laptop screen.

Design needs air to breathe, it needs an environment to thrive. *Blank Slate* conveniently provides that context, and this section is all about the BIG environments.

chlag- und Reklame
3189

DOC N° **02** | NAME: ENVIR_**02**.TIF
SIZE: 60.3 MB

DOC N° **03** | NAME: ENVIR_**03**.TIF SIZE: 60.3 MB

DOC N° **04** | NAME: ENVIR_**04**.TIF SIZE: 60.3 MB

DOC N° **05** | NAME: ENVIR_**05**.TIF SIZE: 60.3 MB

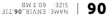

DOC N° **06** | NAME: ENVIR_**06**.TIF SIZE: 60.3 MB

DOC N° **07** | NAME: ENVIR_**07**.TIF SIZE: 60.3 MB

DOC N° **08** | NAME: ENVIR_**08**.TIF SIZE: 60.3 MB

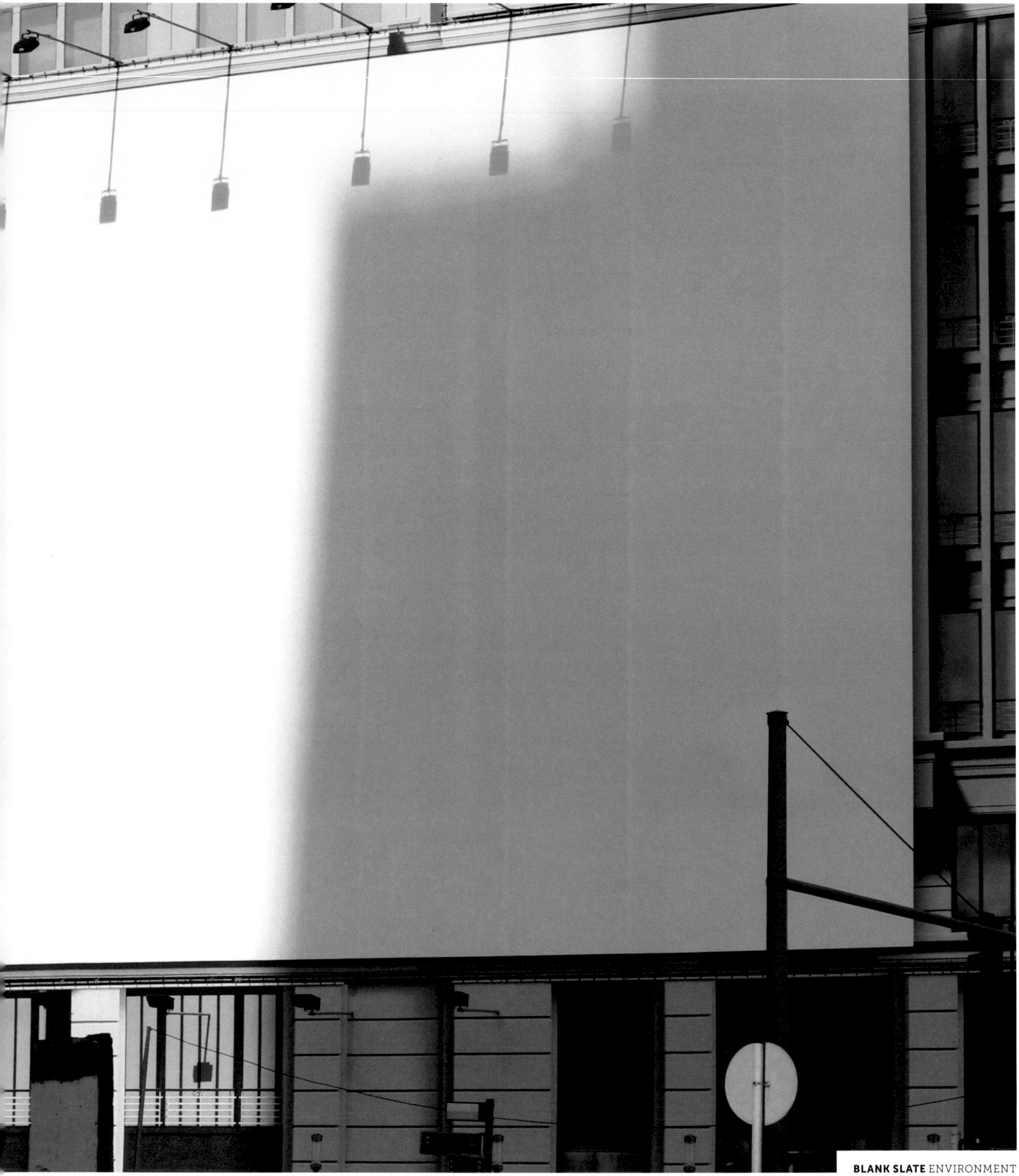

BLANK SLATE ENVIRONMENT

DOC N° **10** | NAME: ENVIR_**10**.TIF SIZE: 60.3 MB

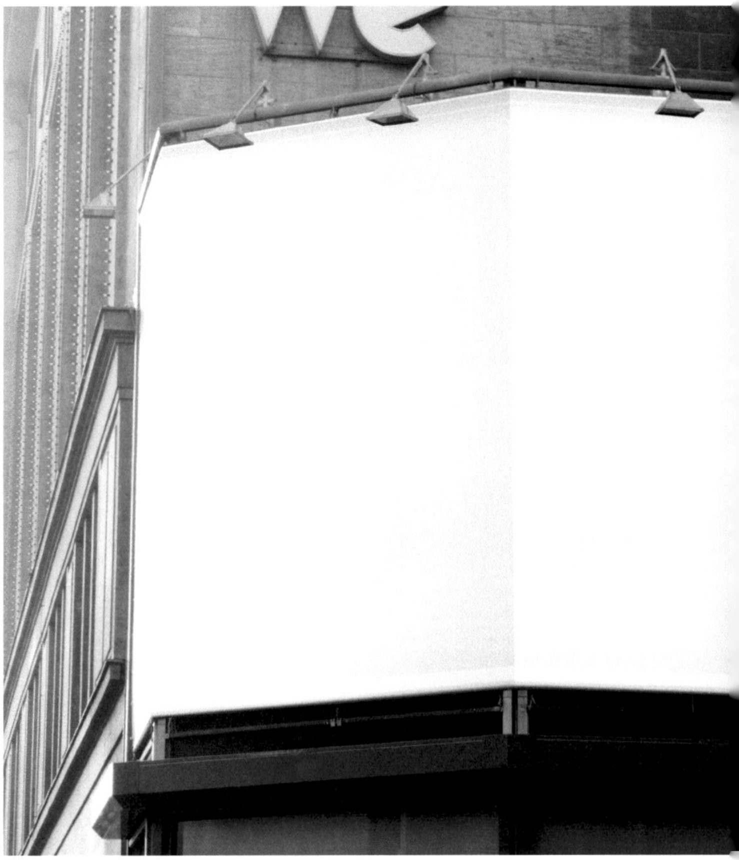

DOC N° **11** | NAME: ENVIR_**11**.TIF SIZE: 60.3 MB

Hauptbahnhof

DOC N° **12** | NAME: ENVIR_**12**.TIF SIZE: 60.3 MB

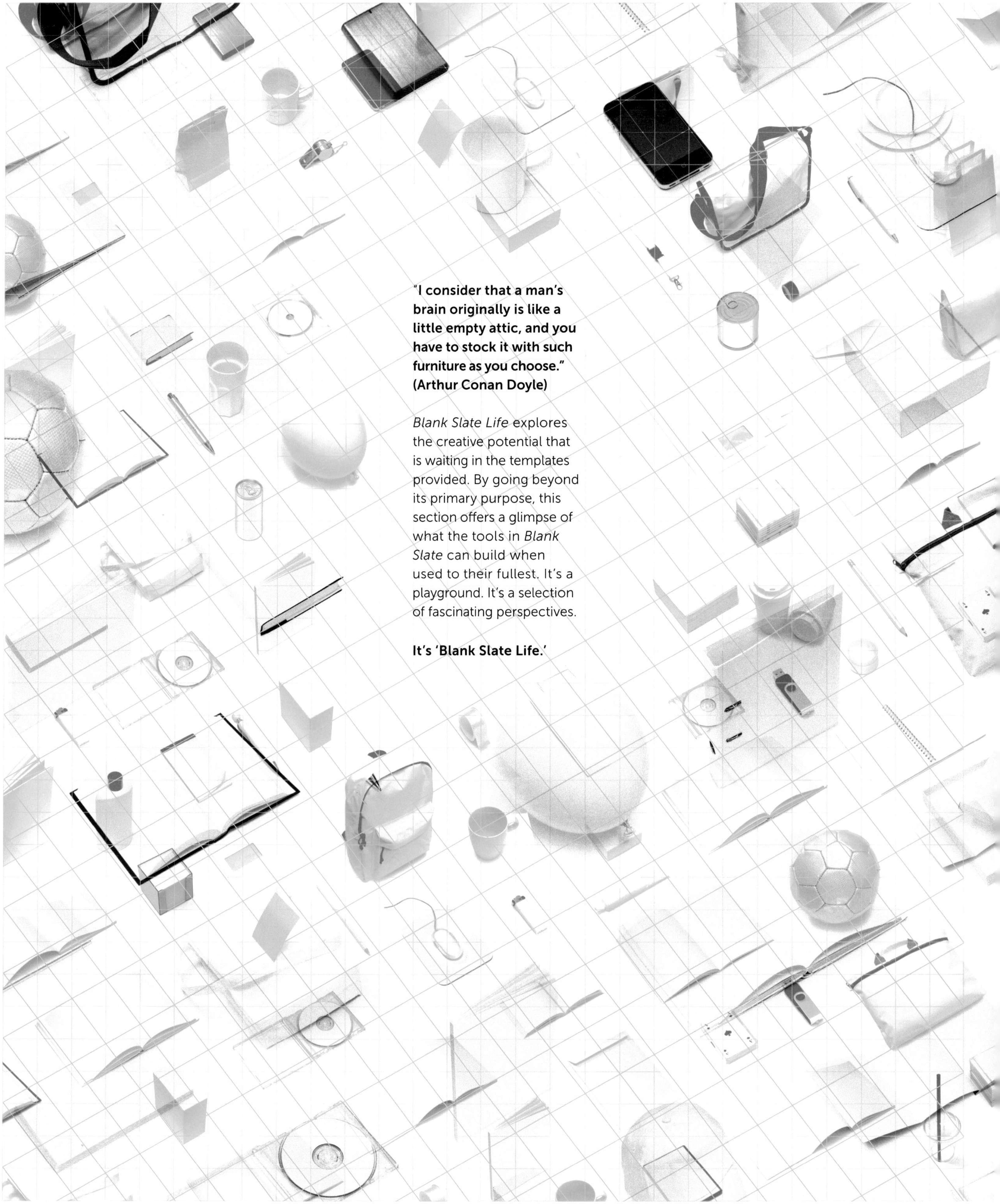

"I consider that a man's brain originally is like a little empty attic, and you have to stock it with such furniture as you choose." (Arthur Conan Doyle)

Blank Slate Life explores the creative potential that is waiting in the templates provided. By going beyond its primary purpose, this section offers a glimpse of what the tools in *Blank Slate* can build when used to their fullest. It's a playground. It's a selection of fascinating perspectives.

It's 'Blank Slate Life.'

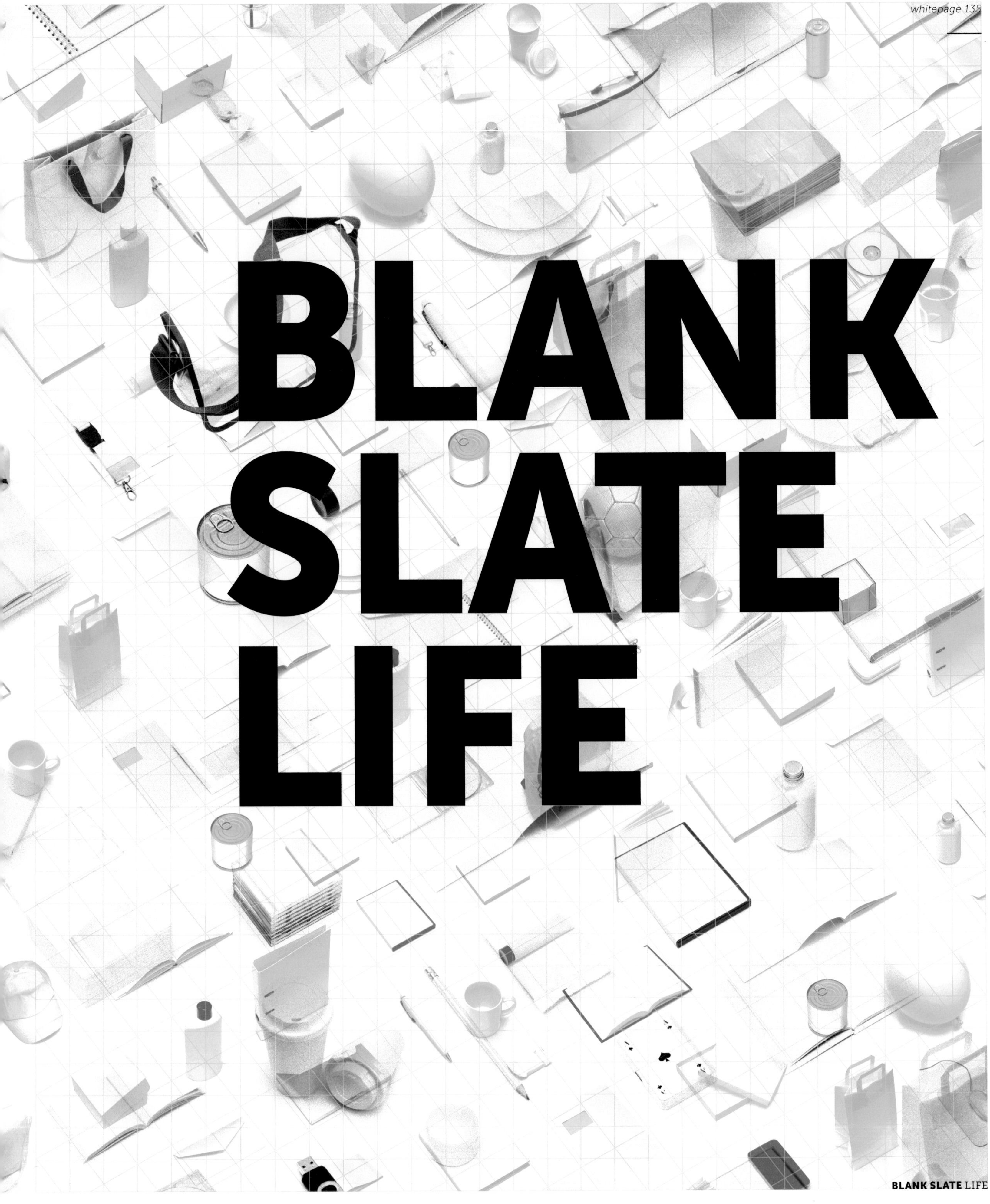

BLANK SLATE LIFE

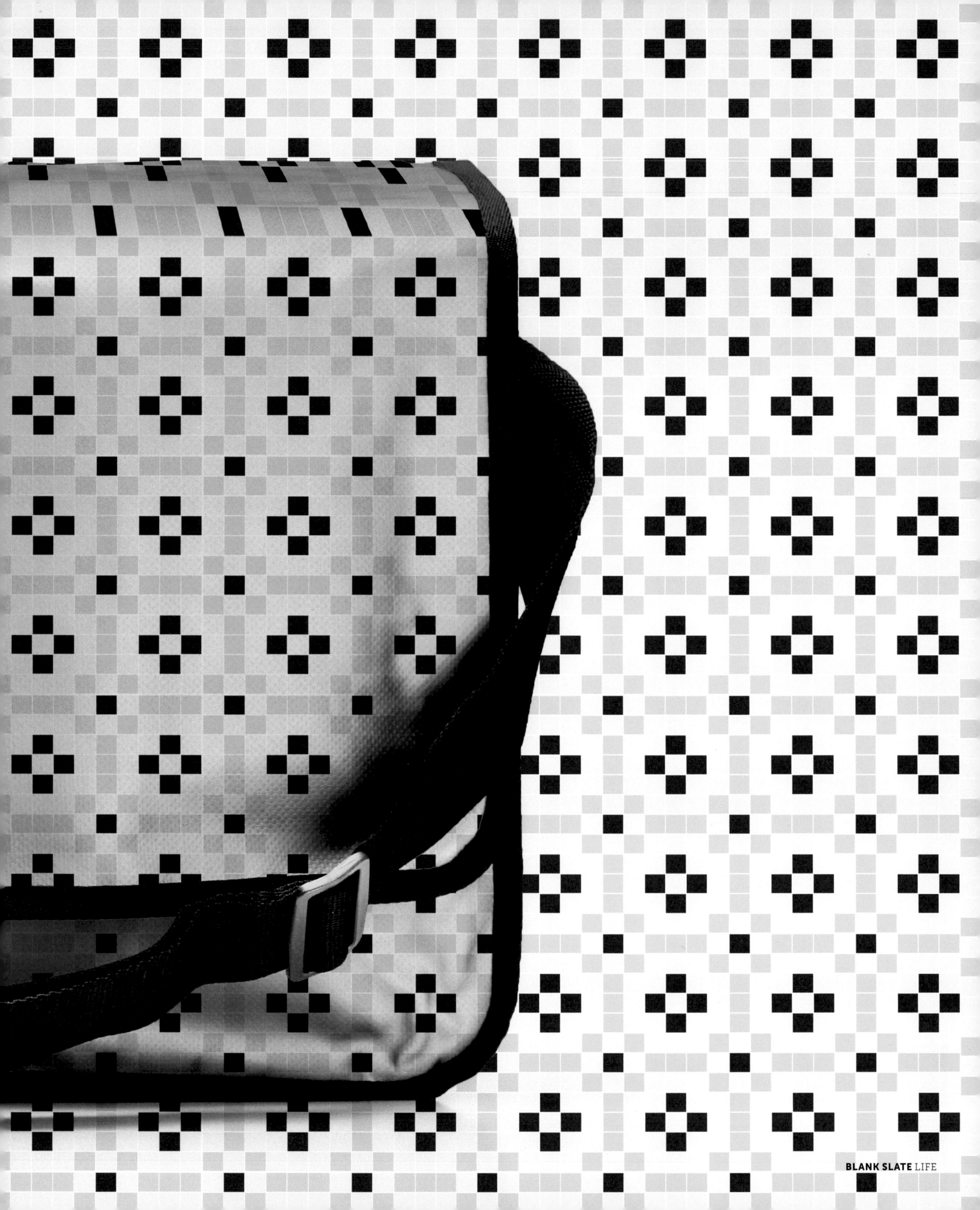

A MAN MAY DIE,
NATIONS MAY R
BUT AN IDEA LIV

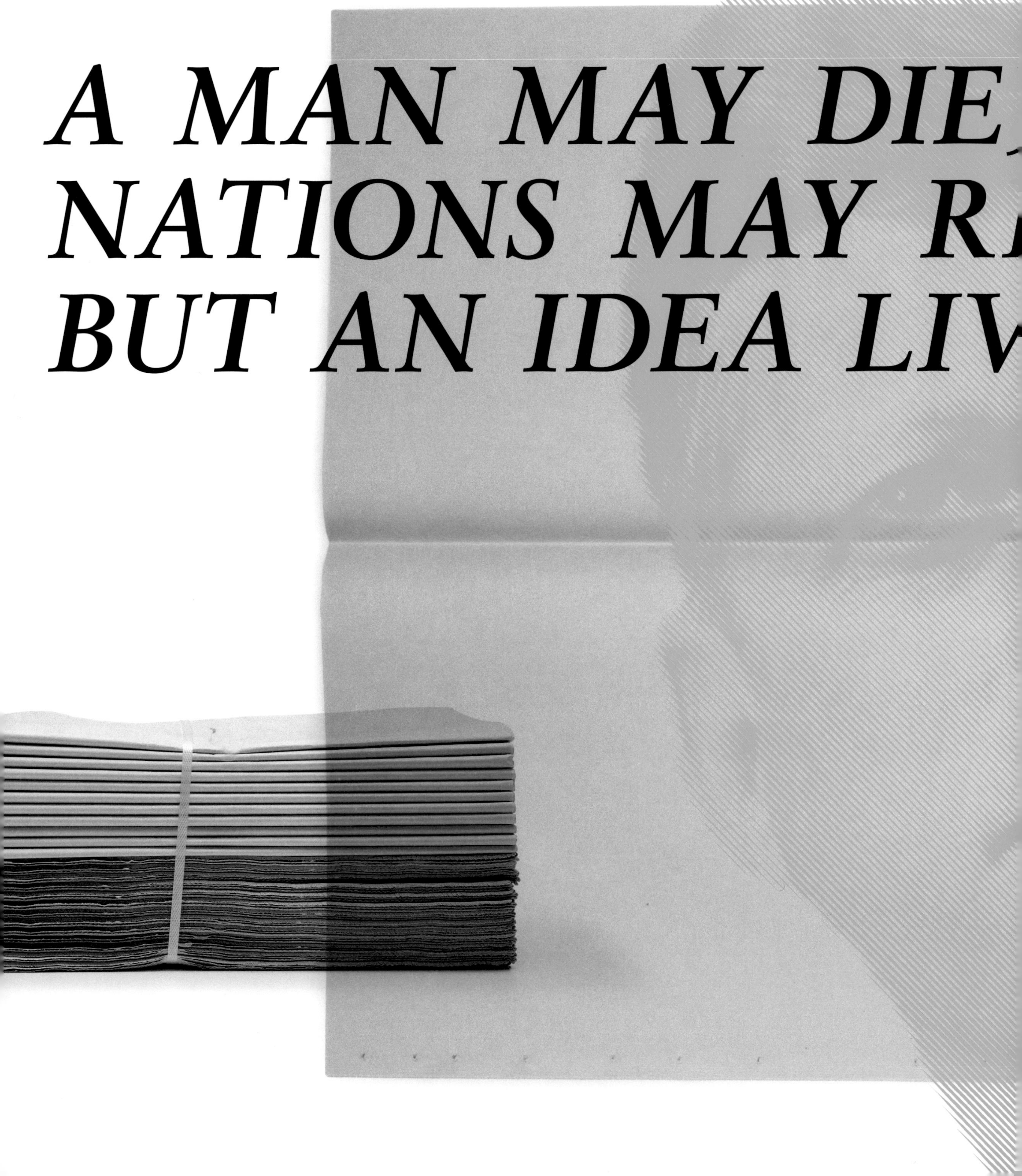

SE AND FALL,
ES ON.

washed by Mom
DUMDIDUM
57
CAB'S

FREEDOM

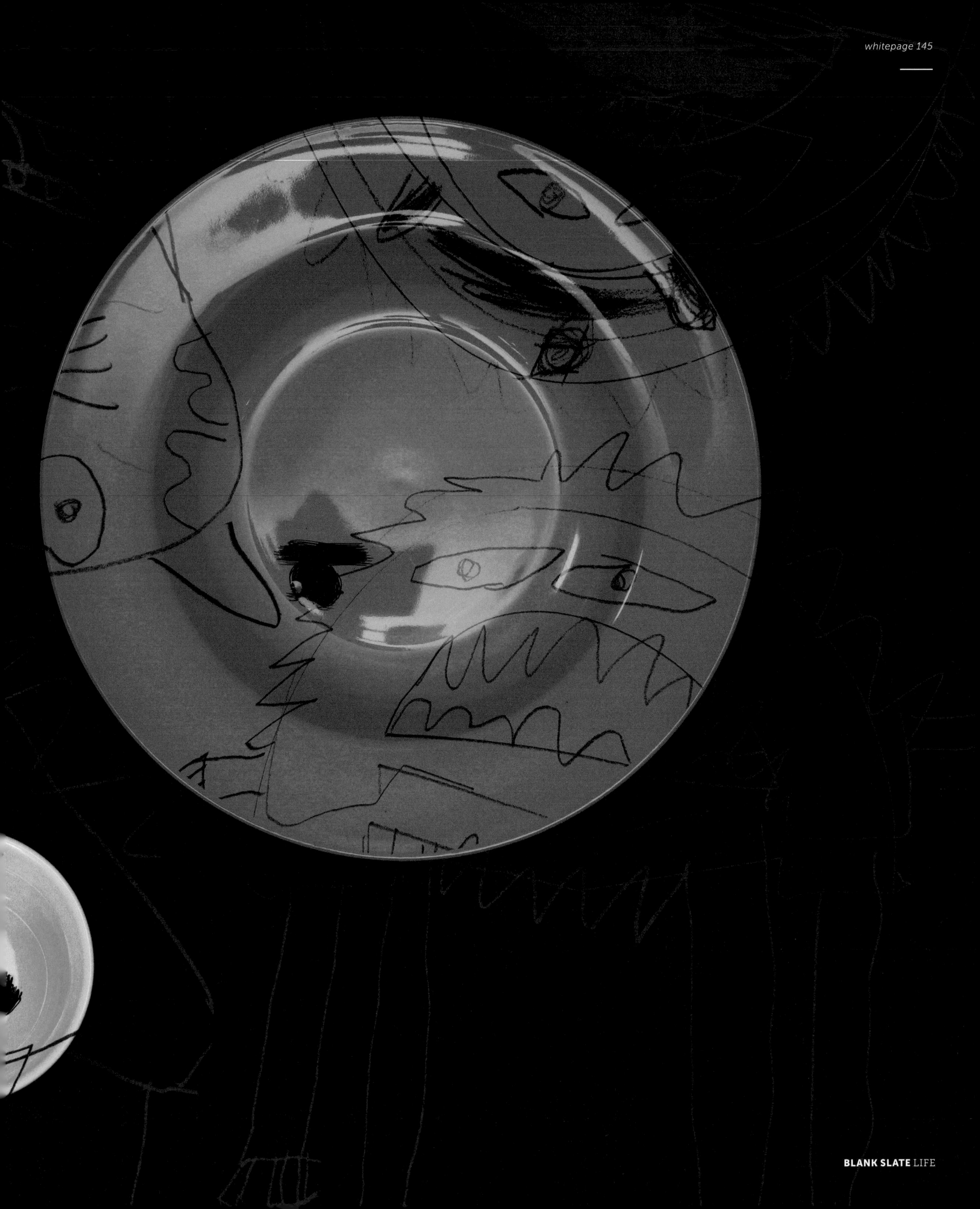